"十三五"国家重点出版物出版规划项目
智慧物流：现代物流与供应链管理丛书

物流创新能力培养与提升

赵启兰　张力　卞文良　等编著

机械工业出版社

本书为《物流实践能力培养与提升》的姊妹篇,以物流校外人才培养基地为依托,结合物流实践创新的发展现状对学生创新能力的要求,借助企业物流管理国家级精品共享课程的实践资源,结合用人单位对物流人才创新能力的要求,全面探讨如何培养与提升学生的物流创新能力。本书从理论研究到实践案例,重点阐述了物流创新能力的培养过程和提升途径,主要内容包括:创新能力和物流创新能力、创新素质准备、用人单位对物流创新能力的需求分析、物流创新能力的获取方式、物流创新能力培养的应用案例以及部分实践创新类教改论文。

本书既可以作为高等院校物流管理专业以及其他相关专业在校学生的实践课教材,也可以作为企业的培训教材,还可以供从事物流管理工作的人员参考。

图书在版编目(CIP)数据

物流创新能力培养与提升/赵启兰等编著. —北京:机械工业出版社,2021.4(2022.1重印)

(智慧物流:现代物流与供应链管理丛书)

"十三五"国家重点出版物出版规划项目

ISBN 978-7-111-67593-8

Ⅰ. ①物… Ⅱ. ①赵… Ⅲ. ①互联网络-应用-物流管理 ②智能技术-应用-物流管理 Ⅳ. ①F252.1-39

中国版本图书馆 CIP 数据核字 (2021) 第 032931 号

机械工业出版社(北京市百万庄大街22号 邮政编码100037)
策划编辑:曹俊玲 责任编辑:曹俊玲 刘 静
责任校对:王 欣 封面设计:鞠 杨
责任印制:单爱军
北京虎彩文化传播有限公司印刷
2022年1月第1版第2次印刷
184mm×260mm · 11.75 印张 · 274 千字
标准书号:ISBN 978-7-111-67593-8
定价:45.00元

电话服务 网络服务
客服电话:010-88361066 机 工 官 网:www.cmpbook.com
　　　　　010-88379833 机 工 官 博:weibo.com/cmp1952
　　　　　010-68326294 金 书 网:www.golden-book.com
封底无防伪标均为盗版 机工教育服务网:www.cmpedu.com

前　言

大学生实践和创新能力的培养已被提到中长期教育规划的战略高度。近年来，随着物流及相关产业的发展壮大，社会物流人才需求急剧增加，一些本科院校纷纷开设物流管理专业，以培养适应我国经济与社会发展需要的综合素质高、具有创新能力的物流管理人才。然而，从就业市场的反馈来看，目前物流管理专业学生创新精神和创新能力尚未达到社会预期，高等院校在物流创新能力培养上还没有找到理想的途径和办法，尚未探索出一整套行之有效的模式。因此，探索物流管理专业学生创新能力的培养方式和途径，对于提高教学质量、培养创新型人才具有重要的现实意义。

北京交通大学物流管理专业历经70余年的建设和发展，先后建成了我国第一个培养物流管理人才的硕士点（1979年，物资管理工程，1984年更名为物资流通工程）和博士点（1996年，物资流通工程，1997年并入管理科学与工程一级学科），是我国首个具有本、硕、博完整的物流管理人才培养体系的高校，所在学科为北京市重点学科（2002年，管理科学与工程），多年来为国家培养了大批各层次的物流管理人才。北京交通大学的物流校外人才培养基地于2010年被评为北京市校外人才培养基地，在建设过程中积累了许多经验，把这些经验整理出来，著成本书，可供国内其他高校在培养物流管理专业人才的实践、创新能力方面借鉴。

本书以物流校外人才培养基地为依托，结合物流实践创新的发展现状对学生创新能力的要求，借助企业物流管理国家级精品共享课程的实践资源，结合用人单位对物流人才创新能力的要求，全面探讨如何培养与提升学生的物流创新能力。本书从理论研究到实践案例，重点阐述了物流创新能力的培养过程和提升途径，主要内容包括：创新能力和物流创新能力、创新素质准备、用人单位对物流创新能力的需求分析、物流创新能力的获取方式、物流创新能力培养的应用案例以及部分实践创新类教改论文。

本书作者由从事物流管理、企业管理教学和科研工作20余年的教师组成，他们同时也是物流校外人才培养基地建设的主要参与者。本书由赵启兰、张力、卞文良制定编写提纲，全书共分六章，第一章由赵启兰、邢大宁编写，第二章由兰洪杰编写，第三章由卞文良编写，第四章由唐孝飞编写，第五章由章竟编写，第六章由章竟、赵启兰、卞文良等编写。全书由赵启兰、张力统稿，研究生孙大尉、白鸽、刘艳楠、杨世龙、腾岚、刘宗熹等参加了资料收集与整理工作。

本书参考了所列参考文献中的部分内容，谨向这些文献的编著者以及在本书编写过程中给予帮助的所有领导和专家致以衷心的感谢。

由于作者水平有限，书中不妥之处在所难免，敬请读者批评指正。

作　者

目 录

前 言
第一章 概述 ……………………………………………………………………………… 1
　第一节 创新能力 ……………………………………………………………………… 1
　　一、创新的含义与特征 …………………………………………………………… 1
　　二、创新意识与创新精神 ………………………………………………………… 2
　　三、创新能力 ……………………………………………………………………… 3
　　四、创新能力的影响因素 ………………………………………………………… 5
　第二节 物流与物流创新能力 ………………………………………………………… 6
　　一、物流的含义 …………………………………………………………………… 6
　　二、物流创新能力 ………………………………………………………………… 7
　　三、物流创新人才及培养人才的重要性 ………………………………………… 8
　第三节 物流创新能力培养的教学及安排 …………………………………………… 9
　　一、更新教学理念 ………………………………………………………………… 9
　　二、多层次设定教学目标 ………………………………………………………… 9
　　三、多元化的教学方式 …………………………………………………………… 9
　　四、科学与人文教育并举的课程体系 …………………………………………… 14
　　五、现代化的教学手段 …………………………………………………………… 15
　　六、完善的教学评价体系 ………………………………………………………… 16
第二章 创新素质准备 ……………………………………………………………………… 18
　第一节 创新素质概述 ………………………………………………………………… 18
　　一、创新素质的内涵 ……………………………………………………………… 18
　　二、创新素质的潜在要素 ………………………………………………………… 18
　第二节 创新素质内部结构 …………………………………………………………… 20
　　一、创新意识 ……………………………………………………………………… 20
　　二、创新能力 ……………………………………………………………………… 20
　　三、创新人格 ……………………………………………………………………… 21
　第三节 创新素质培养模式构建 ……………………………………………………… 22
　　一、创新之基础：通识教育体系 ………………………………………………… 22
　　二、创新之引导：大学生职业生涯规划 ………………………………………… 27
　　三、创新之平台：大学生就业能力 ……………………………………………… 29
　　四、创新之体验：创业教育 ……………………………………………………… 32
　　五、创新之技能：实践中培养 …………………………………………………… 33

  六、创新之动力：自我管理与自我教育 ·· 36
  七、创新之主导：创新型师资队伍 ·· 38
  八、创新之控制：评估体系 ·· 42
第三章 用人单位对物流创新能力的需求分析 ·· 44
 第一节 用人单位的物流岗位设置 ·· 44
  一、物流相关部门的职能范围 ··· 44
  二、物流相关部门的岗位设置 ··· 45
  三、用人单位的物流岗位设置示例 ··· 45
 第二节 物流岗位对创新能力的要求 ·· 47
  一、创新能力 ·· 47
  二、物流创新及其对能力的要求 ·· 47
  三、物流创新能力需求调查 ·· 48
 第三节 企业对物流创新能力的评价 ·· 49
  一、物流创新能力评价的组成 ··· 49
  二、企业物流创新能力评价流程 ·· 49
  三、企业物流创新能力评价方法 ·· 50
  四、示例 ·· 52
第四章 物流创新能力的获取方式 ··· 66
 第一节 创新思维培养 ··· 66
  一、创新思维及其作用和意义 ··· 66
  二、创新思维的特点 ··· 67
  三、创新思维的形式 ··· 69
  四、创新思维的培养 ··· 72
 第二节 校外人才培养基地 ··· 76
  一、概述 ·· 76
  二、校外人才培养基地的特点、作用与意义 ··· 78
  三、校外人才培养基地的建设与利用 ·· 80
  四、案例分析 ·· 82
 第三节 自我创新能力培养 ··· 84
  一、概述 ·· 84
  二、创新型毕业设计 ··· 86
  三、社团活动驱动创新能力的培养 ··· 87
  四、科研项目驱动创新能力的培养 ··· 87
  五、科技竞赛驱动创新能力的培养 ··· 88
  六、志愿者 ··· 89
  七、创业 ·· 90
  八、贴吧讨论区 ··· 92
第五章 物流创新能力培养的应用案例 ·· 93
 第一节 物流校外人才培养基地应用案例 ·· 93

一、北京二商集团有限责任公司 ………………………………… 93
　　二、北京东六元物流有限公司 …………………………………… 96
　第二节　理论教学的实践创新环节设计 ……………………………… 98
　　一、校企合作的创新——企业高级管理人员给本科生上课 …… 98
　　二、"物流学"课程的实践创新案例 …………………………… 100
　　三、"绿色物流"课程的实践创新案例 ………………………… 109
　　四、"物流信息管理"课程的实验教学环节 …………………… 117
　第三节　自我实践案例 ………………………………………………… 125
　　一、创业大赛案例 ………………………………………………… 125
　　二、大学生创新项目案例 ………………………………………… 135
　　三、物流设计大赛案例 …………………………………………… 146

第六章　实践创新类教改论文（选登） ……………………………………… 158
　教改论文一　物流管理专业实习实践教学创新制度 ………………… 158
　　一、引言 …………………………………………………………… 158
　　二、轮岗制度 ……………………………………………………… 158
　　三、定岗制度 ……………………………………………………… 160
　　四、定研制度 ……………………………………………………… 160
　　五、总结 …………………………………………………………… 161
　教改论文二　物流管理专业创新能力及其培养 ……………………… 162
　　一、引言 …………………………………………………………… 162
　　二、创新与创新能力 ……………………………………………… 162
　　三、物流管理专业的创新能力培养 ……………………………… 163
　　四、实施建议 ……………………………………………………… 164
　教改论文三　物流管理专业本科生创新实践能力研究 ……………… 164
　　一、引言 …………………………………………………………… 164
　　二、物流管理专业本科生培养模式的现状 ……………………… 165
　　三、物流管理专业本科生的创新能力 …………………………… 166
　　四、物流管理专业本科生创新实践能力的培养方式 …………… 166
　　五、结论 …………………………………………………………… 168
　教改论文四　物流网络构建与比较分析 ……………………………… 169
　　一、引言 …………………………………………………………… 169
　　二、国内外废旧电池回收管理现状 ……………………………… 169
　　三、区域性废旧电池回收物流网络的构建 ……………………… 170
　　四、具体成本分析及比较 ………………………………………… 175
　　五、结论 …………………………………………………………… 176

附录　北京交通大学经济管理学院物流管理系部分成果 …………………… 177
　附录A　指导大学生创新性实验计划项目 …………………………… 177
　附录B　学生学科竞赛获奖情况 ……………………………………… 178

参考文献 …………………………………………………………………………… 180

第一章 概　　述

随着时代的发展和技术的进步,社会环境的变化不断加剧,对人才创新能力的培养变得更加重要。现代创新理论是在熊彼特创新理论的基础上衍生和发展起来的,创新的概念具有更广泛更深刻的含义。本章主要阐述创新能力、物流创新能力以及分析物流创新能力培养的重要教学及安排。

第一节　创新能力

一、创新的含义与特征

1. 创新的含义

在《现代汉语词典》中,"创新"的字面意思是"抛开旧的,创造新的;指创造性;新意"。创新这一概念最早源于美籍奥地利经济学家熊彼特的"创新理论",其观点是:创新是在生产体系里引入"新的组合",是"生产函数的变动"。这种"新组合"包括:①引进新产品;②引进新技术;③开辟新的市场;④开辟材料新的供应来源;⑤实现工业新组织。熊彼特界定的创新是指各种可提高资源配置效益的新活动,这一概念是作为经济学家从经济发展的角度提出的"经济"概念。

现代创新理论是在熊彼特创新理论的基础上衍生和发展起来的。从现代意义上讲,创新的概念应具有更广泛更深刻的含义,涵盖各种形态的创新。创新意味着进取、批判(淘汰旧观念、旧技术、旧体制)和推陈出新(推出新观念、新技术、新体制),意味着对前人思想的超越(而非所谓的复制),对现存旧事物的否定与突破,是一个人创新品质的综合体现。具体来说,创新是创造与革新的合称。创造是指新构想、新观念的产生,革新是指新观念、新构想的运用。从这个意义上讲,创造是革新的前导,革新是创造的后续。创新既是企业和社会发展的动力,更是企业和社会发展的灵魂;创新既是企业文化和企业精神,也是企业经营战略和策略。

2. 创新的特征

(1) 累积性。创新不是一蹴而就的,它是一个历史过程。科学的形成是有一个过程的,从远古的混沌状态到现代的百花齐放,是人类从生产实践的积累中经过思维的酝酿、升华而产生的。科学的发展遵循着由浅入深、由简单到复杂这样的规律,由古代的常识性知识累积、转化,形成现代的系统性科学。正如牛顿在发现"万有引力"后所说,"如果我比别人看得远些,那是因为我站在巨人们的肩上。"创新就是在这些知识的继承过程中,批判性地吸收和再创造,对原有的知识和方法等不断完善和构建,产生新的知识和新的方法。科学的发展就是创新积累的过程,创新是科学的外在表现。

创新的累积性是多方面的,有科研、图书情报、仪器设备等硬因素的积累,也有学科制度、学术氛围、学术传统和学术知识等软因素的积累。科研积累能够为科学的发展培养具有优秀科研能力的后备人才，是企业也是高校学科持续发展的动力源；高校学科制度的积累能规范科学行为，提高研究的效率；对学术传统的继承能形成良好的学术文化，可以激发创新意识；而对知识经验和学术知识的积累能准确把握新技术发展的动向，增强创新能力。

（2）价值性。在原有理论与实践基础上的创新是有价值的。创新是科学在追求真理过程中的外部表现，是人类在实践过程中对世界本质的认识和规律的把握，是追求自身价值的内在要求。创新是有益于人类社会的，它的创造性成果能提高生产力，产生经济效益，创新的成果，如新产品、新技术、新理论和新方法等，能改善社会生活条件，促进社会和人的发展需要。新的变革只有被采用才能转变为创新，之所以能被采用是因为创新具有价值。

（3）综合性。创新涉及社会的各个领域。在教育方面有创新人才、创新素质、创新能力、创新教育等；在经济学方面有产品创新、企业创新、市场创新、经济体制创新等；在科技方面有知识创新、技术创新、科学创新、科技体制创新和国家创新体系等；在心理学方面有创新思维、创新意识、创新技法、创新观念等。可见，各个行业或专业都有自己的创新研究，创新的问题或研究涉及多层次和多领域，既有自然科学和社会科学的创新，也有哲学问题的创新。创新具有高度的综合性和交叉性。

（4）不确定性。不确定性是指物质运动和发展形式具有随机性或偶然性。创新是人的实践活动，是人不满足现实世界而主动进行的探索性活动。创新是实践与认识的统一，这种实践与认识活动包含大量的不确定性因素。创新要求把人的主观意识转变为现实存在，其间涉及多种因素和多个环节。在创新初始，研究者并不能完全知道正确的前进方向并预料到将要遇到的困难，而在创新的过程中也存在众多不确定性因素，以及可能遇到的各种复杂性问题，这些都具有不可控性，易导致不确定性，创新的不确定性也会导致一定的风险性。

（5）可移植性。创新所产生的理论、方法和技术等新成果具有示范效应和启发作用。创新是一个实践性很强的探索性活动，它必须有一定的基础（如知识、方法等）才可能实现。虽然客观事物之间有区别，但事物间也是普遍联系的，具有一定的相似性或相关性。一个领域或专业内的科研能力是有限的，其创造力也是有限的，不可能产生解决问题所需的所有方法和理论。那么，当研究遇到困难时，把研究视野转向其他学科或领域就可能就受到另一个专业或领域的创新成果的启发，找到两者间的相关性。在借鉴和移植其他领域的创新成果后，就有可能形成本专业或本领域内的创新。因此，移植是创新最简单和最有效的方法，很多重要的科学成果有时就来自于移植。

二、创新意识与创新精神

1. 创新意识

创新意识是指人们根据社会和个体生活发展的需要，引起创造前所未有的事物或观念的动机，并在创造活动中表现出的意向、愿望和设想。它是人类意识活动中的一种积极的、富有成果性的表现形式，是人们进行创造活动的出发点和内在动力，是创造性思维和创造力的前提。创新意识具有新颖性、社会历史性、个体差异性等主要特征，主要

第一章 概 述

表现在创新意识是为了满足新的社会需求，或者用新的方式更好地满足原来的社会需求的求新意识，其产生很大程度上受具体的社会历史条件制约，而且与不同个体的社会地位、文化素质、兴趣爱好、情感志趣等相应。

创新意识的内涵包括创造动机、创造兴趣、创造情感和创造意志。创造动机推动和激励人们发动与维持进行创造性活动，创造兴趣是促使人们积极探求新奇事物的某种心理倾向，创造情感是引起、推进乃至完成创造的心理因素，创造意志则是在创造中克服困难，冲破阻碍的心理因素。由此可见，创新意识是引起创造性思维的前提和条件，创造性思维是创新意识的必然结果。

2. 创新精神

创新精神是指能够综合运用已有的知识、信息、技能和方法，提出新方法、新观点的思维能力，进行发明创造、改革、革新的意志、信心、勇气与智慧。创新精神是一种勇于抛弃旧思想旧事物、创立新思想新事物的精神，它是一个国家和民族发展的不竭动力，也是一个现代人应该具备的素质。它是科学精神的一个方面，但与其他方面的科学精神不是矛盾的，而是统一的关系，在追求创新的同时，要坚持用全面、辩证的观点看问题。

创新精神的具体表现包括如下一些方面：
（1）不满足已有认识，不断追求新的知识。
（2）不满足现有事实，根据实际需要或新的情况不断改革和革新。
（3）不墨守成规，敢于打破原有框框，探索新的规律和方法。
（4）不迷信书本、权威，坚持独立思考。
（5）不僵化、呆板，追求新颖、灵活的解决问题的方法等。

创新意识与创新精神二者在大学生实践创新能力的内涵中都具有重要作用，缺一不可。要实现创新能力的培养，必须要培养创造性思维，而创新意识是引起创造性思维的前提和条件。创新精神则是把创新意识转换为创造性思维的动力和催化剂，如果只有创新意识而没有创新精神，就不可能会有动力把创新意识转换为创新行动；如果只有创新精神而没有创新意识，则创新能力的培养就成为无源之水。创新意识和创新精神是创新型人才必须具备的，其培养和开发是培养创新型人才的起点，只有具备创新意识和创新精神的民族才有希望成为知识经济时代的科技强国。

三、创新能力

《现代汉语词典》这样解释能力，"能胜任某项工作或事务的主观条件"。与前面所述"创新"相联系，"创新能力"便有了丰富的内涵。如果说创新是一种有目的的行为，那么创新能力则是实施这种目的行为所必须具备的能力。创新能力的概念由 Tom Burns 和 G. M. Stalker 于 1961 年首次提出，最初是被赋予经济和管理学上的意义，用来表示"组织成功采纳或实施新思想、新工艺及新产品的能力"。随后的文献对创新能力的诠释大体上形成了企业、区域以及国家等多个层面和经济学、管理学和心理学等多个学科视角的定义。《决策科学辞典》在解释创新能力时，认为它是一种特殊的能力，它建立在基本能力和专业能力的基础上。并总结出创新能力的显著特点是：①综合性，它要把人的认识能力、分析能力、判断能力等集中起来，充分加以运用。②独创性，它要凭借人的想象力构造出前所未有的形象，打破以前的模式和框架。③探究性，每一步独创，每一种想象，都存在失败的可能，因此，勇于探究是人的主观能动作用的表现，是创新能够实现的前提。

心理学对于创新能力的研究，得到了不同的诠释结论，也体现出了渐进的认识过程。以弗洛伊德（S. Freud）为代表的精神分析学派从人格的角度来关注创新能力，认为创新能力是特殊人格的一种外在表现，人格提供了创新的内部动力。而创新能力是本我欲望的升华，没有被满足的无意识驱动力导向了建设性目的，使人的活动表现出创造性。人本主义心理学家认为，普通人的创新能力完全是由创新人格所致，也就是说"成就是人格放射出来的副现象"。而创新人格是健康的，具有大胆、勇敢、自由、明晰、自我认可等品质。以吉尔弗特（J. P. Guilford）为代表的心理学家则更多地关注到创新能力的思维特点，认为创新能力主要是一种智力品质，并且主要表现为创新思维。他强调从智力的角度上来认识创新能力，所持的是一种以思维为核心的创新能力观，也为人们对创新能力进行操作提供了依据。

随着时代发展，以美国心理学家艾曼贝尔（T. M. Amabile）和斯滕伯格（R. J. Sternberg）为代表，形成了创新能力是一种复杂能力，由创新思维、创新人格和知识技能等因素共同构成的观点。艾曼贝尔在其《创造力的社会心理学：一个组成成分理论的框架》一书中提出了"创造力的组成成分理论"。该理论认为任何领域的创造性产品或反应的形成都是由三个必要而充分的成分构成的，它们分别是：与领域有关的技能、与创造性有关的技能和内部动机。斯滕伯格对创新能力结构的研究也是持多维度的观点，并认为创新能力的结构由三个维度六个因素组成。创新能力三个维度分别为智力维度、认知风格维度和人格维度，而六个因素则是从三个维度中提取出来的主要因素，分别为智力过程、知识、认知风格、人格特征、动机、环境。创新能力同创新素质、创新技能和创造能力密切相关但又有不同。

创新素质是指主体在先天的基础上，把从外在获得的创新知识、创新技术、创新精神等，通过内化而形成的稳定的品质。创新素质是指一个人在先天生理的基础上，后天通过环境影响和教育训练所获得的内在的、相对稳定的、对人创造活动发挥关键作用的那些心理特点及其基本品质结构。创新素质包括"好奇心""求知欲""独立性""自由思考""质疑态度"等。这些东西尽管还不是创新能力，但却是创新能力的源头活水。创新素质要在创新活动中通过转化作用才能成为创新能力。创新素质是内在基础，创新能力是其外显。

创新技能是体现创新主体行为技巧的动作能力，主要是包括创新的信息综合处理能力、操作能力、掌握和运用创新技法的能力、创新成果的表达能力等。创新技能具有智力化特征，而创新能力不仅是一种体现智力的能力，更是一种体现人格的能力。

创造能力是人在创造活动中表现和发展起来的首创能力的总和，主要是指能产生新设想的创造思维能力和能产生新成果的创造性技能，是先天素质和后天培养的结合。创新能力包含着创造能力，是首创能力和革新能力的统一。

1919年，陶行知先生第一次把"创造"一词引入教育领域，他在《第一流的教育家》一文中提出要培养具有"创造精神"和"开辟精神"的人才，培养学生的创新能力对国家富强和民族兴亡有重要意义。钱学森院士在去世前的最后一次系统谈话就是谈科技创新人才的培养问题。他认为这是有关我们国家长远发展的一个大问题，党和国家都很重视科技创新问题，投了不少钱搞"创新工程""创新计划"等，这是必要的。但他觉得更重要的是"要具有创新思想的人才"。他提出，今天我们办学，一定要有科技创新精神，培养会动脑筋、具有非凡创造能力的人才。在科学技术飞速发展的今天，创新意识和创新能力越来越成为一个国家国际竞争力和国际地位的决定因素。高等教育中加强人才创新能力的培养，对我国未来经济发展起着至关重要的作用。

总之，关于创新能力的不同定义反映着人们不同的研究背景和目的、对于创新能力结构和过程的不同理解。创新能力是运用知识和理论，在科学、艺术、技术和各种实践活动领域中不断提供具有经济价值、社会价值、生态价值的新思想、新理论、新方法和新发明的能力。创新能力是人各方面素质的综合表现，对创新能力的培养要从多方面进行。对于大学生而言，要关注对他们综合知识、科研能力、思维和品德的培养，使其具备进行创新所需的思维能力、知识积累、专业技能和品格特征。同时，大学生创新能力既是一种个体意义上的概念，又是一种群体意义上的概念，创新能力的培养应当在保护个性发展的同时，更加注重提高全体大学生的创新能力。

四、创新能力的影响因素

创新能力是一个组合概念，是多因素构成的一个有机的整合体。创新能力涉及知识、物质基础、制度、技术等诸多方面的相互联系。

1. 创新是人的创新

知识是创新的核心，是创新能力的一个重要影响因素。创新所需的知识靠人来掌握，所需的方法和技术靠人来使用，创新的过程也由人来控制。创新的新颖程度和创新的成果都体现着人的能动性，人是创新能力的决定因素。因此，要有一定数量的人才才能发挥创新的能力。

2. 物质基础是进行创新的保证

创新需要必备的物质条件，如仪器设备、图书情报、经费等。人的能力是有限的，很多研究问题超越了人的能力范围，要延伸人的能力就要借助一些客观的物质条件。仪器设备可以排除研究中次要的影响因素，对研究对象或问题进行精确测量；图书情报是知识的载体，能使科学知识得以传递和交流；经费是创新中的重要因素，只有充足的经费才能增强创新的原动力。物质基础是创新的保障，是创新能力的重要影响因素。

3. 创新需要良好的外部环境

环境是保证创新顺利进行的内在动力，是创新运行的软件，如学科制度、管理制度等。人总是生活在一定的环境中，环境制约着创新能力的发挥。创新的过程涉及诸多方面，需要一种和谐、宽松的创新环境或是学术氛围，在这种环境中，能培养人的进取意识和创造欲，使人能承受创新过程中遇到智力、体力和精神上的极大压力和困苦。一个良好的创新环境能为来自不同学科的研究者创造学术思想碰撞和交流的机会，产生思维创新的火花。这种良好的创新环境离不开学科制度和管理体制的保障。

4. 创新是知识积累的过程，是继承与发展的统一

创新不是短时间即可成功的，需要一个较长时间的知识积累。创新能将研究中的经验和思想、传统和范式以知识的形式传递下去，形成创新过程中的知识链接。在保证研究的连续性时，能让研究者看清研究问题的价值和前进的方向，并不断深化科学研究的深度。

人具有能动性和实践性，是创新能力中的决定因素，是创新活动中最活跃的因素；各种物质条件是创新活动中的资源要素，是产生创新成果的物质基础，是创新能力的必要条件；文化环境是创新的内在动力，能激发创新热情和保障科研工作的积极性，它是实现创新的保障机制，是创新能力的重要影响因素。创新能力的高低是以创新成果为表现，是硬件与软件、人才与效益的综合体现。

第二节　物流与物流创新能力

一、物流的含义

国家标准《物流术语》（GB/T 18354—2006）对物流的定义为"物品从供应地向接收地的实体流动过程。根据实际需要，将运输、储存、装卸、搬运、包装、流通加工、配送、信息处理等基本功能实施有机结合。"由此可见，现代物流是包括运输、仓储、包装、装卸搬运、流通加工、配送和信息处理等诸多功能要素的综合服务系统，物流范畴已从流通领域延伸到生产领域、工程管理、设备维护等诸多方面。按照美国物流管理协会（CLM，后更名为美国供应链管理专业协会，简称CSCMP）的定义：物流是供应链流程的一部分，是为了满足顾客需求而对物品、服务及相关信息从产出地到消费地的有效率、有效益的正向和反向流动及储存进行的计划实施与控制的过程。这一定义强调物流学研究的重点是对物流系统的管理，包括物流系统的规划与设计、物流业务的具体运作、物流过程的控制和物流效益的考核与评估等。

在高等教育方面，物流管理学科具有以下三个方面的特性：

一是学科的交叉性。物流管理学科是门综合性的学科，需要其他学科知识作为理论基础，包括：宏观经济学、微观经济学等经济学基础；企业战略管理、市场营销学、组织行为学等的管理学基础；高等数学、线性规划、概率论与数理统计、运筹学等数学基础；现代物流管理，尤其需要计算机软件和硬件技术、网络技术、通信技术等信息技术；此外，现代物流的运作和管理涉及流通领域、生产领域、交通运输领域甚至消费领域，有关工程学、技术学、社会学的基本原理也必然反映到了物流管理之中。

二是学科的实践性。物流管理学科不仅来源于人们的物流实践活动，是人们物流实践经验的概括和总结，更是阐明和揭示物流管理活动规律、设计物流系统、决策物流问题、提高物流过程的运作效率的实践性极强的应用性学科。

三是学科的成长性。物流管理作为一门新兴学科，相对于管理学门类下的其他学科来讲，还是一门发展中的不成熟的学科，正处在不断研究和完善的过程中，同时，在物流管理学方面的研究我国与西方发达国家相比也存在着一定的差距。随着经济全球化的发展和国际互联网的广泛应用，物流的规模与形式正日益扩张和变化，以信息技术为主要特征的现代物流管理的技术要求越来越高，物流管理学的学科理论与实践无疑需要不断丰富和创新。

第一章 概　述

二、物流创新能力

如果说物流是第三利润源，那么物流创新就是打开第三利润源的钥匙。现代物流的发展离不开创新，无论是制造型企业还是对于纯粹的物流企业，都要进行物流创新。对于物流创新能力的定义，并没有统一的说法，要真正了解物流创新能力的含义，可以从以下几个方面来理解：

（1）从服务的角度，服务就是物流企业的核心产品，企业最终向客户提供的就是服务。熊彼特的创新概念可以运用于服务业的创新。物流创新能力的关注焦点应该是满足客户的需求，在满足客户需求的时候，注重与竞争者进行比较，因为客户是拿竞争者的服务来做比较的。所以，物流创新能力的本质是通过为客户提供更高层次、更高水平的服务，进而取得企业的优势地位，这种优势可以表现为较灵活的服务，也可以表现为服务区域的扩大化，还可以表现为本企业品牌的声誉更佳。保持有竞争力的服务是物流企业持续发展的根本所在，只有不断完善企业的服务，提高服务水平，才能增强客户的满意度，形成长期的合作关系。

（2）从创新的角度，创新是企业不断发展前进的主要推动力。物流创新是指能够促进物流发展的相关要素的组合，这一组合既要适应整个社会经济的发展变化，同时要推动物流业的健康有序发展，它是对原有方法体系的重新整合，包括对合理方法体系的继承和对不合理方法体系的否定与更新。所以物流系统创新就在于物流系统内的要素创新和要素间的组合创新。物流企业应该在物流服务的过程中，不断进行服务创新，为客户多提供既满足客户的一般需求，又能为客户提供特殊的增值利益的服务，进而提高企业的核心竞争力。

（3）从能力的角度，能力是指行为主体在认识和实践活动中形成、发展的完成某种活动的能动力量，其强弱将直接影响活动的效率。物流能力就是指企业对从市场到生产作业、供应商的整个过程的管理和协调，满足客户需求的支持保障能力。正确处理物流能力与企业竞争优势的关系，能够促进企业战略目标的实现，增强竞争实力，提高经济效益。

结合以上分析，本书将物流创新能力定义为：物流创新能力是指在不断为客户提供更满意的产品或服务的过程中，根据内外环境的变化，对企业自身及相关物流要素进行整合、优化，实现渐进或突变的物流改善或革新的本领及技能。物流创新能力主要包括：物流产品（服务）创新能力、物流技术创新能力、物流组织创新能力、物流管理创新能力等。

1）物流产品（服务）创新。物流产品（服务）创新是最能体现企业物流活力的创新因素，它是指企业运用新方法、新技术、新思路优化或变革服务产品、服务流程、服务范围，增加或更新服务内容的能力的综合。物流产品（服务）创新能力实质上就是指的企业的研发能力，研发能力是企业创新能力的关键因素。随着信息科技与现代物流技术的发展，物流企业的创新服务研发能力集中地体现在先进的物流技术和信息技术的开发和运用之中，只有通过不断创新，为客户提供具有差别性、竞争性、新颖性的服务，企业才能立于不败之地。物流企业的产品（服务）创新能力主要可以用创新人员的素质、创新经费投入强度、新服务开发成功率、自主开发新服务能力等几个方面来衡量。

物流创新能力培养与提升

2）物流技术创新。物流技术创新是以创造性技术构想现实化为基本特点的物流改善、革新活动的总称,其本质是科学技术与经济活动的有效结合,其内容从技术形态的角度看,包括物流活动涉及的工具、设施、设备等硬技术的创新和物流信息技术、物流系统等软技术的创新,从物流活动功能的角度看,包括装卸技术、仓储技术、包装技术、流通加工技术等的创新。

3）物流组织创新。物流组织创新是指企业内部物流组织、企业间物流合作组织的组织结构优化及调整,组织成员关系、职权的重构及利益的重新分配,组织观念、组织流程、组织目标及任务的革新等。广义的物流组织创新还包括从事物流服务的社会组织及政府物流管理组织的革新。

4）物流管理创新。物流管理创新是指企业从现代物流管理的角度出发,对企业物流管理的管理理念、管理体制、管理方法、管理策略进行的革新。广义的物流管理创新还包括政府物流管理政策、法律、手段的革新。

在知识经济时代,服务创新作为企业提升竞争力的重要手段,成为企业经济增长的重要标志。服务创新以客户需求为导向,企业通过服务创新可以获得较强的竞争优势,从而形成不易被模仿的核心竞争力。

三、物流创新人才及培养人才的重要性

1. 物流创新人才

物流创新人才首先是物流人才的范畴,是物流人才中的创新人才。对创新人才概念的解释,国内外学者也有所区别,各有侧重,其共同之处在于两者均强调创新人才必须具有创新意识、创新精神、创造性以及创新能力等素质。因此,物流创新人才是一个物流人才与创新人才相统一的概念,是具有一定的物流创新意识、创新精神和创业实践能力,具有广博的物流知识,较强的物流组织能力和市场分析能力,能够优化整合物流各环节工作,并通过相应的创新能力取得创新成果的人才。

2. 物流创新人才培养的重要性

随着信息技术和物流产业的发展,现代物流业的竞争已从低端的价格竞争转向高端物流、信息流和创新人才的竞争。因此,加快物流创新人才培养,造就一大批善于运用现代信息技术、熟练掌握物流知识、懂得物流运作的高级专门物流创新人才,是知识经济时代建设创新型国家的需要,对于解决我国物流创新人才短缺、缩短与发达国家物流业发展差距意义重大。

当今世界,科技突飞猛进,知识经济初见端倪,综合国力竞争日益激烈。综合国力的强弱取决于劳动者素质,更取决于各类创新人才的质量与数量,物流创新人才是其中一支重要的力量。如何把21世纪的物流类专业大学生培养成物流创新人才是当前部分高校面临的一个亟待研究和解决的重要课题。中国高校作为培养物流人才的主要承担者,肩负培养物流创新人才的使命,这也是在当今中国改革开放和经济建设中积极建设创新型国家的需要。

另外,培养物流创新人才有助于缓解我国物流中高层创新人才紧缺问题。随着经济全球化和信息技术的飞速发展,世界各国都非常重视物流创新人才的培养。物流业对国民经济建设的作用也日益被重视,现代物流产业成为各地重点发展产业之一,物流人才

需求旺盛。我国现有物流人员很大一部分是由原来传统的运输、配送、仓储、装卸等人员转变而来的，其物流技术和物流管理的知识结构难以适应现代物流要求。现代物流发展中急需能把握市场信息、设计物流方案以及熟悉物流业务的物流创新人才。因此，培养现代物流创新人才可以缓解物流中高层人才紧缺问题，具有一定的战略意义。

第三节 物流创新能力培养的教学及安排

物流创新能力的培养最后还是要落实到教学过程中，培养物流创新能力不能仅从教学方式上进行创新，而是要从教学理念、教学目标、教学方式、课程体系、教学手段和教学评价等多方面、多角度地进行全面的改革。

一、更新教学理念

时代不断发展，社会需求不断改变，对人才的需求也在不断地改变。理念是行动的先导，理念也必须不断变化。我们不能还是停留在传统的知识传授重于能力培养的认识上，不能单单把学校作为学生就业的训练营。

解放思想，更新观念，树立以人为本的理念，就是要以师生为本，坚持知识与能力并重，并不断增强师生的创新意识、创新能力。要培养学生的创新意识和创新精神，激发起学生的创新冲动，要极力去除那些缺少创新、因循守旧的观念和方法，一切围绕创新人才培养，使学生学习知识的同时学会创新思维、学会创造。同时，要强化创新动力观教育，使学生明确创新、创造是我们国家和民族发展的重要手段和措施，要让学生感到自身担子的分量。另外，学校创新人才培养相关部门和教师要提高对培养物流创新人才重要性的认识，要把培养学生创新意识、创新精神和创新能力与国家发展壮大联系起来，进一步增强培养学生创新能力的责任感和使命感。

二、多层次设定教学目标

物流管理专业创新型人才的培养首先必须明确人才培养的目标定位。物流管理人才的需求与培养是多层次的。物流企业既需要大量有实际工作能力和丰富操作经验的基层"蓝领"，也需要具体运作管理的中层管理人才，更需要物流经营、管理、决策的高级复合人才。另外，根据企业性质不同，如工业企业物流管理方向、商贸企业物流管理方向、物流企业物流管理方向对人才的需求都有不同的要求，创新型物流管理人才的培养一定要面向社会与企业的需要，从明确人才培养的目标开始。

高校在开设物流相关专业时，就要明确物流人才及物流创新人才培养目标，要根据市场和社会对物流人才的需求，从需求层次分析出发，明确目标、分层培养。要保证物流操作层、物流实际管理层和高级物流管理层三个层次对创新人才的不同需求，差别化培养。要大力推进物流创新人才培养工程建设，培养造就大批能熟练运用现代信息技术、掌握物流理论知识以及具备物流实践运作的创新人才，从而更好地解决我国物流创新人才数量不足的问题，为我国从制造大国向创造大国迈进做出贡献。

三、多元化的教学方式

创新能力的培养需要多元化的教学方式。根据教学内容的特点，对各种教学方法进

物流创新能力培养与提升

行优化组合，促进学生自主学习和自我完善方法的掌握，从而使学生在深刻理解本专业各种原理、方法和技术的同时，加深对技术创新的思考，培养学生创造性解决问题的能力，达到创新教育的目的。

1. 讲授式教学法

课堂讲授法是一种历史悠久的传统教学方法，是教师向学生传授知识的重要手段，也是教师教学过程中使用最多的一种方法。在课堂讲授法教学中，教师的职能是详细规划学习的内容，向学生提供学习材料，并力图使这些材料在内容上适合于每一个学生。同时，教师还要负责解答学生学习中遇到的问题，使他们真正地理解和掌握知识内容。

应用讲授教学法的目的是对于一些新的知识，特别是针对纯理论知识，需要教师详细讲授，帮助学生理解。讲授式教学法并不是一种已经过时的教学方法。例如，对于物流管理信息系统的一些基本概念，就要由教师对概念进行详细讲解，然后辅以相应的演示，这样学生才能真正融会贯通。物流管理专业教师在教学中要正确使用讲授式教学法，将之与其他的教学法融会使用，以达到教学的目的。

2. 案例教学法

哈佛法学院前院长克里斯托弗·哥伦布·郎得尔（Christopher Columbus Langdell）于19世纪末在哈佛大学首创了案例教学法，使学生能够对各种问题进行深入的思考，从而培养学生分析和解决问题的能力。案例教学法一个最为突出的特征是案例的运用，它是案例教学区别于其他教学方法的关键所在。案例是指包含有问题或者疑难情境在内的真实发生的典型性事件。一个案例就是一个实际情境的描述，在这个情境中，包含一个或多个疑难问题，同时也可能包含解决这些问题的方法。案例教学法就是教师根据课程教学目标和教学内容的需要，通过设置一个具体的教学案例，引导学生参与分析、讨论和交流等活动，让学生在具体的问题情境中积极思考探索，加深学生对基本原理和概念的理解，以培养学生综合能力的一种特定的教学方法。它强调以学生为主体，以培养学生的自主学习能力、实践能力和创新能力为基本价值取向。

物流管理专业是实践性非常强的专业，专业性质和人才培养目标决定了案例教学法在物流管理专业中的使用是必要的，也是必需的。例如，在讲解配送中心规划与运营这门课程中的配送中心流程规划这部分内容时，就需要采用案例教学法。通过列举具体企业规划的实例，如通过列举沃尔玛配送流程运作来阐述配送中心规划的内容，这样的方法会使学生对知识点理解得更加透彻。在物流案例教学中，应把握以下三个方面的工作：

（1）精心进行案例选取与设计。例如，在介绍自动化立体仓库的管理案例时，以某自动化立体仓库作为案例，结合学生参观学习及仿真实验中模拟仓库信息管理的情况，使学生了解并掌握自动化立体仓库的管理模式、管理方法。同时，教师可以把自己的学术、科研成果作为案例引入课堂。

（2）推动以学生为主体参与案例分析工作。鼓励学生剖析案例、发现其不足，进而提出改进意见，使学生以局中人角色置身其中，通过主动思考，在对比中分辨出优劣，在对抗中做出决策，从切身感悟中获得创新能力。

（3）加强案例教学的组织与管理，在学生参与案例分析的过程中，积极妥善地加以引导、适时地进行点评，调动学生的积极性和创造性。

第一章 概 述

3. 项目教学法

项目教学法是通过实施一个完整的项目而进行的教学活动，其目的是在课堂教学中把理论与实践教学有机地结合起来，充分发掘学生的创造潜能，提高学生解决实际问题的综合能力。该教学方法是将一个相对独立的项目，从信息的收集、方案的设计、项目的实施到最终的评价，由学生在教师的指导下以小组合作工作形式自行组织完成。学生通过该项目的进行，了解并把握整个过程及每一环节中的基本要求。

在实施项目教学法时，应重视项目的选择、具体的成果展示、教师的评估总结、充分利用现代化教学与实验手段，这是搞好项目教学法的关键。项目教学法特别适合培养动手能力强、实践水平高的应用型毕业生，可以应用于像物流系统规划与设计课程在内的一些实务性课程或相关课程内容教学。对于当前高校毕业生就业状况表现出教学内容与工作岗位技能需求脱节、学生动手能力不强、职业素养不够等现象，可以起到一定的缓解作用。

在日本有种合作性教与学的教学方式叫共同研究，与项目教学法类似，共同研究主要包括两种含义：其一，不同教授之间围绕一定课题共同开展研究；其二，讲座教授、副教授牵头，以讲座内学生为主、讲座外学生为辅，围绕一定课题共同研究，这种共同研究中，教授发挥着指导作用，学生参与或辅助教授开展研究。日本大学的教学与科研通过共同研究实现了教学的交流、互通与合作，形成了具有日本特色的合作性教学。参与共同研究的主体具有多样性，而且自由参加，用日本学者自己的话说，"参加该班，对其学位获得并无任何帮助。参加者也是来去自由，不一定开班时加入，而是随时即可，由于工作变化或兴趣转移，亦可随时走人。他们是一批热爱学术的人，为了知识的切磋与交流，走到一起来了。"

4. 讨论式教学法

讨论式教学法古已有之，最早可以追溯到我国古代著名的教育家孔子。他是我国有文字记载以来，第一个设馆聚徒讲学的教育家。《论语·先进》篇中记载有"子路、曾晳、冉有、公西华侍坐"章，生动完整地记载了孔子用讨论、问答的方式教育学生的情景。明末清初的黄宗羲更是明确指出了讨论诘难的重要性，提倡"各持一说，以争鸣于天下"的精神，不"以一先生之言为标准"，而要敢于创新，发"先儒之所谓未廓"。在西方，对讨论式教学法的研究和实践也有着相当长的历史。古希腊哲学家柏拉图在他创办的"学园"中就广泛采用"苏格拉底方法"，又称"诘问法"。"诘问法"是指教师在与学生谈话的过程中，并不直接把学生所应知道的知识告诉他，而是通过讨论、问答甚至辩论的方式来揭露学生认知中的矛盾，逐步引导学生自己得出正确答案的方法。"苏格拉底方法"作为一种学生和教师共同讨论、共同寻求正确答案的方法，有助于激发和推动学生思考问题的积极性和主动性。

刘舒生的《教学法大全》中指出，"讨论式教学法是在教师指导下学生自学、自讲，以讨论为主的一种教法"。《教育大词典》中则指出，讨论式教学法是"为了实现一定的教学任务，指导学生就教学中的某一问题相互启发、相互学习的教学方法。其特点在于能更好地发挥学生的主动性、积极性，有利于培养学生独立思考能力、口头表达能力和创新精神，有利于促进学生灵活运用知识和提高分析问题、解决问题的能力"。

归结起来，讨论式教学法是指在课堂这一特定的教学环境中，经过精心的预先设计

物流创新能力培养与提升

与组织，在教师启发引导下，学生围绕学习目标主动学习，发现问题，提出问题，通过生生之间、师生之间相互交流，共同探讨、展示结果，使学生主动地获取知识、提高能力的教学方法。讨论式教学法以教育学、心理学、社会学等学科的相关理论为基础，具有目标性、互动性、合作性、民主性、创造性等特征。在教学过程中运用讨论式教学法，有利于形成学生的批判性思维，有利于培养学生的协作意识，有利于提高学生的口头表达能力，有利于提高学生的自主学习能力。

讨论式教学法的形式是由高校教师（或和企业代表）进行专业内容上的准备，提出具体问题。选定题目后，学生组成小组进行讨论并完成研究报告或论文。然后根据自己的研究题目做20~30min的学术报告，进行一定时间的讨论交流，最后由教师和企业代表进行点评总结。在以学生为主体进行讨论式教学的过程中，改变了传统教学模式中教师与学生之间"你讲我听"的被动关系，鼓励学生在尊重科学的基础上，大胆向教师挑战，向权威挑战。鼓励学生主动提问和发表自己的见解，教师有意识地与学生进行角色换位，营造出一种学生能无拘无束与教师平等探讨问题的氛围。同时，采用灵活多样的讨论方式，具体如下：

（1）学生可以随时对教师讲授的内容进行质疑，再由教师择时、择地进行回答或与学生共同探讨以获得最优解答。

（2）教师根据教学内容提出一些引起争论的问题，如"综合物流信息平台应不应该建设，应怎样建设？"等，让学生讨论、思考，使学生了解时势，并培养学生独立思考问题、解决问题的能力。

（3）针对某些问题，如"物流枢纽场站的选址"，启发学生从不同的角度发散思维，求异创新，然后通过分析比较，筛选出最佳方案。

（4）教师有意识地提出一些相互矛盾或很难判断的问题让学生思考、深入分析，鼓励学生大胆发表不同的见解，培养学生创造性解决问题的能力。

（5）教师依据物流学科的特点，引导学生在"虚拟仓库"等知识上进行无拘无束的创造性想象，促进创新想法的诞生，培养创新思维。

（6）不受时间、空间、人员限制进行讨论式教学，教师根据教学要求选择某些问题在课堂上讨论，某些问题留待课后解决；既提倡师生之间平等探讨，又鼓励学生之间自由讨论；既有共同讨论，也有分小组讨论；既有面对面的探讨，也有网上交流等。另外，注意发挥优秀学生的"领头羊"作用。一种主要的方法就是挑选几名专业基础理论扎实、思想活跃的学生，对一些重点探讨的问题进行精心准备，在课堂讨论时发表出他们独到的见解，以此来激励其他学生的积极性，从而带动整个教学班级积极讨论的兴趣。当然，在注意发挥优秀学生"领头羊"作用的同时，还注意鼓励所有"敢于发言者"，并将"发言"的次数、"发言"的质量与考核成绩挂钩。

5. 问题式教学法

问题式教学法就是以问题为载体贯穿教学过程，使学生在设问和释问的过程中增强自主学习的兴趣，养成自主学习、勤于思考、乐于合作的一种教学方式。问题式教学法应以提出问题、分析问题、解决问题为主线，让学生带着问题去学习、讨论和思考，最终找到解决问题的办法，这也是问题式教学法应该遵循的基本步骤。与仅仅获取知识不一样的是，要在运用问题式教学法使学生掌握必要知识的同时培养其创新能力和合作能力，在问题与目标导向方面进行适当的调整。

（1）提出问题是问题式教学法的首要环节。"学起于思，思源于疑。"勤于思考、善于设疑解疑是古人获取知识的诀窍。问题式教学法要求教师提出具有启发性、思考性的问题，同时提供恰当的阅读材料。一般在提出问题后，教师首先要认真思考，这些问题能否涵盖所讲部分的主要内容，能否激发学生的思考兴趣，能否让学生在思考中有进一步的启发。总之，提出的问题要有一定的启发性和可探讨性，能够激发学生进行讨论和辩论的兴趣。与问题式教学法的一般应用不同，要实现提高学生的创新能力和合作能力的目标，提出的问题要既具有一定的难度和深度，又不能超出学生的能力，还要给学生留出独立思考的时间，以便对问题有一个全面的思考。

（2）给学生留出一定的查阅资料和思考问题的时间。教师提出问题后，如果让学生立即进行讨论并给出答案，必然会破坏问题式教学法在提高学生创新能力和合作能力方面的整体效果。此时，教师应引导学生充分利用图书馆和互联网，在阅读所给材料的基础上，沿着问题的线索查阅相关资料。这种引导不但有利于学生思考问题和解决问题，而且有助于培养学生自主解决问题的能力和创新能力。

（3）师生在讨论中共同探寻问题的答案。这也是问题式教学法的核心和关键环节。如果说在查阅资料和独立思考问题的时候能够培养学生自主解决问题的能力，那么讨论这一环节则能够培养学生的合作能力和团队精神。此时，教师既是讨论的参与者，又是讨论的引导者。在学生讨论的过程中，教师可进一步提出问题，同时适当引导学生的讨论不偏离问题本身。讨论问题不仅是尽快得到结论，而且是充分展示学生研究问题的过程，使学生掌握解决问题的程序和方法。通过讨论，学生认识到思考问题除了传统角度，还有一些新角度，这是解决问题的方法。同时，学生通过讨论也会意识到很多时候单靠自己的力量并不能解决生活和工作中的问题，关键时候要有合作意识和团队精神。总之，讨论问题的目的并不仅仅是找到问题的答案，还要注重在讨论中培养学生的合作意识。

（4）问题式教学法要重复运用。创新能力和合作能力的培养不是一朝一夕就能完成的，需要长期坚持，使学生养成思考问题和合作解决问题的习惯，这样才能在良好的习惯中使创新成为一种自觉的思维，合作能力也能在日常的合作行为中得以提升。

6. 讲座式教学法

讲座式教学法是适应素质教育的要求，为培养学生的积极性、主动性、创造力而产生的。与传统的教学方法相比，讲座式教学法的一个显著特点就是让学生积极主动地参与到课程的教学过程中，从而使学生在有压力的情况下进行主动学习。讲座对于扩大学生知识面、增大与学科前沿接触的机会、激发学生对本专业的浓厚兴趣有较强的作用。

讲座式教学并不意味着教学的自由与随意，教师的讲授起主导作用，学生的自我学习起决定作用。在整个教学过程中，教材得到充分利用，阅读材料使学生获得大量的信息，全面地把握知识。用研讨、案例、角色扮演等方法进行讨论、作业，使学生学到的知识得到巩固，思想得到升华，分析问题的能力、思辨能力得到提高。师生共同参与完成教学活动，也能增进感情交流，容易产生共鸣。采取讲座的方式进行教学，能够拉近教师和学生的距离，一个讲座突出一个专题。参加课堂的不单包括任课教师和学生，还将邀请有关专家和学者。教师不仅是讲课者，还是讲座的组织者，学生也将被安排上台

物流创新能力培养与提升

讲演。讲座中提出一些目前仍未解决的难题供大家共同讨论，其中一部分将成为学生的作业。

运用讲座式教学法授课要求教师必须进行精心准备，做到中心明确，插入适度、适时、适量，引导得体。由于讲座授课涉及的知识面更广、更深，因此，对教师的素质要求更高，要求教师课前精心准备，通过各种途径如书籍、网络、报纸、杂志积累材料，教学内容紧扣时代，教师在教学过程中能追根溯源，谈古论今，同时紧抓时代脉搏，突出时代特点，使教学过程更加有趣味性和新颖性，以引起学生的兴趣。整个教学过程要条理清晰，环环相扣，选择学生熟悉的话题来提供材料，在不经意间开始，设计问题时更要抓住学生的心理，紧密联系学生的思想实际，从而吸引学生，一步步走向高潮，使人不能放弃，实现师生的良好互动，最终达到解决问题、发散思维的目的。

物流管理专业教学实践中，应根据课程的具体情况使用不同的教学法。讲授式教学法有着严谨、系统、详细、理性的特点；案例教学法则有着积极、形象、具体、感性的特点；项目教学法则是在学生有了感性认识的前提下，通过教师指导，以学生为主体把课程涉及的某一个具体问题以项目的形式予以解决，使学生既加深了对理论知识和方法的掌握，同时也通过项目实践在创新能力培养方面得到了提高。多种教学法之间存在着互补性。例如，在讲解"配送"这一知识内容的时候，通过讲授式教学法首先向学生阐明配送的基本概念，系统地把配送概念给学生讲解清楚，使学生在感性上对配送有一个理解。然后，通过案例教学法把配送分类向学生阐明。如学生通过网络购物，快递公司将学生购买的东西送货上门就是一种配送类型。通过这样的案例，学生对这部分知识内容既能清楚概念又能和实际联系，充分调动学生的积极性、主动性和创造性，进而提高学生的理论水平和实践能力。项目教学法可充分运用于配送中心这一部分内容的讲解，教师提出一个问题，如某超市的配送中心规划问题，学生在教师的指导下对这一问题制订规划和予以实施，最后提出自己的方案和成果。学生要完成项目的目标和任务的具体完善；制订工作计划、工作步骤和程序；具体实施计划，如查阅资料、分工实施、互相讨论、归纳总结和最终拿出自己的解决方案。项目教学法既能使学生对配送的理论内容有深刻的理解，又能充分地锻炼学生解决实际问题的能力，对于学生毕业以后满足社会需求起到衔接作用。

多元化的教学方式辩证统一的使用，在物流管理专业教学实践中可以很好地解决学生"会学不会做"的问题。多元化的教学方式是一种符合社会需求的教学模式，它可以构建一种新型的师生关系，在一定程度上解决了教师向学生灌输了大量的知识，学生却没有很好地掌握知识的矛盾，激发学生热爱学习、主动学习和主动实践的意识，培养学生成为满足社会需要的具有创新能力的应用型人才。

四、科学与人文教育并举的课程体系

根据时代发展和社会对物流创新人才的要求，以促进物流学科发展为出发点，进一步优化物流课程体系，加强实践平台建设，提高物流人才培养质量。充分利用发展新兴学科和交叉学科的契机，充分发挥经济学、管理学以及工学等学科的资源优势，实现资源优化整合，推动物流学科发展，提高物流创新人才培养质量。人才培养质量是高校发展的生命线，为此，高校要合理安排教学计划，并对物流课程阶段性地进行优化重组，

保证课程体系始终满足创新人才培养需要。

1. 注重理论联系实际

创新能力具有实践性，这也决定了在培养大学生物流创新能力的过程中必须强调理论与实践相结合，突出实践能力的培养。学生只重视书本知识和抽象概念的学习，忽视实践和应用的重要性，不接触实际，创新思想和能力将必然成为无本之木、无源之水，失去了其应有的活力。实践性是物流管理的学科特点之一，创新型物流人才的培养需要理论和实践充分结合，把实践教学贯穿于各个学习阶段。重视实验、课程设计、参观、实习、毕业设计、参与科研等各个实践环节，让学生在实践中学习，在实践中提高，在实践中创新。通过实践教学，学生能够主动参与、亲手体验、主动探究发现现实中的问题，运用所学理论去分析和解决实际问题，从而培养创新性思维的习惯。在物流管理的实践教学方面应该从物流实验室的建设着手，除硬件配套设施外，更应注重软件方面的建设，如物流企业的经营模拟软件、配送中心管理软件、物流流程模拟软件等。

除了给予大学生以充分的校内实践机会，还要加强其与社会和企业的联系，让大学生走出校园，在社会生活和现代企业中，获得足够的社会调查和专业实习机会，拓展专业视野，增强实践知识，真正提高实践应用能力。现在我国有许多高校都加强了校企合作，并相继开展了校外实习基地建设工作，把校内教学与社会实践有机地结合起来，让学生在实践中激发创造性思维，加速理论知识转化，收到"理论→实践→理论"的良好效果。

国外大学非常重视与产业界的联系，积极鼓励学生实习和创业。例如，美国高校普遍规定：大学生在企业或政府部门实习时间不得少于六个月。美国多数大学还开设了创业教育课程，鼓励学生参加创业活动。美国高校的创业教育中心可以为学生提供创业种子基金和孵化器服务，该机构帮助学生向风险投资家进行游说，取得投资并创办公司。

2. 科学与人文教育并举

欧美著名大学都强调科学教育与人文教育的统一，培养全面发展的创新人才。哈佛大学明确规定，所有本科生要像学习人文社会科学那样，接受一定深度和广度的自然科学教育，最低标准是能读懂《科学》《自然》等专业科学期刊文章。在教改中，哈佛大学用新设的"哈佛学院课程"取代"核心课程"。"哈佛学院课程"不再是单一学科的入门介绍，而是整合各门学科的知识，每门课程可能由几位不同学科的教授共同负责。同样，斯坦福大学一方面强调加强学生的科学教育，创建"科学、数学和工程"核心课程；另一方面，重视学生的人文教育，要求所有本科生都学习一年的"人文学科导论"课程。

英国牛津大学和剑桥大学一直将培养全面发展的领袖人才作为目标。两校除了为学生提供世界一流的图书馆、博物馆、实验室外，还为学生提供丰富多彩的课外活动。牛津大学现有200多个俱乐部和社团组织，为拔尖创新人才的成长提供了广阔空间。

五、现代化的教学手段

教学手段也是培养物流创新能力的重要因素，综合应用幻灯片、投影、录像、计算机等各种现代化教学手段，直观地向学生介绍理论和应用知识，使学生从各种感受中加

物流创新能力培养与提升

深对所学知识的理解，减轻学习压力，为创新思维和创新实践留足时间和空间。现代教学手段的应用主要体现在以下几方面：

（1）结合"物流学""企业物流管理"等课程，精心打造国家级精品课程平台，利用课程平台使学生直观理解现代科技在物流中的应用，便于教师在有限的时间内合理、有效地组织教学。同时在教学过程中有效地调动了教师和学生两方面的主动性和积极性，优化学习过程和学习效果，以便于学生创新能力的培养。

（2）结合"仓储管理"等课程，播放编写制作的"仓储工作"教学录像，让学生虚拟进入实际工作，形象理解未来的专业工作。

（3）利用学校的课程平台。许多课程的辅导教学是放在网上的教学平台上的，教师可通过网络进行网上辅导、答疑，学生则可通过网络进行复习、自行检测、交作业等，使教学交流更为及时、快捷，为教学提供了一个灵活、自主、个性化的空间。

六、完善的教学评价体系

完善的创新能力评价是大学生提高创新能力教育的向导，创新能力评价系统内容丰富、形式多样，是培养大学生创新能力、激励大学生开拓创新的重要保障。创新能力的评价一方面是对学生的评价，另一方面也是对一所大学的整体评价。

1. 学生评价体系

目前，我国高校对学生的评价体系，仍然没有彻底突破传统教育的评价方式和标准，在很大程度上还是以书面考试和分数成绩作为学生评价的主要指标，强调对知识的硬性识记，轻视能力特别是创新能力的发挥，毫无疑问，这种学生评价体系严重地束缚和限制了大学生的创新能力发展。在当今以培养创新型人才为教育目标的环境下，学生评价体系标准也应当符合培养创新能力的要求，建立知识评价与能力评价相结合的教学考核评价新体系，通过新型评价体系的建立最大限度地激发大学生的创新欲望，充分调动大学生的创新潜力，使他们更好地投入到创新活动中。新的学生评价体系应该具有以下一些特征：

（1）应该具有多元性。从考试形式上看，包括研究报告与汇报，考试及同学评价等。评价标准不再只是单一的书面考试成绩，而是一种包括日常考核在内的综合考核，不仅要关注结果，更要注重学生在平时的能力培养。淡化对烦琐知识的考查，根据当前新变革形势和物流学科专业的特点，增加灵活性、综合性、应用性、开放性试题，从而考核学生解决问题的能力。增加实践环节的考核比例，考核内容涵盖的范围较广，包括学生课程设计、期终理论考试、仿真实验情况、参观实习研究、课堂问题回答情况、讨论发言情况及向教师质疑情况等。考核时间过程化，对物流专业课程设计、仿真实验等实践性、创新性强的课程，改变传统的期末考试的做法，将学习过程的表现融入考核中，特别是要更注重学生在课程学习过程中所表现出来的才能。评价方式也不再仅仅是书面测试，而是将书面考核和能力测试有机地统一起来，突出对学生创新精神、创新思维和创新能力的评估，注重对学生综合素质进行全面评价。

（2）应该具有互动性。要改变教育评价主体单一的状况，鼓励学生积极参与到评价体系，并在评价过程中发挥重要的作用，评价者和被评价者要在互相平等、互相尊重的基础上积极沟通和交流，加强学生对评价结果的理解，并接受评价结果，最终从主观上调整自我，改进自我，发展自我。

（3）应该具有广泛性。这一点早已被美国的高等学校所采用，即对学生的评价不只是由学校来进行，实习单位和用人单位也参与到学生评价体系中，将社会对人才的需求加入评价指标中，促进学生在社会实践中加强对所学知识的理解和自身能力的培养。

英国高校对学生的评价手段包括论文、案例分析、演讲演示、课程设计和考试等。考试只占很小的比例，尤其是闭卷考试方式采用得较少，很多考试对答案的标准与否要求也并不严格，鼓励学生自由发挥；在完成论文、演示等过程中，学生要独立思考、广泛涉猎、相互协作，在精于自己专业知识的基础上有所创新。构建适合于培养大学生创新能力的学生评价体系，是一项系统工程，需要学校、教师、学生和社会的共同参与。高校要以创新教育理念为指导，将创新因素融入学生评价体系中，然后根据评价体系的实施情况进行改进，形成一个良性的循环，不断将学生评价体系改革工作推向深入。

2. 高校评价体系

对一所大学的整体评价也进一步促进其培养学生的创新能力。对大学的评价一般包括内部评价和外部评价。内部的评价由学校自身进行，每个高等学校在课程开设、课程教学、创新活动、教学监控方面都有自己的规定和程序，学校对自身的教学情况会进行监控和审查，并纠正教学中不合时宜的情况，把好质量关，保证教学按照预定目标前进。外部的评价一般由教育管理部门或者专门的质量认证机构来进行。例如，英国高校在外部评价中重要的一环来自于英国高等教育质量保证署（QAA）的评价。QAA是为保证大学质量和标准专门成立的机构，其任务是评价和保证英国大学教育的优质标准，维护学术质量，主动告知并且倡导英国高等院校在管理水平和教学质量上不断提高。QAA通过对大学进行评估和审计等手段，促使着各高校不断提高教学能力和学术水平。另外，民间组织的监督以及新闻媒体的评价，如对大学制作排行榜等，也都在用自己的方式推动着大学的进步和发展。

对学生的评价和对高校的评价是教育评价体系的不同方面，分别在各自的层次发挥着管理和导向作用，把对创新的要求和激励渗透到这个评价体系中，并有效地实施，保证了对大学生创新能力的培养始终沿着正确的轨道运行。

第二章 创新素质准备

第一节 创新素质概述

一、创新素质的内涵

"创"是创始、首创的意思;"新"是第一次出现,改造和更新的意思;"创新"就是创建新的。这是《辞海》中对创新的解释,对创造的解释为:首创前所未有的事物。在英文中,"创新"(Innovation)是一个由来已久的词汇,拉丁文词根 nova 表示"新的"意思,加上前缀 in,具有"更新"的含义,意味着对原有的东西加以变更和改造。由此,可以认为创新和创造是同一概念。

在研究中,创新是一个内涵丰富的概念,不同学者从不同角度对创新进行了界定。1912 年,熊彼特在著作中首次提出了创新的概念,他认为,"创新"就是把生产要素和生产条件的新组合引入生产体系,即"建立一种新的生产函数",其目的是获取潜在的利润。严格来说,他对创新进行了描述性定义,并没有直接揭示其内涵。《新世纪现代汉语词典》吸收了熊彼特的理论,将创新定义为"提出解决问题的新途径、完成一项新设计或新方法,或是创造一种新的艺术形式;在经济活动中,指新事物的实际采用或引用。"

从本质意义上理解,创新可以概括为:个体为了达到一定的目的,创造某种符合国家、社会或个人价值需要的具有革新性或独创性产品的行为。创新素质是人的潜在能力充分开发的一种积极状态,是人的素质全面发展的结果。就其本质而言,创新素质是指一个人在先天生理的基础上,通过后天环境影响和教育训练所获得的,内化的和相对稳定的对创新活动发挥关键作用的心理特点及其基本品质。

二、创新素质的潜在要素

综合创新与创新人才的内涵与特征,对创新素质的潜在要素做如下概述:

(1)广泛的兴趣和爱好。创新的出现必然且只能与个体的兴趣有关,在一定程度上,时间和精力是创新的主要机会成本。广泛的兴趣爱好是创新的必要条件,创新的个体只有对某方面表现出浓厚的兴趣,才能够激发其学习与探索的热情与愿望,使个体围绕兴趣点,主动投入时间精力、全神贯注、认真观察、深入思考、自觉学习,从而形成潜在的创新的必要条件。

(2)强烈的求知欲望。求知欲望是个体创新的内在动机的基础,使持续、自觉学习成为个体有意识的、习惯性的活动,从而不断拓展视野,扩展知识范围,夯实理论基础,最终激发个体主动进行创新性思考。

第二章 创新素质准备

(3) 完善合理的知识结构。创新是对既有知识在新的情境与条件下的运用,完善合理的知识结构构成创新的理论依托,使创新者能够在既定的知识结构内结合内外部条件的现状,识别有价值的创新方向,进行科学合理的设计安排,对创新过程预期的结果及不确定情况进行解释和分析,从而保持和提高创新的科学性与有用性。

(4) 开拓型的思维模式。个体在分析既定情况的不适应性或在寻找对现有问题更有价值的解决方案过程中,会逐渐形成创造性的思维模式,在系统的观察实践、发现问题、思考对策的开放型思维模式下,个体将实践问题与理论基础相结合、将外部条件与内部要素相结合,将能力与知识相结合,探索创造性地解决问题的方式,因此,创新活动首先出现在开放性的思维过程中。

(5) 敏锐的信息捕捉能力。创新本质是一种对于既有资源使用的重新组合,改变资源组合是创新者基于自身具备的知识所做出的决策选择。有效的创新能够适应甚至改变社会的发展轨迹,创造价值,为社会带来福祉。因此,创新决策必然包含对社会需要、个体能力及其相互匹配的判断,这些都以创新者所掌握的信息为出发点,在创新的决策过程中,信息是关键的资源,捕捉与处理信息的能力具有核心作用。

(6) 大胆实践勇于探索的精神。创新过程通常是极具复杂性的过程,是脑力、体力、心力、精力共同融合作用的过程。创新过程的不确定性要求创新者必须具备大胆实践勇于探索的精神,能够对创新过程进行主动把控,及时评估创新结果,查找问题,分析原因,适时转变,使创新尽可能在既定方向上有序发展,降低损失。

(7) 较强的沟通能力与合作意识。由于作为创新主体的个体所具有的知识的有限性,创新活动通常以团队形式进行,个体以其理论优势为基础从事创新的某一具体部分,创新结果是团队创造性活动成果的集成。团队成员的沟通能力与合作意识对创新的成效影响深远,团队成员之间必须开展有效的合作,个体的创造力只有转化成团队创造的合力,才能真正推动创新活动。沟通困难与低效率合作将抵消甚至破坏有价值的创新思想。

(8) 坚强的意志品质。创新是反复实践的结果,任何构思中的创造性想法只有真正转化为可见可感的具体的创新结果,才能实现价值。基于创新过程的复杂性,这个转化过程具有很强的不确定性,存在失败的风险,创新者必须具备坚强的意志品质,承受压力,面对失败,不退却不气馁,从而使复杂的创新过程坚持下去,避免创造性的成果因为创新者个人的放弃而半途夭折。

(9) 健康稳定的心理素质。创新既是一项认知活动,又是复杂而缜密的思维活动。一般情况下,对于创造力而言,健康稳定的心理素质起着重要的作用。在进行创造性活动的时候,情绪就起着重要的调节作用:镇定、乐观的情绪有利于创造性活动的顺利进行,使思维敏捷,提高创造效率;而焦虑不安、悲观失望、情绪波动,容易抑制思路,有碍于创造性活动的进行。国内外的大量研究表明,有九种不良情绪困扰着人们创新活动的进行和创新能力的发挥:害怕、不痛快、懊悔、孤独感、无信心、生气、失望、难过、挫折感。显而易见,健康稳定的心理状态可以使创新能力得到更好的发挥。

第二节　创新素质内部结构

在心理学理论中,"知情意"是人类心理活动的三种基本形式。创新素质作为一种综合素质,包含多方面内容。综合国内外研究与实践,将个体意识、能力水平、人格因素作为创新素质的内部结构具有一定的科学性。因此,本书将大学生创新素质分为创新意识、创新能力、创新人格三部分进行研究。

一、创新意识

1. 创新意识的内涵

马克思认为,创造是一个很难从人们意识中排除的观念。而对意识的研究历来在心理学领域中占据着重要地位。现代心理学起源于对心理和意识的研究。从内容心理学、意动心理学、构造主义、机能主义、精神分析一直到人本主义和认知心理学,关于意识,心理学领域至今都无法给出一个统一的概念界定。美国认知心理学家罗伯特·索尔索(Robert Solso)指出,意识是一项持续激起人们的兴趣、争论和实践的课题。目前的心理学界已经进入一个"意识革命的时代"。

对于意识的概念问题争议很大,英国学者简·亨利(Jane Henry)指出,意识概念的混乱问题在于意识这一术语本身就缺乏客观性,有不少学者怀疑自然界是否存在这种现象,同时人的意识经验也有多种类型,在这些不同的类型之间共同性较少。因此,人类意识的高度复杂性导致了意识概念混乱的现象并不奇怪,这需要我们对目前各种意识概念进行梳理以寻找共性。在意识的本质看法方面:第一种认为意识就是心理;第二种认为意识就是认识;第三种认为意识是主体对客体的自觉认识、情感和意志的统一,是人所有心理活动的总和。

而创新意识是创新活动中制约个体的内在力量,是个人创新素质中最为核心的成分。本书认为创新意识是个体对创新的认识、由创新引发的情绪反应,以及为创新活动所做的准备。

2. 创新意识的形成与发展

创新意识的形成与发展主要表现在两个方面:一方面是人对创新的认识的发展。随着近代工业革命的发展,人的创新才逐渐作为认知客体,被纳入探索的视野,笛卡儿的《指导心灵的规则》、柏格森的《创造进化论》等都谈到了创造的问题;另一方面是对创新的情绪体验的发展,随着创新认识的发展,人们逐渐认识到,创新同其他技能一样可以通过多种途径培养激发,作为人类从社会实践中获得的一种能力,创造性并不是少数精英所具有的,而是人人都具备的一种能力。

创新意识作为一种社会意识,其形成和发展是一个逐步进行的历史过程。它逐渐向社会政治、经济、文化等各个领域渗透,成为人们参与社会实践的基本思维方式。

二、创新能力

1. 创新能力的内涵

《现代汉语词典》中对"能力"的解释为:能胜任某项工作或事务的主观条件。心理学中，按照创造程度划分，可将能力分为模仿能力和创造能力，这里的创造能力是指独立地掌握知识和技能，发现新规律、创造新方法的能力。在我国，早在2000多年前，儒家经典《大学》即主张："苟日新，日日新，又日新。"孔子曰："不愤不启，不悱不发。举一隅，不以三隅反，则不复也。"这些都明确地反映了不断更新、不断创造的思想。

创新的拉丁文是更新的含义，意味着对原来已有的东西加以更新和改造。总之，创新能力需要个体具有基本的创新知识技能和创新思维能力，所创造的创新产物具有独创性和适宜性。本书将创新能力界定为个体创造某种符合国家、社会或个人价值需要的具有革新性或独创性的产品所具备的主观条件。

2. 创新能力的相关理论

关于创新能力的研究，20世纪50年代开始了突飞猛进的发展。1950年美国心理学家吉尔弗特在美国心理学年会上发表了著名演讲"Creation"，提出了对创新能力重视不足及由此产生的后果，认为心理学界应加强对创新能力的研究。吉尔弗特于1967年提出智力三维结构模型理论，认为智力结构应从操作、内容、产物三个维度进行考虑，创造性思维的核心是发散思维。自此，当代心理学开始越来越多地关注对创新能力理论模型的建构，通常认为当多种成分汇聚在一起时才会产生创新能力，认为创新能力包含多种成分。

（1）创新能力内隐理论（Implicit Theory）。创新能力内隐理论认为虽然对创新能力的看法各不相同，但诸如认知因素、人格因素、社会因素是公认的基本元素。多数人认同高创新能力的个体思维灵活、善于发现事物间的共同点、将不同的观点联系起来，同时不喜欢一成不变、有创造的动机、具备好奇心等特点。

（2）创新能力外显理论（Explicit Theory）。艾曼贝尔（1983）认为人的创新能力由若干因素交互关联作用产生，包括个体的内在动机、相关的知识能力和创新能力技巧。霍华德·E. 格鲁伯（Howard E. Gruber）等于1988年进一步发展了外显理论，提出了包含动机系统、知识系统和效应三个子系统的理解创新能力系统，其中：动机系统是指引导个体行为发展的使个体产生兴趣的一系列目标；知识系统随着个体解决问题经验的积累不断地更新发展；效应指的是在上述过程中所产生的满足感或挫折感。

（3）创新能力投资理论（Invest Theory）。该理论由斯滕伯格于1996年提出，以股票买卖为参考，借用经济学术语描述创造过程。通过研究发现，创新能力包含六种相互关联的资源：知识、智力、动机、思维方式、人格和环境。该理论认为智力资源集中体现了个体的创新能力，由三要素组成：综合能力、分析能力、实践能力。

三、创新人格

1. 创新人格的内涵

人格（Personality）词源为拉丁文的persona，本意为面具。心理学中对于人格的理解和定义各有不同。精神分析学派始祖弗洛伊德的人格结构理论认为人格包括自我、本我、超我三个部分。荣格（1913）提出了内倾型和外倾型性格，他认为实际生活中绝大多数人都是兼有内倾型和外倾型的中间型。汉斯·J. 艾森克（Hans J. Eysenck）于1947年在《人格的维度》一书中指出"人格是生命体实际表现出来的行为的模式的总和",他认为这种行为模式总和包括认知(智力)、意动(性格)、情感(气质)和躯体(体质)四个主要方面。

创新人格(Creative Personality)最早由心理学家吉尔弗特提出。他于1950年提出创新人格表现为能够直接地影响创新成果的系列心理特性,是创造者人格中的特殊组成部分。斯滕伯格研究认为,高创造性的人具有如下特征:思想开放,即观念具有灵活性;不受习俗制约,即个性具备独立性;性别角色的中性化,即男性具有一定女性化的气质,女性具有一定男性化的气质;肯接受不甚明确和复杂的问题;能够容忍别人和自己的错误。人本主义心理学将人的创造性与人格发展联系起来,将创造境界提升看成是人格完善的体现。国内外关于创新人格的研究较多,都表明创造性强的人具有某些突出的人格特征。

总之,创新人格是人的智力因素和非智力因素的有机结合和高度发展,是创新主体表现出的整体面貌。创新人格是由多种心理因素构成的有机整体,它使个体的创新活动具有不同的色彩,形成各异的风格。本书认为,创新人格是内在、持久、稳定地促使个体取得创新的人格特征。

2. 创新人格的相关理论

具有创造性的人具备何种人格特质(Personality Traits)历来是创造性研究的重点,针对创造性人格的研究也产生了很多相关的理论。斯滕伯格(1988)提出了创造性的三维模型,其中第三维是人格特征,包含能忍受模糊情境、乐于克服障碍、有适度的冒险精神、具备内在动机、乐于成长和提高等因素。

雷蒙德·卡特尔(Raymond Cattell)提出了著名的人格特质理论模型,即个人特质和共同特质,表面特质和根源特质,体质特质和环境特质,动力特质、能力特质和气质特质。塔佩斯(E. C. Tupes)用词汇学方法对卡特尔的人格特质变量进行再分析,认为其包括经验开放性、尽责性、外倾性、宜人性、情绪不稳定性五个相对稳定的人格因素,即大五人格理论,其中经验开放性反映出了想象、求异、创造等特质。

美国心理学家弗兰克·法利(Frank Farley)提出了T型人格(T Type Personality)理论,他认为T型人格是一种喜好冒险、热爱刺激的人格,若冒险是向积极健康、建设性和创造性的方向发展即为T+型人格,若是破坏性的,则为T-型人格。在T+型人格中,又分为体格T+型和智力T+型,前者如运动员通过突破身体极限来实现追求新奇的动机,后者如爱因斯坦等科学家在知识领域的探索和创新。

第三节 创新素质培养模式构建

一、创新之基础:通识教育体系

21世纪是呼唤知识和人才的世纪,创新能力显得尤为重要。大学教育担负着为社会主义现代化建设培养和造就高素质创新型人才的使命,大学是培养和造就高素质的创新型人才的摇篮。因此,大学教育的质量和方式对创新能力的培养有重要的影响。通识教育是大学教育的重要组成部分,通识教育的科学合理设计有利于激发创新潜能,培养创新型人才。

第二章　创新素质准备

通识教育是当前高等教育改革的重点，它以独特的教育理念适应了创新型人才培养的需要。通识教育课程作为通识教育重要的载体，其设计的科学与否直接影响着创新型人才培养的好坏。因此，完善通识教育课程设计，对培养创新型人才有着重大意义。

1. 通识教育与创新型人才培养

当前我国高等教育仍存在弊端，诸如只注重专业人才的培养，局限于专业知识的传授，强调知识学习和技能训练，实行单一的培养模式和教学评价方式，弱化了学生的个性发展，缺乏创新的文化环境和学术氛围，忽视对学生创新精神和创新能力的培养。为了更好地应对激烈的国际竞争，推动经济和社会建设可持续发展，尤其是满足创新型国家建设对人才的需求，改革高等教育的弊端、培养创新型人才就成为关键之举。近年来，通识教育越来越受到人们的关注，也成为高等教育改革的重点。通识教育不但要求学生具备广博的知识和融通能力，而且还希冀学生在品格、身体、艺术等各个方面均衡、全面地发展；不仅培养学生的独立思考及创新能力还要求学生具备良好的品德素养，关注社会现实，积极参加社会实践，成为具有使命感和社会责任感的公民。

通识教育要求具备的开放的思想观念，富有个性的知识和能力结构，创造性的思维和动手能力，良好的人文素养和成熟的心理素养的特质与我国建设创新型国家所需要的创新型人才需求不谋而合。

（1）通识教育的内涵。当前，国内外对通识教育的内涵众说纷纭，各有见地，但有一个一致性的价值取向，那就是通识教育的目的在于培养"完整的人""健全的人"。通识教育是通识教育理念和通识教育实践的统一体，是高等教育的重要组成部分。它是一种内容广泛的、非专业性的、非功利性的教育，其目的是把学生培养成为健全的个人和负责任的公民，它的实质是培养"和谐发展的人"。

大学通识教育向大学生提供了一种广阔的文化教育，涉及人文科学、自然科学、社会科学等多个领域。通识教育的教育方式灵活多样，有必修课和选修课，课堂教学和丰富的课外活动，实验和实践等多种方式，让大学生在轻松自由的学习环境中扩充知识面，开阔视野，为大学生进行创造性思维和创造性活动提供广博的知识基础。

通识教育课程是高校课程的重要组成部分，是与学校的专业课程相对应的一个概念，泛指专业课程以外的所有课程。通识教育课程的设置以通识教育的的理念为指导，根据通识教育所要求的目标设计课业及具体的进程。

（2）通识教育对培养创新型人才的作用：

1）通识教育有助于构建大学生创新的合理知识结构。通识教育的内容涵盖自然科学、人文科学、社会科学三大领域，文理渗透，相互交叉，以基础性、理论性、综合性为特点，为创新型人才培养提供了坚实的理论基础。通识教育有利于学科交叉，有助于学生融合不同专业的理论知识，在整合的基础上重新建构，激发学生的创造性思维。

2）通识教育有助于培养大学生的创新品质。创新是一个艰苦的过程，既需要丰富的理论知识，又需要坚定不移的信念、顽强的意志力、锲而不舍的精神和强烈的创新激情与动力。通识教育注重对学生创新意识、创新精神和创新能力的培养和激发，为学生进行创新活动提供强大的精神动力和智力支持。

3）通识教育为创新型人才营造了宽松的创新环境。通识教育的教育理念和教学方式为学生的个性发展提供了良好的空间。它鼓励学生进行创造性思维，尊重学生的创新思想和成果，注重营造一种宽松、自由、追求真理的学习环境和学习氛围。通识教育教学方式灵活多样，是实现创新价值的必备条件，可以激发学生多方面的兴趣，培养他们的创新意识，激发他们的创新潜能，为他们提供展示创新才能的舞台。

2. 课程模块设计策略

通识教育课程的设计遵循通识教育的理念与目的，并且更加注重创新能力的培养。通识课程的设计需要理论依据。因此，首先须界定清楚通识教育的内涵，并依此设计出通识教育课程。当然，考虑到我国大学教育注重专业教育、学生的知识面和眼界不够宽广、实践体验更少的现状，通识教育课程的设计更应注重创新能力的培养。

（1）通识教育课程的设置，必须遵循"宽口径、重基础"的教育理念，确立培养创新型人才的目标。通识教育是一种观念，一种思想，思想是先导，只有以正确的思想作为先导，通识教育的实施才能与培养创新型人才的目标紧密契合。因此，学校在每年新生入学之际，要通过各种途径加大宣传与推广，提高通识教育在整个大学教育中的地位，使全校师生对通识教育有较全面的认识与了解，认清重要性。教师能够有意识、有创造性地上好通识教育课，激发学生学习兴趣和创新潜能，学生能够重视通识教育课程，主动地参与，学好这些课程，从而，使通识教育的理念深入人心，得到广泛的支持和实践。

通识教育课程的传授要改变传统的以继承知识为中心，强调学生对知识的记忆、模仿和重复练习的教育方式，要重视对学生能力和素质的培养，鼓励学生独立思考，培养他们的批判精神，激发他们的发散性思维，鼓励和推崇学生实践，让学生运用一切已有的知识，创造性地解决问题。而且，对运用新思维、新方法创造性地解决问题的学生要加大鼓励和表彰，让人人都因能创造性地解决问题而受到认可和尊重。除此之外，通识教育还要注重培养和谐、高尚、文明、健康、知性、礼仪等内在素质。

（2）为避免通识教育的随意性和盲目性，必须合理设置通识教育课程，构建科学的通识课程体系。合理设置通识教育课程、学科基础课程和专业课的比例，增加通识教育课程所占的比重。在课程设置上还要充分体现人文主义和科学主义在思想精髓上的融合，使培养出来的人才兼备人文精神和科学精神，符合现代建设的需要。

首先，明确学校的通识教育核心课程设置。核心课程的选择和定位直接决定通识教育课程的质量和定位。因此，高校必须重视通识教育核心课程的设置，明确核心课程的设置领域。高校应制定通识教育核心课程手册，详细介绍通识教育的核心课程，对每一门课程及设置的意义和作用做详细的说明。明确核心课程的分类模块，除人文科学、社会科学、自然科学三大基本领域外，还可根据学校自身的教学研究特色，设置相关领域的课程，而且要增加突出创新能力的课程。对核心课程的学分设置和选课进行系统化的设计，使学生能够根据个人兴趣和需要学习相关课程。

其次，通识教育课程的必修课和选修课的结构安排应增加可以自由选择的课程的比重和范围，严格把握选修课的质量。虽然很多高校实行必修课基础上的自由选修课，但由于必修课和专业课程太多，学生自由选择的权利很小。而且，很多学校对选修课缺乏严格的管理，学生们选择选修课可能并不是为了提升自己的人文素养和创新意识。因此，学校除了规定必修的通识教育课程，还要增加通识教育选修课程的选择空间，让学生能各取所需，真正从通识教育课程中获益。

再次，通识教育要重视隐性课程的建设。隐性课程的设置包括四个方面的内容：①通过开展课外活动，引导课内课外阅读，举办各种高雅艺术活动、学术科技比赛、文体活动，加强校园文化建设等多样化的教学模式和个性化的教学方法以及丰富多彩的活动形式，为创新型人才的培养提供一个积极、开放、宽松的环境，满足大学生各方面的需要和兴趣，使他们能够各显其能，自由发展，培养实践精神和动手能力。②举办内容丰富的人文与科学讲座。资深的教授或是著名的学者会给学生传达不同的观念、不同的观点，能够极大地丰富学生的人文与科学知识，拓宽学生视野，陶冶学生情操和启迪学生思想，在潜移默化中培养他们对人文科学、社会科学及自然科学的追求精神。③优化校园环境，营造浓厚的学术氛围和开放自由的学术精神。学校要加强校风建设，紧抓教风和学风，注重培育大学精神，让学生的心灵享受一种高尚文化的熏陶。④高校要实行开放办学，兼收并蓄，加强与国内外其他高校的交流与合作，允许各种学术思想的充分讨论，使学生在开放自由的学术氛围中，互相借鉴，大胆交流，共同提高。

最后，结合大学具体情况，紧密关注社会需求，形成鲜明的教学特色。当前，高校在教育理念、课程设置、教育资源、教学环境、师资力量等多个层面千差万别。因此，学校教学育人，一定要根据学校的具体情况，不可一概而论。高校必须在界定清楚自身定位的基础上发挥专长，打造品牌专业和精品课程，同时要统筹兼顾，全面发展。高校必须要全面了解与深刻把握社会变迁与发展趋势，引导学生在加强自身知识储备和技能培养的同时，紧跟时代发展和社会需求，进行独立的具有开创性的学习与实践。通识教育课程还应重点关注培养学生的国际视野，了解世界各国的文明和发展动态。在全球化的时代背景下，更要培养学生的国际视野和爱国责任感。

3. 创新研究课程策略

创新研究课程旨在培养学生的创新精神和创新能力，以综合实践的方式使学生有机会进行相对独立的研究性、设计性、实践性、反思性学习。由于教育在培养人才的开放性思维和创新精神方面具有独特价值，因此创新课程在课程体系中处于重要地位。

创新课程的设计应注重交叉学科的设置。创新来源于厚实的基础知识。基础知识是本，有了厚实的基础，才能进行创新。在创新课程的设计中，要坚持"强基础、宽口径"的大学生培养模式，加强不同专业、学科之间的交叉和融合，引导学生开阔视野，寻找不同专业、学科知识间的联系，引导学生关注学科发展动态和学科发展前沿理论，形成知识体系的整体观念。

创新课程的设计，要着眼于学生的发展，强调科学方法教育，培养学生的学习能力。创新课程的设计要遵循学生培养的规律，培养学生对生活现象的观察力，注重挖掘学生本身具有的强烈的直觉力和想象力；在设计课程时注重研究方法和研究技能的训练，训练学生的灵活性思维、发散性思维、批判性思维和逆向思维；培养他们的创新品质和坚定的创新意志，激发他们的创新潜能和创新欲望，提供创新实践的平台和机会，为大学生的创新能力提高打下基础。

物流创新能力培养与提升

4. 社会实践课程策略

全面和深入开展大学生社会实践成为高等教育的重要组成部分，也是推进大学生素质教育、培养高素质创新型人才的重要途径和必要环节。高校的社会实践课程有利于帮助大学生在丰富多彩的社会课堂中认识社会、了解国情、接受教育、增长才干、锻炼品格，培养团队精神，提高文化素质和自身修养，增强历史使命感和社会责任感。

社会实践课程要合理设置，注重教学计划内课程和教学计划外课程的有机结合。教学计划内的实践课程具有较强的规范性和系统性，有利于学生更好地掌握学科知识，锻炼技能。根据社会需求和学校的培养目标以及对学生的有益影响，可以将教学实践、军训和国防知识教育、假期社会实践等作为必修课。教学实践课程在帮助学生掌握专业理论知识的同时引导学生正确应用，增强动手能力，在实践中不断检验和创新。军训和国防知识教育，一方面增强了大学生的军事知识和技能训练，另一方面也锻炼了大学生的品格，增强了社会责任感和使命感。假期社会实践更有助于大学生了解社会生活，关注社会问题，增强社会体验，锻炼品格意志，培养团队合作精神。同时可以将丰富多彩的校园文化活动、各种科技学术活动、志愿者活动和公益活动等作为社会实践课程的选修课程，并以一定的学分要求，引导大学生积极参与，培育大学生的创新精神和实践能力。而教学计划外的社会实践课程具有时间上和形式上的灵活性、实践主题的广泛性等优点。组织大学生到红色基地参观，接收思想教育；组织班级郊游，让大学生领略当地风光、人文景观，观察社会生活；鼓励大学生走进社区，服务社会。总之，可以鼓励学生根据自己的兴趣与特长，充分利用社会资源，创造性地选题和开展实践活动。学校通过实践课程的设计为学生提供丰富多样的实践课程，鼓励学生自主选择，为学生在创新精神和实践能力的培养方面创造一个良好的环境，让大学生更好地适应社会对人才的需求。

社会实践课程要科学引导，重点突出，增加针对性。实践课程发挥着培养大学生的实践能力和创新精神的重要作用，在科学设计出实践课程后，还需要科学引导，增加针对性和实效性。一方面学校应加大对学术科技实践类项目的支持力度，通过加大宣传，增加经费支持，完善奖励制度，以高年级带低年级等措施吸引更多的大学生参与其中。另一方面，针对不同年级的特点，引导大学生有规律、有计划地参加实践活动。例如，鼓励一、二年级的大学生完成军训和军事理论知识学习，积极参加校园文化活动，完成假期社会实践，培养自身各方面的能力；要求三、四年级的大学生以专业知识的应用和社会服务为主，将所学的知识与实践结合起来，创造性地开展实践活动。

要建立与社会实践课程相应的评估体系和奖励制度。社会实践课程的有效实施需要以合理的评估体系和奖励制度作为支撑。社会实践课程完成质量的好坏必须有科学的评估和反馈，否则社会实践课程很容易流于形式，难以培养大学生各方面的能力。目前，高校出于成本和实践过程评估困难的考虑，往往只注重对实践成果的评价，这样很容易使大学生忽视实践过程甚至不实践，反而在实践结果上狠下功夫，本末倒置。因此，高校应完善评价体系，注重对社会实践过程和实践成果的双重评价，要扩大评价主体范围，增加评价方式。通过增加学生相互评价的方式，加强对学生真正参加实践情况的考核。对积极参加社会实践并取得优秀成果的个人、团体、单位进行物质和精神奖励，并以此作为综合素质评定、评奖评优的参考依据，在制度上激励学生积极参与社会实践活动。

二、创新之引导：大学生职业生涯规划

一个人创新素质与能力的培养、创新潜质的挖掘与其科学、客观、准确的自我认知息息相关。性格与职业的匹配、兴趣与职业的匹配、特长与职业的匹配、专业与职业的匹配等是创新素质养成、创新潜能发挥的关键，通过大学生职业生涯规划的手段帮助学生更好地自我认知，在认知的基础上确立明确的目标，引导他们以自己的最佳才能、最优性格、最大兴趣去从事自己的事业实现既定目标，这是创新素质培养的重要途径。

大学生职业生涯规划意识的培养包括职业生涯认知引导、目标引导和职业引导。其中认知引导又包括职业规划与人生发展、大学学习与职业发展、职业社会认知和自我探索与认知。如图2-1所示。

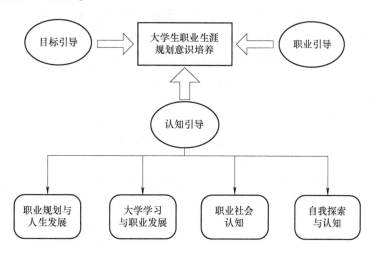

图2-1　大学生职业生涯规划意识培养构成图

1. 职业生涯认知引导

（1）职业规划与人生发展。凡事预则立，不预则废。大学生职业生涯规划是大学生通过对自身的主观条件和客观环境进行分析，确定自己的职业生涯发展目标，选择实现这一目标职业的方式方法，制订相应的培训和教育计划，并按照一定的时间安排，采取必要的行动实施职业生涯目标的过程。做好职业生涯规划对人生发展和更好地融入社会有积极的指导意义。

1）高校建立大学生职业生涯规划意识培养机制有助于大学生了解自我，认识社会，进行自我定位。职业生涯规划一方面能够引导大学生主动对自身价值进行分析和定位，发现自身的个性特质，挖掘潜在的优势资源，克服自身的不足；另一方面，职业生涯规划可以引导大学生对职业生涯的客观因素进行测定、分析和总结，了解自身所处的社会环境，了解社会职业的发展现况、未来趋势及所需的技能要求，引导他们评估自身所具备的条件与职业生涯目标之间存在的差距，重新确立切实可行的奋斗目标，确立与自己主客观条件最匹配的职业定位。

2）职业生涯规划有助于大学生科学系统地规划职业目标及具体措施，提升应对竞争的能力。通过职业生涯规划，可以帮助大学生在认清自我和社会的基础上，逐步树立

职业理想，并通过科学的设计，采取切实可行的措施有针对性、有步骤地参加各种相关的培训和实践，扬长避短，挖掘潜在能力，逐步提高自身素质，不断增强自身的职业竞争力，从而更好更快地实现自己的职业目标与理想。

3）职业生涯规划可以为大学生提供良好的职业环境，促进人才资源的合理配置。职业生涯规划是大学生在对自身、社会尤其是职业领域充分了解的基础上对自己的未来进行自觉的设计。职业生涯规划可以帮助大学生减少职业选择和发展上的盲目性，寻求更好的职业环境。通过职业生涯规划教育可以有效地帮助大学生根据社会需求和自身特点调整个人发展方向，达到自身与社会的和谐发展。

（2）大学学习与职业发展。大学生的专业学习既是为未来的职业做准备，也是未来事业的开端。新时代需要知识面广、业务能力强、综合素质高的人才。在大学教育培养过程，学校应引导学生本着对自己前途负责的态度，勤奋学习，刻苦钻研，不断增长专业知识，培养科学地认识问题、分析问题和解决问题的能力，全面提高自身的综合素质，为未来的事业积聚能量。因此，职业生涯规划应与个人专业学习相结合。

大学的学习需要构建合理的知识结构。构建合理的知识结构，需要广博与精深相结合、理论与实践相结合、静态与动态相结合、个人爱好与社会需要相结合。学生不但要对自己所学专业的知识和技术熟练掌握，而且要在教师的指导下，广泛涉足其他学科或某些边缘学科，拓展知识，努力把自己培养成复合型人才，适应知识时代的需要。同时，应重视加强语言、网络、人际沟通等基本技能的训练。

大学学习是为以后的职业发展做准备。在大学学习期间，一定要合理安排有限的学习时间，充分利用学校教育资源。根据本专业的培养计划，深入了解本专业的培养目标，了解自己专业的特色和培养要求，了解自己专业的现状及未来发展趋势、就业方向及就业状况。按照专业培养方案有计划地学习，做好知识和理论储备，根据未来职业对自己专业知识和能力的需求，增长专业知识，培养科学地认识问题、分析问题和解决问题的能力，全面提高自身的综合素质。

（3）职业社会认知。英国哲学家罗素说过："选择职业，就是选择将来的自己。"这充分说明职业选择对人生的重要意义。但每个人对职业的选择离不开所处社会环境的影响。职业生涯规划要求充分认识自己将要融入的职业环境。了解职业环境的供需现状及未来发展趋势和变化情况，了解职业社会的技能需求和进入职业社会的各种途径，分析职业环境的优势因素和不利条件，评估社会环境对自己职业生涯发展的影响。学生在对职业社会有了一定的认知和了解后，要注重自己与职业社会的技能匹配，尽可能获取更多优势资源，实现人生目标和理想。

（4）自我探索与认知。古希腊伟大的哲学家苏格拉底的著名论断——"认识你自己"——阐释了自我认知的重要性。在进行职业生涯规划前，大学生必须对自身条件进行客观剖析，这是一个"知己"的过程，也是生涯规划的基础。全面了解自己要正确客观地审视自己、认识自己、了解自己，做好自我评估。要确立自己的兴趣爱好，明确自己的性格特征，认清自己的特长和不足，分析自身的学习、实践、人际沟通和创新等能力水平，合理评估智商、情商。在对自身有一个深入的探索和认知的基础上，选择适合自己从事的职业领域，从而确立具有自身特色的、合理的职业定位。

第二章 创新素质准备

2. 职业生涯目标引导

确立职业生涯目标是制订职业生涯规划的关键。职业生涯规划的目标可分为短期目标、长远目标和人生目标。短期目标要具体可行,将目标细分为各个具体的任务,并分配合理的时间,同时各个目标要前后相连,逐级递进。长远目标是一个愿景,也是一个个短期目标累积要达到的目的。长远目标的实现必须通过个人长期的艰苦努力和持久的奋斗。在确立长远目标时,需明确自己的职业生涯定位和自身定位,立足现实、全面考虑,使之既有长远的指引作用又有可行性。人生目标体现一个人的人生追求,因此,短期目标和长远目标都要服务于人生目标。

通过目标引导,有助于科学制订职业生涯规划。在大学阶段,新生最容易困惑和迷茫,中学时代的目标进入大学后已经实现,大学新的学习生活环境却缺少新的奋斗目标来引导。在这种情况下,新生必须要寻找与新环境相符合的人生目标,在与目标相匹配的情况下,合理地制订职业生涯规划,选择规划发展路径,这对每个学生在校期间的学习、生活重心及长远发展都有重大影响。

3. 职业生涯职业引导

注重职业引导,启发大学生的职业发展意识。高校要强化对大学生的职业指导,开设大学生职业生涯规划课程,帮助引导大学生有意识地提高职业道德素养、心理素养、表达和人际沟通素养、团队合作等多方面的职业素养,培养学生适应社会、独立思考、开拓创新、勇于实践、组织管理、沟通协调等职业发展需要的能力。在开设相关职业引导课程进行理论引导的同时,还可以邀请企业管理者围绕人才标准、人才价值、人才引进等学生关注的问题进行讲座报告,可以邀请校友毕业生为在校学生现身说法,让大学生深切感受自己需要积累的职业准备。在此基础上,引导大学生以发展的眼光看世界、看社会、看自己,启发他们的职业发展意识,帮助他们确立自身的成才目标,为将来的职业发展做好准备。

三、创新之平台:大学生就业能力

创新素质培养是一个长期的过程,绝大多数学生的创新素质和能力将在从业后从本职工作岗位中具体表现出来,其创新潜能的发挥需要与其所从事的职业紧密结合,也与其所处的良好的职业环境和人际氛围息息相关。因此,大学生就业能力,既是其综合素质和能力的重要组成部分,也是其获取创新活动平台,将创新潜质应用于实践,产生创造性成果的必然要求。

1. 职业素养培养

职业素养是指专业知识、专业技能和专业能力等与职业直接相关的基础能力和综合素质。每个劳动者,无论从事何种职业,都必须具备一定的思想道德素质、科学文化素质、生理素质和心理素质等,才能顺应知识经济时代社会竞争激烈、人际交往频繁、工作压力大等特点的要求。当今社会竞争日益激烈,职业生涯的成功与否与良好的职业素养有着密切的联系。尤其对大学生而言,长期在校园生活,对社会工作知之甚少,缺乏相关的实践与工作经验,将来步入社会后也很难尽快地转换自身角色,以良好的姿态面对自己的工作。因此,在当前高等教育的过程中,必须注重大学生职业素养的培养,使职业素养培养成为高等教育的重要职责和凸显功能,以此提高大学生的就业竞争力,使

物流创新能力培养与提升

其在当前就业形势日益严峻的情况下，具有较强的竞争优势。

因此，加强对大学生职业素养的培养具有巨大的现实需求和意义，其关键包括职业道德素养、人际沟通能力、合作与竞争意识、组织领导能力。

（1）职业道德素养。当今社会的发展，不仅需要科学技术、专业技能等的做保障，更需要精神文化素养的支撑。一个没有强大精神文化支撑的民族是不可能稳定发展的。社会成员良好的文化素养，一方面充当了社会和谐稳定发展的基石，另一方面在一定条件下可以转化为巨大的生产力，进而带动整个社会的发展。同样，大学生完成学业步入社会除了需要具备全心全意为人民服务、团结友爱、勤俭自强、勇于创新等基本的思想道德素质外，还应具备基本的职业道德素养，做到爱岗敬业，热爱本职工作、恪尽职守、讲究职业信誉，遵守行业基本道德规范、规则及客观要求，做一个有责任感、认真负责的优秀工作者。

培养学生的职业道德素养包括以下几方面：①培养职业责任感。对于本职工作要端正态度，认真负责、积极主动，遵守行业规范、规则及客观要求，积极主动完成工作任务。在此基础上充分发挥创造力，积极寻求新思路、新方法，为工作过程注入新活力，实现新突破。②讲究职业信誉。良好的职业信誉是个人最好的名片，是在长期的自我约束、自我激励中实现的，是培养职业道德素养、提升就业能力的重要途径。在求职就业过程中，要以诚实守信的态度尊重他人，通过长期的努力树立起良好的职业信誉。③勇于奉献、大局为重等良好的职业道德素养也是提升自身就业能力、实现自身价值的重要途径。总之，职业责任感与职业信誉等基本的道德素养是提升就业能力的必要条件。

（2）人际沟通能力。随着社会分工的逐渐细化，劳动者知识的专业化水平不断提高。但同时，任何一个单独的个体都难以独立完成复杂工作。因此，无论在学习还是在工作过程中，都不可避免地与他人在业务等各方面发生各种各样的联系，要正确处理好这种联系，更好地完成任务，实现整体目标的最大化，大学生必须具备良好的人际沟通能力。因此，培养良好的人际沟通能力、正确处理好各种关系、充分利用各类资源是提升当代大学生就业能力的重要途径。主要可以从以下几个方面做起：①要培养良好的人际沟通能力，必须具备丰富的知识与内涵。基于个人丰富的知识储备，通过对知识的整合与运用，奠定良好的人际沟通能力的基础。②大学生在平时的学习生活中，应该积极主动地与同学、老师进行交流，在此过程中，培养自身良好的人际沟通能力。③学校应经常组织各类校内外团体性的社会实践活动。发挥学校内部社团、学生会等的带动作用，利用校际活动、竞赛活动等方式，使更多大学生参与其中，培养学生与同学、教师乃至社会人士的人际沟通能力、交往能力。总之，大学生良好人际沟通能力的培养需要校方、学生个人等各方面的共同努力。

（3）合作与竞争意识。当今社会日新月异，社会分工越来越细化，单靠个人的力量难以实现发展目标，在世界各国联系日益密切的全球化的今天，中国的发展及现代化建设进程正在与世界接轨，美国社会学家英克尔斯（Alex Inkeles）曾提到"在发展过程中，一个基本要素是个人，除非国民是现代的，否则一个国家就不可能是现代的"，指出现代人所具备的特点之一是有可依赖性和信任感，亦即"可合作性"。他们积极地对待生活的环境并与周围的人和谐相处。今天现代化的高等教育模式必须培养具备高素质的现代人，合作意识已经成为这种高素质人才所应具备的重要品质。人力资源开发中的互补增值原理,表明每个个体都有其自身的优势,扬长避短、取长补短,通过知识互补、气质互补、能力互补、性别互补、年龄互补、技能互补,才能实现系统功能的最优。而同时竞争强化原理表明各种有组织的、非对抗性的良好竞争,亦有利于激发人们的进取心和创新精神,帮助其充分施展个人才干。

高校可以通过组织各类比赛、团队任务等活动,培养学生的竞争与合作意识,激发学生不断发展、完善自我,实现个人价值最大化。

(4) 组织领导能力。组织领导能力不仅仅是对各种人力、物力及无形资产的管理,更为重要的是在组织和领导过程中能够培养自身的核心领导力,这对于提升求职者的就业能力具有十分重要的意义。可以说,良好的组织领导能力关系到大学生职业生涯的成败。而培养大学生的组织领导能力可以从以下几方面做起:①大学生自身应具备基本的组织领导意识与勇气。能够积极地发现机遇,充分利用身边的各类资源,如班级活动的组织等,在一次次的锻炼中不断学习进步,提升自身的组织领导能力。②学校应积极为学生搭建有利于增强其组织领导能力的平台,创造条件,强化学生组织的自我管理,并开设有关企业管理方面的专业课程、定期邀请专业人士举办讲座培训等。

总之,大学生职业素养的培养是目前高等教育的重要任务之一,而这一任务的进行,需要大学生、高校及社会等方面的协同配合才能有效进行。

2. 专业技术能力培养

专业技术能力是大学生综合素质和能力的重要组成部分,更是学生走向社会后就业和从业的基础能力,因此,对在校学生进行全方位的专业技术能力培养,是提高学生就业能力的重要途径。

(1) 社会方面,随着专业化分工的细化,企业对劳动人员的专业技术能力的要求越来越高。大学生专业技能的培养应紧贴社会的变化趋势,加强社会对专业人才需求的透明度,增强对大学生专业技能要求的指向性。

(2) 学校在不忽视学生综合能力培养的前提下,要加强对大学生专业技能的培养,适当增加物力、人力、财力以加强对学生专业技术的培养,为学生创造条件,帮助其参与实践,将理论落实到实处。

(3) 大学生个人要提高对专业技能的重视程度,从自身未来就业出发,切实掌握本专业的技能。

另外,对专业技术能力的培养可以通过理论与实践两个途径展开。根据各个专业的特点与要求,设计理论课程体系,在传授理论的基础上通过社会实践进行验证与知识强化。在理论与实践结合的过程中,鼓励学生积极思考,勇于发现新问题、新思路,敢于提出自己的真知灼见。同时在广泛的专业知识体系基础之上,识别自身的兴趣所在,培养自己的特长,做到一专多能。

3. 职业适应性培养

当代大学生在择业过程中仍然存在着定位不准、意识薄弱、难以适应激烈的竞争环境、与职业不相匹配等诸多问题,因此加强对大学生职业适应性的培养刻不容缓。大学校园是学生培养和提高自身职业适应能力的重要场所,大学生活的锻炼对于将要进入社会的大学生来说具有重要意义,尤其可以帮助大学生树立科学合理的世界观、人生观、价值观和良好的就业心态。基于此,培养和提高大学生的职业适应性,一方面需要企业、社会和学生等各方的共同努力,尤其需要大学生转变发展观念,另一方面,高校等教育机构作为大学生成长的重要场所,需要采取各种措施培养和提高大学生的职业适应能力,为其职业生涯发展奠定良好的基础。高校必须转变将就业率作为唯一目标的工作理念,必须重视并全面实施职业指导,例如加大宣传教育(讲座、培训等形式),开设相关职业生涯规划课程,模拟公司招聘,由就业指导中心举办全程化全员化全面化的活动,要求学生多参加社会实践等形式,通过各种途径帮助大学生提高其职业适应性,为大学生实现人职匹配、人与组织匹配、人与团队的匹配奠定基础。

四、创新之体验:创业教育

由于经济发展过程中信息不畅通、产业结构不合理等一系列问题的存在,当今社会,岗位竞争日趋激烈、就业压力不断增大,就业形势也不容乐观。"毕业即失业"的现象在当今大学生中普遍存在。因此,一方面大学生应该具备较强的专业能力,另一方面应以此为基础,培养基本的创业素质和创业能力,能够从事自主创业活动,在解决自身就业问题的同时为社会创造更多的就业岗位。从创新素质培养的要求看,创业既是创新素质与能力在实践中最好的检验和应用,而且成功的创业活动也是对创新精神的最好鼓励,创业者在创业活动中所体验到的挑战和成就感,也是激发创新潜能的催化剂。因此,在高等教育中进行自主创业的教育活动无论从培养学生的创新素质还是满足就业需求方面都有十分重要的意义。

1. 创业教育目标

创业教育旨在通过理论教育与社会实践相结合的方式,使大学生具备基本的创业素质和创业能力。

创业素质是大学生创业所必备的软件设施,主要包括创业精神、创业心理、创业道德等几个方面。在高等教育中开展创业教育,有利于转变大学生的就业观念,培养大学生的创业意识和创业精神;有利于放飞大学生的创业思想,促进大学生健康创业心理及"企业家精神"的形成;有利于培养大学生的创业道德,如诚实守信等。创业能力作为大学生创业的硬件准备,包含创业知识、创业技能、创业途径等。高校应通过自主创业教育完善大学生的知识结构,丰富大学生的创业知识,使大学生掌握一定的创业技能;激发大学生的创业兴趣,进一步提高大学生出色的创业能力;充分利用学校各类资源与优势,为大学生创业提供一定的途径支持与帮助,为其打开创业之门。

2. 创业教育内容

(1)教育基础。要实现对高校大学生的自主创业教育,需要一定的前提条件。首先,大学生个人要具备基本的自主创业的意识,对相关的知识有一定的欲望与需求。其次,开展自主创业教育的关键是高校必须具备相应的软件和硬件基础。硬件主要包括良好的师资力量、畅通的学生社会实践渠道、一定的财力物力、专门的自主创业指导机构(创业指导中心、创业协会等)等;软件方面主要包括学校的重视程度、校园文化氛围、良好的教学设计与教学方法。总之,要保证自主创业教育取得良好效果,需要学校与学生双方共同的配合与努力。

(2)意识与精神。兴趣是最好的老师,只有思想上得到了足够的重视才能更好地接受自主创业教育。高校自主创业教育的首要目标是培养大学生的创业意识,使其具备基本的创业精神，激发其创业热情，掌握基本的创业能力。在创业教育过程中，通过对当前就业现状的解析、成功创业案例的介绍及特色创业活动的组织，使学生能够在此过程中对自主创业的条件、利弊等方面有整体的了解与把握，在此基础上，激发其自主创业的兴趣，树立起自主创业的意识。

(3) 素质与能力。在具备自主创业意识的基础上，还必须培养自主创业的素质与能力，主要包括与创业活动相关的基本知识及领导能力、组织能力等。培养大学生自主创业的素质和能力，主要可以采用"创业教学+创业模拟+创业实践"的方式，即理论与实践相结合，使学生在"创业教学"环节，对自主创业的相关理论有所了解与把握，掌握创业的基本原理与所需要的知识。然后，通过创业模拟挑战赛等一系列的活动将理论知识运用于"创业模拟"环节，通过此环节，对理论知识的正确与否进行检验，同时积累经验，根据得失与感悟，不断提升自身的创新素质与创业能力，并能够形成一套属于自己的自主创业的基本思路。最后通过"创业实践"环节将自己的自主创业思路应用于实践，实现自主创业。在整个过程中创新意识是根本支撑，需要学生不断地反思与总结。

3. 教学评价

教学活动结束后，需要依据科学完整的教学评价体系，对自主创业教育的教学效果进行综合评价与总结。教学评价的目的并不仅仅是管理，更重要的是对以往教学过程的反思与总结，对下一步的教学能够起到积极的促进作用，它对教与学具有诊断、反馈、激励、调节、导向的功能。对教师的评价主要可以从教学态度、教学水平、教学效果、教学研究等几方面展开，对大学生的评价则可以通过"课业+案例分析+实践活动"的形式展开：通过对理论知识的考核，考查其对知识的运用及分析能力；通过其在实践活动中的表现及其成果，评价其综合运用各方面知识的能力及实践能力，并在此过程中，根据学生个体的不同情况进行点评并提出相应的意见与建议，从而通过各种渠道积极主动推进大学生自主创业教育的有效实施，提升大学生自主创业能力。

五、创新之技能：实践中培养

1. 理论与实践相结合

(1) 当前高校教育理论与实践课程整合存在的问题。高校教育课程体系一般设置理论课与实践课两种课型。理论课学习主要是为培养学生的人文素养、专业理论和技术知识，实践课主要是培养职业能力、掌握应用所学技能解决实际问题的能力。理论课一般包括通识选修课、专业课，实践课主要包括实验、实习等。两类课程各自扮演不同的角色，共同为培养高技能专业人才服务。但目前高校教育的实践中普遍存在着这两类课程整合不科学，不切合实际需要，运作不创新，并没有很好地发挥培养高技能人才的应有作用的现象，仍然存在一些问题。

1) 陈旧的"三段式"课程模式。"三段式"模式仍然是目前高校课程设置的普遍模式，即把课程分为基础通识课、专业课、实践课三大模块进行教学。这种课程体系布局仍然属于专业导向的"知识本位"模式。第一，课程内容以理论知识为主体。理论教学相对具有明确的规范和要求，而实践教学规范和要求则比较模糊，不甚完善。基础通识课与专业课占全部课程比重的 70%～80%。第二，课程实施仍以课堂学习为主，实践作为一种学习形式，仅仅是理论学习的附属品。第三，课程评价仍以理论知识学习评价为主。"三段式"课程模式虽有理论课、实践课之名，但只是相互拼凑，并未进行科学整合，与高校人才培养的目标与要求相违背。

2）理论课与实践课的课时比例失衡。从时间的总体分配来看，一般第一学年为通识选修课，第二、三学年为专业课，第四学年为实习阶段，这就形成了6：2的理论课与实践课学习时间比。

3）实践课和理论课缺乏整合的科学性。实践课和理论课整合不科学的主要问题有以下三个方面：①时间安排上的不科学。本科教育前三年学习理论知识，第四年才真正地进入实践环节。实践课与理论课间隔时间过长，极不合理。学生在学习理论知识的过程中，对实践要求不明确，缺乏相关的实践背景与实际要求，主动积极学习理论知识的针对性、动机性不强。另外，实践教学的时间安排过于靠后，以至于学生对以前学习的理论知识的掌握运用水平会有所降低。②课程顺序不科学。课程采取"三段式"模式的展开方式是强调了理论在先实践为次。教学的切入点是理论学习，这样势必造成学习定位错位之局面。③方法整合不科学。现阶段高校实践课和理论课采用叠加模式，两者只是机械地拼合在一起，两者之间是基础和承载的依附关系，而且实践课在实际操作中被明显"矮化"和"窄化"。

（2）高校教育理论与实践课程二元分裂的危害。高校教育理论知识与实践课程整合中存在的问题，造成了两类课程长期二元分裂的现状，由此造成了一些突出问题。

1）课程观念失去标准。高等教育是培养高技能专业人才的教育，其课程设置的目的应该是培养具有基础技能、职业素养、实践能力的高技能人才。而目前的高等教育课程体系采取的却是理论先行、实践为辅的教学策略，理论知识仍然是教育内容的主体部分。这必然造成课程架构与课程目标的冲突、培养途径与培养目标的相悖，其结果必然而且只能更加偏离人才培养的目标。

2）办学特色有失鲜明。课程整体设置和实践的理论化倾向，造成高等教育教学特色的消失和趋同。许多高校在治学理念上都提出雷同的口号，在实践中实行大同小异的教学方式，同质化十分鲜明。其结果最终导致办学模式的千篇一律和教学风格的雷同。更为严重的是，这种趋同还反馈给人们消极的理念：高校教育就应如此进行，反过来这样的逻辑思维又进一步强化了高校的盲目从众心理，形成恶性循环。

3）人才培养质量不高。一方面，理论课并不支持实践能力的形成。理论知识的学习只有利于认知能力和理解能力的培养和提高，并不支持实践知识的产生，更不用说培养学生的实践能力了。另一方面，实践课"缩水"，而且是以很不科学的方式实施编排，学生实习不到位、训练低效化，根本无法保证人才培养的质量。

（3）构建理论与实践相结合的教育模式

1）理论与实践相结合的重要性及意义。首先，"理论与实践相结合是培养综合型高素质人才的根本途径"的基本理论对高等教育人才培养目标、培养方式的确立具有科学的指导意义。以"理论与实践相结合"思想为指导，走产学研相结合发展之路不仅是培养全面发展的综合型人才的需要，更是高等教育的内在要求。其次，"教育与生产相结合与教育事业和经济发展的要求相适应"的基本论断对于高等教育发展目标的确定具有现实的指导意义。

第二章 创新素质准备

2) 全方位构建理论与实践相结合的教学模式。建立与社会、企业深入沟通的课程设计体系，要让所培养的人才适应经济发展和社会需要，就必须加强与企业、社会的联系，多层次了解用人单位对人才综合素质的要求，根据要求修订教学体系，并在此基础上组建有企业人士参与的教学指导组，聘请企业管理人员参与教学实践改革工作，指导教学设计。最终由公共基础、专业理论知识、人文社科类课程构成实践和理论紧密结合的教学体系。

2. 师生组队科研模式

团队合作指的是一群有能力、有信念的人在特定的团队中，为了一个共同的目标相互支持合作奋斗的过程。师生组队开展科研活动，显而易见就是团队成员同时包含教师和学生，共同就某个问题开展科学研究，进行科研活动。其特征是：团队具有高度的领导力；核心由教师担任，学生围绕在教师周围；团队属于学习型组织。

师生组队科研有其特殊意义，不仅有利于学生在活动开展过程中学习到规范的研究方法和知识，而且对教师的教学及科研能力提出了更高的要求。

（1）对学生实践能力提出了高要求，同时给予学生更好的学习平台。科研活动要求学生能够理论联系实际，不仅要对学科知识体系及发展方向有一个全面、清晰的认识，而且还要有敏锐的观察力，了解现实需要。此外，还要在课题设计、科研思路、可行性分析、信息筛选等方面积累相当多的经验，这可以使学生得到充分锻炼。

另外，师生组队也为学生提供了一个将所学知识运用到实践中的极好的平台，能够让学生融会贯通，巩固理论知识，而且教师的指导和带领也让学生在科研活动中潜移默化地学习到规范的科研方法和缜密的思维方式。

（2）对教师实践能力提出了高要求。师生组队科研模式对学生的高要求相应也转化为对教师的高要求。只有教师具有很强的实践能力，才能够全方位、多角度地指导学生。另外课题所涉及知识的深度和广度也对指导教师提出了更高的要求。教师如果不加强学习、更新知识体系，则难以从容应对指导任务。因此，师生组队科研模式能够对教师的实践能力和教学水平的促进发挥重要作用。

3. 多样化课外实践模式

（1）"三个课堂结合"教学模式。在21世纪，世界科技、经济、社会大变革对教育提出了新的挑战。发达国家为适应21世纪知识经济对知识人才的要求，提出"全人发展"的教育新理念，形成三个课堂并重的教育趋势。

第三课堂是第一、第二课堂的进一步拓展和补充，是培养学生实践能力和创新精神的重要途径，重在"实践"，侧重学生思想品德教育、劳动教育、健康教育和心理教育的创新，将课堂教学与各种形式的社会活动，如社会调查、咨询服务、志愿者活动等相结合，使学生在实践活动中接受熏陶和锻炼，完善自我人格，形成良好的行为习惯。

"三个课堂结合"教学模式的构建借鉴了建构主义理论和行为主义理论，"贯穿一根线，实施三步走"，是该教学模式设计的指导思想。

（2）研究性学习模式。与传统教学模式相比，研究性学习需要特定的环境、资源和制度支撑。教师要引导学生进行课外实践，通过实践提高学生的认知思辨能力、实际操作能力和创新能力。

研究性学习过程包括以下几个方面：

物流创新能力培养与提升

1) 初步选题。选题是研究性学习实践操作的首要环节。研究性学习是否能达到预期目的，在很大程度上取决于选题的新颖性、切入点、内涵和外延的界定等。选题可以来自三个不同方面：教师根据课程内容，同时结合学生兴趣选定课题；学生结合课程内容与自身兴趣，自己提炼课题；师生通过讨论共同确定课题。

2) 进行可行性论证。科学可行的选题是研究性教学实践环节成功的前提，教师和学生要从选题的现实和理论意义、可操作性、完成的时间保障等方面采取可行性论证分析，确保相关课题的实现可行性。

3) 组建高效的研究团队。高效的研究团队是实现预期目标的组织保证。组建高效的研究团队应注意：团队规模不能过大，否则会降低团队的凝聚力；团队成员应具备三种角色，即决策型个人、技术型个人和人际关系维护者；保证成员特质与团队角色的吻合，充分发挥成员的才能。

六、创新之动力：自我管理与自我教育

1. 自我管理与自我教育的重要性

创新型人才的培养，是一项复杂的系统工程，以学校为主体，同时依靠政府与社会给予的政策支持与鼓励。人才培养的效果是主客观双方面因素共同作用的结果，其中培养学生具备自觉能动的创新意识与创新能力是创新型人才培养工作的根本出发点与落脚点。

学生的创新意识与创新能力是其自我教育与自我管理的重要体现，与学生的成长、成才、成就动机紧密相连。因此，引导激励学生实施有效的自我管理与自我教育是激发学生自主创新与主动创造的关键动力。

2. 自我管理与自我教育的内涵

（1）自我管理。自我管理是个体对自己本身，包括目标、思想、心理和行为等表现进行的管理。对自我进行组织、实施管理、约束激励，是一种重要的心理品质。大学生进行自我管理的内容包括目标、时间、技能、金钱、学习、交往以及自我控制能力等。

高校学生自我管理的本质是在既定的管理主体的价值取向引导下，由客体约束向主体自律渐进转化的过程。教育教学、学生思想政治教育工作是引导学生认识自我管理重要意义及培养与提高自我管理能力的主渠道。在当前的社会形势下，学校应从激发学生自我管理意识、营造自我管理空间、提升自我管理能力三方面，设计实施教育体系。这种教育体系符合学生成长规律，以学生为本，能够为学生构建宽阔的发展空间，激活学生主动发展的内在成就动机。成就动机是学生通过实施自我管理提升创新意识与能力的桥梁，自我管理是提高学生成就动机的重要影响因素，而成就动机是促使学生主动进行创造性思考与行动的根本。教育者有意识设计的教育体系应强调发挥学生基于对个人成长与发展的成就动机的关键作用，促使学生更加自觉与规范地实施自我管理，强化管理能力。

在校学习期间，学生个体始终以某种学生组织成员的身份出现与活动，学生社团具有较强的自立、自发、自我管理的特征，具有独特的同龄亲和凝聚力。由此，学生自我管理的实现，既是个体行为，同时也是个体化的群体行为，必须依托学生社团与学生组

织支持和推动学生自我管理，充分发挥学生社团与学生组织的作用，为学生创造和提供充分的自我管理的自由空间，引导学生在学习、社团活动、人际交往过程中实现自我管理。

(2) 自我教育。自我教育是个体实施的自我认识、自我监督与自我评价的过程。可持续发展的教育的本质在于教育的"内化"，既个体主动开展的教育活动——自我教育，自我教育能够使学生自觉地优化个性心理品质，有助于创新精神的培养、创新能力的提高和创新人格的塑造。

在进行教学体系优化改进过程中，需要创设一种有利于学生进行自己学习设计的环境，鼓励个体的个性发展，进行分层次教育，激发学生的自主精神，并对能够进行自我教育的个体给予奖励。只有学生将教育者提出的教育要求转化为自我要求，内化在与个人成长目标相符的行为中，转化为自觉意识与主动行动，将其付诸实施，教育的目的才能通过教育与自我教育有机融合的过程得到实现。

(3) 自我管理与自我教育的关键环节。自我管理与自我教育的过程包含：自我认知、自我评价；自我调节、自我监控；自我建构、自我激励；自我超越、自我完善。自我认知、自我评价是基础和前提。自我调节主要包括自我情感调节、自我思想调节和自我行为调节，三者相互依存、相互作用，统一于整个自我调节的全过程；自我监控强调的是自控力，即对自身行为的约束以及对既有计划的执行。自我建构是主体根据自身发展的需要，在理性认识的基础上，建立"理想自我"的形象，并制定由"现实自我"向"理想自我"转变的计划和具体措施，大学生通过自我建构与自我激励有助于形成积极稳定的心理状态，有助于保证自我教育、自我管理沿着正确的方向行进。自我超越与自我完善是自我教育、自我管理的最终目标。

自我管理、自我教育并非自然发生的过程，需要创造良好的环境，外因和内因相结合，共同发挥作用。学生价值取向与行为取向必然受到社会价值取向与行动取向的根本影响，因此，尽管外部环境并非自我教育、自我管理的决定因素，但它对于唤醒学生自我教育与自我管理的意识、推动大学生积极进行自我教育和自我管理具有不可忽视的作用。高校的教育设施、设备等硬件条件、校园文化、良好的师生关系、和谐的同学关系等是自我教育与自我管理的微观环境。良好的校园文化、积极和谐的校园人际关系，能够产生凝聚力和向心力，从而在推动大学生自我教育、自我管理过程中发挥积极的影响。

3. 以促进学生自我管理与自我教育为目标的教育体系的实现途径

实现学生自我管理与自我教育是实践现代管理理念、体现"以人为本"思想的具体体现。在高校管理中，应切实践行以学生为本，积极同学生沟通，让学生自主参与教学管理、激发学生的创新潜能。

(1) 解放思想，转变观念。在以有效促进学生实施自我管理与自我教育为目标的教育体系中，教育者是主体，是核心。教育工作者必须始终牢牢把握学生的时代特点、群体特点、思想特点、行为特点，切实改变传统的僵化的教育思想，打破说教式与严格等级关系的教育管理模式，积极营造民主宽松、公平开放、规范有序的教育环境。遵循学生成长的客观规律，以科学化的方式为学生提供有说服力与指导性的建议、以发展性的视野拓展学生的思维空间，启发学生进行自我认知与规划，真正在帮助学生成长成才的过程中，获得学生的信任，使学生理解、接受、信服、传播学校学生工作的理念、方法，激发学生参与性，从而将学生由单纯的被动接受者转变为教育设计的主动参与者，使教育工作真正能够牢牢把握学生的成长动机，激发学生自我管理与自我教育的无限潜能。

（2）优化队伍、提高素质。以促进学生自我管理与自我教育为目标的教育体系对教育者提出了全新的要求。教育者必须具备整合教育资源与设计教育体系的能力，要具有开阔的视野，广泛的社会阅历，具备与现代教育理念相符的专业化业务能力。另外，教育者要掌握丰富多样的教育方式，理解并灵活运用多种教育手段，从而以扎实稳健的执行力将新的教育管理思想与理念真正转化为细致深入的具体工作，在逐步推进教育工作的每一个细节中，指导学生培养并提高自我管理与自我教育能力。

在这种情况下，教育者必须具备可持续发展的学习能力，形成牢固的学习意识，坚持不断地进行主动学习，了解社会经济发展形势，认识社会思想变化的本质，理解学生特点，掌握前沿教育方法，拓展教育手段，不断提高综合素质，以不断适应社会环境、学生特点的变化，从而能够始终保持教育工作的针对性与有效性。

（3）突出主体、整体设计。以促进学生自我管理与自我教育为目标的教育体系必须突出学生的主体地位，不仅是对象主体，而且是参与主体，尤应重视在工作设计环节扩大学生参与度，使各层各类教育工作能够直指学生关注的焦点，契合学生自我良性发展的动机，启发自我成长的原动力，从而将外在的教育工作转化为学生内在的自觉意识与主动行动。新的教育体系应强调整体设计，需要从高端整体设计与把控符合学生特点的教育体系，在统一清晰的思想理念下，整合教育资源，优化教育流程，既强调丰富教育方法与内容的合力，又重视发挥多样化教学手段与方式的合力，增强因材施教的系统性与选择性，提升教育工作的科学性与艺术性。

七、创新之主导：创新型师资队伍

教学由教师的"教"和学生的"学"组成。在教育活动中教师对学生的学习有着引导、规范的作用，对学生的学习方法、学习态度具有重要影响。在学生的世界观、人生观、价值观的形成中也有着重要作用。因此，教师队伍建设在培养大学生创新素质过程中发挥着重要的主导作用。

1. 创新型教师资源的培养规划

建设创新型师资队伍的前提是对"创新型教师"形成明确具体的评判标准，只有正确地解决"是什么"的问题才能在"怎么做"的问题上提出相应的方法措施。在明确了创新型教师选拔标准之后，需要从培养教师的创新能力和改善外部环境两方面进行创新型教师培养。

（1）明确创新型教师的选拔标准。创新型教师的选拔标准包含创新的教育理念、综合全面的知识体系、娴熟的教育技能与崇高的职业精神几个方面：①创新的教育理念。创新的教育理念核心要素是以人为本，重视人的价值。将传授知识与培养技能及启发思维有机结合。创新的教育理念还要求重新审视师生关系，师生是民主、平等、合作的关系。②综合全面的知识体系。综合全面的知识体系要求教师不仅具备深厚的专业知识功底，对自己的专业有深入的研究，对专业的发展方向有所把握，而且要求广泛了解

第二章 创新素质准备

其他专业的发展,能够将其他专业知识与本专业知识有机结合,创新学科研究方法,在学科交叉中拓宽本专业研究范围,即做到深度钻研、高度综合。③娴熟的教育技能。教师应具备高超的教学技艺,能将抽象、复杂的知识生动、具体地展现给学生,充分激发学生的创造才能。同时在信息化时代能通过网络、多媒体等先进的教学设备辅助教学,提高教学质量,使学生加深对知识的理解。④崇高的职业精神。创新型教师应具备高尚的师德,为人师表。教师要爱岗敬业,无私奉献,以高尚的人格去影响学生,对学生的成才施加积极作用,积极进取,敢于突破常规,不断探索与超越,让创新成为其发展的内在动力。

(2) 加强培训,增强创新能力。培训是确保教师能紧跟时代步伐,提高教师整体素质与创新能力,帮助教师应对教育变革挑战的有效手段。培训应积极主动、灵活多样、提高实效。

1) 培训内容。主要包括思想理念、专业知识、教学技能、学术研究创新等方面的培训。培训内容要充实丰富、实际有效,不搞形式主义。

2) 培训形式。包括岗前培训、进修、国内外访问交流等。应注重设计多样化的培养形式,注重教师发展的差异性,为教师营造广阔的提升空间。

3) 培训手段。主要包括专家讲座、经验交流会、网络教学、多媒体运用等,尤其是在当下信息时代,教学手段的变革对教师的素质提出了新的要求,掌握多媒体设备教学与网络教学成为基本要求。

4) 培训制度。应不断优化完善形成科学合理的培训工作体系,包括培训实施体制、机制、经费落实等,切忌盲目开展培训,应使培训确实提高教师的素质能力而不成为教师的新负担。

(3) 改善外部环境。改变教学科研行政化倾向,加强学术管理民主化建设。学校各部门对教师队伍的管理,应当以尊重人才为基础,以服务为目的,为教师解决工作、生活方面的后顾之忧,创造良好的科研工作条件。要明确教师在学术事务上的地位,真正做到尊师重教,充分确保教师在学术思想上的自由,创造宽松的学术氛围。高校的教学科研活动应充分尊重教师的主体地位,以调动教师教学科研方面创新的积极性。

2. 创新型教师人才交流

人才的交流、流动在一定程度上有利于合理调整教师队伍,充分挖掘教师创新的潜能,加强创新型教师队伍的整体素质,因此,建立人才交流制度是创新型师资队伍建设中不可缺少的部分。

(1) 建立全方位的人才交流途径。人才交流途径从空间角度划分可分为国内人才交流、国际人才交流两方面。

1) 国内人才交流。一方面整合校内资源,加强校内人才交流。通过内部不同年龄阶段的教师交流、不同院系专业教师的交流,增加彼此的了解,可以启发思路,实现优势互补,优化内部结构;另外,促进高校之间、高校与企业间的人才交流,不拘一格引进人才。通过聘请客座教授、聘用名誉教授等方式实现人才共享,提高教师利用率。学校也可聘用在相关行业中有开创成就的人士担任教学工作,在实践性强的学科中,如管理、商学等,引进社会人才有利于使学校的教育紧密联系社会实际,培养实践能力强、具备创新素质的优质人才。

2）国际交流。加强国际交流合作，引进国外优秀人才，提升教师整体品质。对于教师而言，双向的国际交流让他们有机会了解国际最新的教学动态，包括最新的教学模式、课程设置、评价方法等，有利于促进教师高等教育观念和思维模式的变革，这无疑将对教师进行创造性教学有极大的启发作用，收到事半功倍的效果。坚持国际化的教师资源观，有利于借鉴引进先进的技术、理念，缩短我国同国外学术水平的差距。可以通过与国外著名院校联合办学及合作研究、聘请国外留学归国著名学者任教、聘请国外专家到校讲座或讲学、推荐优秀教师到国外进修学习等多种方式进行多层次、宽领域的交流。

（2）建立有效的交流机制，坚持自由开放的教师聘用制度，确保人才能够合理流动。教师人才的交流流动并不是高校之间恶化校际关系的人才恶意竞争。在人才流动过程中应坚持市场配置资源的基础作用，这样有利于教师与学校的自由选择，促进教师队伍的合理优化配置，增强整体创新能力。人才的交流还要有一定的法律规范保障，规范学校之间、学校与教师间的关系，避免造成学校与教师双方在聘用关系上的剧烈冲突，从而不利于人才的交流与流动。在人才引进同时还要注意人才的流出，一些高校高薪聘用高学历人才、国外人才，在福利方面严重倾斜，虽在一定程度上有利于吸引人才加入，提高教师队伍的整体素质。但也要注意到已在岗教师的感受，否则会造成已在岗教师的强烈不满，严重挫伤其积极性，甚至引起大量人才流出，进而加剧人才流动的混乱。

3. 创新型教师的自我完善与发展

在科学技术迅猛发展、竞争日趋激烈的时代背景下，教师队伍建设将面临重要的知识结构调整与更新和反复培训的任务，高校师资培训也应由基础培训和学历补偿教育转向全面提高教师素质和学历层次的继续教育。这种终身教育理念要求教师要有活到老学到老的思想观念，正如法国的教育家保罗·朗格朗所说："人凭借着某种固定的知识和技能就能度过一生，这种观念正在迅速地消失。在内部需要的压力下，同时也是为了满足外界的需求，教育现在正处在实现其真正意义的进程中，其目标不仅为了打开知识的宝库，更是为了个人发展，作为多种成功经验的结果，而达到日益充分的自我实现。"

（1）创新型教师的自我完善。教师的自我完善包括教师思想道德的发展与完善、教学理念的更新与完善、知识结构的调整完善、教学技巧的学习与完善。

1）思想是行动的先导，在思想方面，高校教师必须有较高的思想政治觉悟，拥有较高的职业道德修养。能够为人师表，受到学生的尊敬与爱戴，以其自身的人格魅力正确引导学生成长。

2）教学理念要根据社会变革发生改变，一个具备创新素质的教师应该关注社会，根据社会实际的需求去思考未来的教育应该如何设计，什么样的教学理念符合社会发展，有利于国民素质提高。

3）知识结构的完善对于创新型教师的建设是非常重要的，高校教师承担着用最先进的科学知识教育下一代的重任，必须重视自身科学文化素质的提高，关注专业发展新动态，同时要触类旁通、广泛涉猎。

4）教学技巧的提高与完善是不断积累的过程，通过运用灵活多样的教学技巧，加深学生对知识的印象。

第二章 创新素质准备

(2) 创新型教师的发展。创新型教师的发展是一个长期的过程，从他人经验的借鉴到成功教学经验的自我积累到比较稳定的教学风格的形成，是教师不断进行自我调整的过程，这种调整随着时间不断变化。不存在针对任何学生和任何教学情境都普遍使用的教学风格，因此创新型教师必须具备权变观念看待自身发展，以扬弃的哲学观点去看待不同阶段的自己，永不满足，紧跟时代的步伐。教师个人发展必然无法脱离其所处环境，因此，创新型教师不仅要善于自学，而且要善于相互学习，正确对待自身所处的环境。教师的发展着重从以下几点去突破：

1) 注重课堂教学技能的提高，高校应经常开展一些公开课教学评比活动，提供互相学习的机会，教师也应该多对自己的教学活动进行反思总结，思考其中成功之处与有待改进之处，给出一些改进措施，在总结纠正中不断提高自己。

2) 高校应该经常开展一些教研活动，对日常教学研究中遇到的问题进行集体讨论，举行一些学术竞赛活动，激发教师创新探索的热情。

3) 教师应注重新教学研究成果的应用，主动学习新的教学设备与工具的使用，比如在信息化时代教师应该学会使用多媒体教学、网络教学，利用互联网进行科学研究等。

4. 激励措施

恰当有效的激励措施能够激发教师的主动性和创造性，从而更好地实现共同的目标。激励措施应该合理恰当，要有针对性地采取激励措施，注重个体差异，对于不同的情况应该有不同的激励方法。激励措施的运用要掌握程度，要对激励对象的情况有一定的了解，激励程度太轻则达不到预期效果，若太重，又会适得其反。激励措施的使用还要配合特定的场合与有效时机，让被激励者保持最佳状态。激励措施应注意多层次、多形式结合，善于打组合拳，最大限度地发挥激励作用。

(1) 物质激励。物质激励是最基本的也是最常用的激励方式。按照马斯洛的需求层次理论，生理需要是人类最基本的需求，这类需求不能得到满足，其他活动就难以正常展开。高校可采取同教师教学、科研成果相结合的奖金福利制度，激发教师的创新热情。同时要设计合理的工资薪金去吸引优秀人才加入教师队伍。物质激励的一个很重要的方面就是注重激励的公平，能够到达教师的心理预期，否则花再大的金钱也不一定能收到预期的效果。

(2) 精神激励。精神激励是比物质激励高一层次的激励措施。精神激励是一个比较长效的激励方式，能够较好地将组织目标内化，激发斗志。由于教师职业的特殊性，精神激励又显得极为适合有效。而教师的精神需求可大致分为得到认可、受到尊重的需求，实现自身持续发展的需求，自我实现、实现理想抱负的需求。学校对工作成绩突出、在教学科研上取得成就的教师应该及时加以表彰。社会上应提倡尊师重教，学生对教师的劳动成果表示尊重与感激，都对教师有极大的激发作用。

(3) 目标激励。目标激励是一种常用的激励方式，通过目标管理，将集体的目标与教师个人的目标有机结合，以激发教师的主动性与创造性，产生事业上的成就感。高校可根据教师的发展意愿与学校创新型建设目标的要求，设计合理的晋升发展制度，使教师在实现个人目标的同时很好地实现组织的目标。

(4) 竞争激励。竞争是很有效的激励方式。在竞争状态下，能够使参与者提高注意力、活跃思维、激发斗志、提高活动效率，同时组织可以获得更好的回报。在教师聘用上要坚持公开招聘、公平竞争，平常的教学科研活动中也可开展不同形式的竞争，结合合理的评价制度与奖励制度，使竞争发挥作用。当然还应注意克服竞争的一些消极作用，比如由此引发的教师间的紧张关系、竞争中失败或胜利造成的负面影响等。

（5）行为激励。行为激励是通过树立榜样，正面宣传榜样的先进事迹，使大家向榜样看齐，朝榜样靠拢，以榜样的力量来激发教师的创新热情，争取人人都有机会成为他人学习的榜样。

（6）工作激励。通过工作过程的设计，使工作丰富、多样化，给予教师更大的自主性，使工作本身更有挑战性，更具有内在价值。

（7）惩罚激励。应该注意到激励并不等于奖励，按照激励中的强化理论，对教师的某种行为给予肯定和奖励，使这种行为得以巩固、保持，这叫作"正强化"。对于某种行为给予否定和惩罚，使之减退削弱，这叫作"负强化"。激励可采用负强化的措施，即利用带有强制性、威胁性的控制技术，如批评、降薪、降级、淘汰等来创造一种令人不快或带有压力的条件，以否定和惩罚某些不符合要求的行为。这种负强化措施有批评、降职、淘汰等，以否定教师中一些不利于创新氛围形成的行为，使教师认识自身局限，加以改正，保持与创新方向的一致。当然这种负强化需要恰如其分，要以理服人，宽严相济，切忌一棍子打死，挫伤教师的自尊心与积极性。这种惩罚措施也不是斗争的手段，最终目的应该是实现组织的目标，以批评求团结，在团结中求发展。与之相对的还应该有减轻处罚、撤销处罚的措施，给被处罚者以希望。

八、创新之控制：评估体系

创新素质的培养需要有科学合理的评估体系作为支撑。受教育者通过评估体系实现导向、认知、激励等功能。教育者通过评估体系实现检验、修正、资源配置、考核等功能。建立科学的评估体系是开展创新素质教育的重要控制手段，是创新素质培养模式构成中的重要环节。

1. 考试成绩的创新评估

（1）传统考试制度的改革。传统教育中考试是为了检验学生对已学知识的掌握程度，重点考查学生的记忆力、理解力、逻辑思维等能力。而要培养创新人才，关键在学生想象力、多角度思维能力、实际操作能力的考查。因此在考试的内容上，要适度剔除需要死记硬背的知识，应注重考查学生知识的综合运用能力。

（2）考试方法和考试内容的改革。传统的课堂教学关注的是对知识的传授和记忆，学生只有死记硬背学过的知识才能顺利通过考试，这样不利于创新能力的培养。在创新教育中要将着重点放在学生创造性地分析、解决问题的能力，借此培养和提高学生的创新意识和能力。因此我们有必要对传统的考试方法和内容进行变革。一是改革考试方法。考试尽量采取开卷形式。考试时允许学生带课本、笔记等资料，允许学生表达自己不同的看法，对那些有创造性见解的回答，分数可以适当性提高，将学生引导到对问题的分析和解决上来。二是改革考试内容。考试以课堂内容和知识的实际运用为主，学生在课外参与活动及其取得的创新成果，按相应的规定和要求给予一定的学分鼓励。

（3）教学评价检验标准的改进。我国教育制度体系下的各类考试，其本意是为了选拔人才，但是随着考试形式的日益标准化、模式化，"一考定终身"的现象越来越突出。同时也让学生的知识结构、思维结构都被局限在一个既定的模式范围中，而追求统一标准答案更是束缚了人的思维，这便产生了违反考试初衷的结果。

考试有评价和选拔功能，这是不容置疑的。解决这种有违教育初衷的现象，我们就要改革传统的考试制度和考试方法。同时考试的内容和形式也亟须改变，尤其是考试的评分方法。要充分利用现在大学中教学评价的导向作用，让老师积极探索创造性教学，激励学生的创新意识，提倡创新思路，鼓励创造发明。考试评分要突破原来单纯的按平时的签到情况和期末成绩来计算的模式，我们应弱化卷面成绩的重要性，加大学生课外创新成绩的比例，对学生课外创新的能力进行系统化的评定，真正做到培养创新大学生的初衷。

（4）教师考核评定模式的改革。对高校教师考核评定模式的改革，有利于考试成绩创新评估改革的顺利进行。大学教师要树立起强烈的创新意识，并且必须具备一定的创新能力。这项工作要得以真正落实，就需要对教师的考核评定模式进行改革，建立科学的教学质量评价指标体系。可以借鉴企业激励机制，充分调动教师创新的积极性和主动性。例如，在教师年终奖金、职称评定等问题上，向有创新的教学或科研成果的教师倾斜，逐步引导教师把教学的重点转向开发大学生的创新能力。要鼓励教师在教学改革中不断更新教学内容和方法，与社会接轨，同时注重培养学生的创新意识、创新思维及创新能力，创造有特色并且符合实际情况的教学模式。

2. 创新能力的质量评估

构建关于创新型人才培养质量的评估体系。评估体系包括以下三个重点方面：

1）人才培养的教育理念、条件以及管理。应重视思想和硬件设施建设，包括教育理念，人才培养的规划、要求与办法，人才培养的机制与管理，教学设施，创新基地建设以及经费、各学科专业平台课程的建设与改革等。

2）培养高素质创新人才的具体活动。其关键是教师能力的培养，包括教师创新精神和科研能力。学校学术氛围，课堂教学内容、方法与手段，实验教学、寒暑假实习和相关的社会调查，教师指导学生科研学术等方面是重要内容。

3）高素质创新人才的培养效果。其关键是评价体系，包括学生思想道德、专业知识、文化素质、身心素质、创新精神和实践能力以及毕业生评价等各个方面。

以上1）和2）是对高校内部教育和管理方面的总体评估，3）则是针对学生群体进行的测评。

第三章 用人单位对物流创新能力的需求分析

物流对企业生产运作起到基础作用，物流成本也是企业所关注的重点。因此，用人单位往往对物流管理人才寄予很高的期望，希望未来的物流管理者能够帮助企业在物流管理的各层面通过创新而实现竞争力的提升。

第一节 用人单位的物流岗位设置

一、物流相关部门的职能范围

随着物流活动专业化的逐步提升，管理用人单位的物流活动需要一个专业组织来承担。该组织的管理职能范围在近半个世纪的实践中日渐明确，虽然各个企业各不相同，但职能范围基本包括物流业务与系统协调两大部分。物流相关部门的具体职能见表 3-1。

表 3-1 物流相关部门的具体职能

职能种类	职能描述
计划职能	初级：根据企业总目标的要求，制定本部门的经营目标和物流计划；制定和完善物流业务管理规程
	中级：为实现企业物流经营目标和计划任务，制定相应的策略和措施
	高级：规划和改进企业乃至整个供应链物流系统
协调职能	初级：经常与业务相关部门交换信息，调节物流活动
	中级：强化与企业生产、销售、财务、研发、信息等部门的紧密配合
	高级：发展与客户、合作伙伴之间的物流协同，建立长期合作关系
业务营运职能	初级：组织、监督本部门各业务环节按计划进行日常业务，并简单统计
	中级：评价物流工作计划和任务执行情况
	高级：归纳并分析业务运营状况
教育职能	定期开展物流相关人员培训

从物流组织管理职能的分类来看，这些职能都需要物流管理人员具备相关的素质和能力，尤其是计划职能、协调职能，其高级职能的实现就要求管理者具有突破常规的视野，不墨守成规，能推陈出新。

二、物流相关部门的岗位设置

企业为实现物流管理职能应设立相应的岗位来对应这些职能,以明确实现这些组织功能的责任主体和实施主体。现实中,不同企业应该根据其组织机构特点设置相关的岗位。目前,我国企业的物流管理组织形式可划分为业务科室式、物流总部式、物流子公司式和事业部式四种。

1. 业务科室式

业务科室式是一种传统的物流管理模式,它针对物流业务分散在不同企业业务环节的特点,因地制宜地采取分散的业务管理方式。相关物流岗位包括针对业务营运职能的运输、仓储、配送、采购、供应等业务员与业务主管岗位。这些岗位从属于各个企业业务环节,岗位职责应服务于从属的业务环节绩效目标的实现。

2. 物流总部式

物流总部式是指企业的全部物流业务统一由企业的物流总部负责总体规划、设计、管理、调度和指挥。物流总部与生产、销售、财务等其他各职能部门处于平行位置,对企业决策层负责。物流岗位主要包括物流总部总经理、各项业务的主管与业务员。

3. 物流子公司式

物流子公司式一般是由企业独资或与社会上的物流企业共同出资建立一个独立核算的公司,母公司占大股,物流子公司的业务优先服务于母公司的业务需要,子公司的主要领导也可以由母公司派出,但子公司的管理和业务经营由子公司自行决定。这样做增强了子公司自负盈亏的责任,子公司在承担母公司物流业务的同时又能对外承揽业务,具有专业化经营、业务水平和专业管理水平高、竞争力强的优势。物流子公司的岗位设置主要包括子公司总经理、各业务部门经理、主管和业务员。

4. 事业部式

事业部式大多出现在跨国公司和大型企业集团的管理实践中,这是一种按产品或服务种类划分的分权制管理方式。将下属各独立企业的全部物流业务横向整合,统一由物流事业部负责总体规划、设计、管理、协调和指挥。独立运作的物流事业部有助于调动该事业部的积极性,加强责任意识,成立高级别的管理实体更有助于整合集团内部的物流供需资源,发挥规模经济的优势,突破单个企业的局限以形成更大的合力。事业部物流岗位主要包括事业部总经理、各分区经理或业务部门经理、业务主管和业务员。

三、用人单位的物流岗位设置示例

考虑管理范围的差别,企业物流岗位的设置可分为业务员、主管、部门经理及总经理等不同层次的岗位,见表3-2。根据实现的职能不同可归纳为业务管理岗位和非业务管理岗位两大类,非业务管理岗位主要实现顾问咨询和教育培训等职能。对于专业的物流企业而言,由于专业化分工的需要,物流岗位相对于一般企业将更进一步细化。此外,根据企业运营的需要,专业物流企业还将其他企业管理职能与物流职能相结合,形成了一些新的物流岗位。

物流创新能力培养与提升

表 3-2 物流职能、组织形式与岗位需求

职能种类	物流岗位需求			
	业务科室式	物流总部式	物流子公司式	事业部式
计划职能	业务员	业务员	业务员	业务员
	业务主管	业务主管	业务主管	业务主管
	—	部门经理	总经理、部门经理	总经理、部门经理
协调职能	业务员	业务员	业务员	业务员
	业务主管	业务主管	业务主管	业务主管
	—	部门经理	总经理、部门经理	总经理、部门经理
业务营运职能	业务员	业务员	业务员	业务员
	业务主管	业务主管	业务主管	业务主管
	—	部门经理	总经理、部门经理	总经理、部门经理
教育职能	业务主管	业务主管	业务主管	业务主管

以下是一个典型用人单位的物流岗位设置。某集团公司事业部式的企业物流岗位设置如图 3-1 所示。

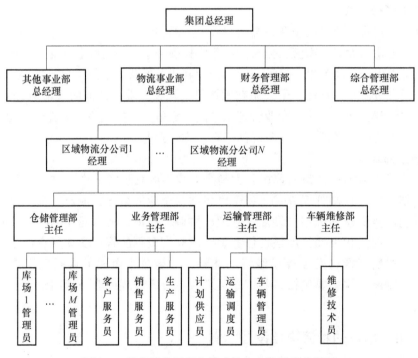

图 3-1 某集团公司事业部式的企业物流岗位设置

图 3-1 说明了一个主营大型建材产品制造企业集团的物流岗位设置。物流事业部为集团公司下属独立运作的实体，其最高领导为事业部总经理，全权负责物流事业部工作，由集团公司总经理直接领导。物流事业部承担集团公司所有分公司相关的物流业务，如原材料供应、产品配送、产成品仓储等。对应地，物流事业部在集团分公司所在的各区域设置了物流分公司，由分公司经理负责所在区域的仓储、运输等业务。分别成

第三章 用人单位对物流创新能力的需求分析

立各分公司的仓储管理部、业务管理部（针对客户而言的业务）、运输管理部和车辆维修部，各部设置部门主任和业务员。例如，运输管理部设主任，负责运输环节的运营支持工作。具体工作则分别由运输调度员和车辆管理员负责。

第二节 物流岗位对创新能力的要求

一、创新能力

创新能力是运用知识和理论，在科学、艺术、技术和各种实践活动领域中不断提供具有经济价值、社会价值、生态价值的新思想、新理论、新方法和新发明的能力。简单来说，创新能力就是人类或者组织能够获得创新的行为能力。创新能力是民族进步的灵魂、经济竞争的核心。当今社会的竞争，与其说是人才的竞争，不如说是人的创新能力的竞争。

一般而言，创新包括原始创新、集成创新和二次创新。

1）原始创新是指前所未有的重大科学发现、技术发明等创新成果。它是最能体现人类智慧的创新，是一个民族对人类文明进步做出贡献的重要代表。

2）集成创新是把各个已有的单项创新有机地组合起来，融会贯通，发挥各自优势，形成"1+1>2"的实际效果，构成一种系统性的创新成果。

3）二次创新是指在技术引进的基础上，沿着既定轨迹发展的创新。它分为简单模仿创新和改进型创新。二次创新是一个积累进化的过程，简单模仿创新是将已有创新转化为目标环境下的创新，是应用创新。改进型创新是创造性的模仿，是为适应环境而对既有创新的延伸。

三个层次的创新难度逐渐降低，但是难度大的创新并不一定是最好的创新。因此，高校教育应该树立正确的创新观念，在创新能力人才培养时明确培养目标尤为重要。

二、物流创新及其对能力的要求

具体而言，什么是物流创新呢？物流创新是创新概念在物流领域的具体化，它包含物流理论创新、物流管理制度创新和物流技术创新。这些创新之间的关系是：物流理论创新是指导，物流管理制度创新是保障，物流技术创新是动力。它们相互促进，密不可分。结合物流管理专业的特点，本书关注的是物流管理业务创新和物流管理理论创新，涉及物流理论创新和物流管理制度创新。相对于技术创新，物流管理专业关注更多的是对应于战略层、战术层和运作层的创新。因为这些战略、战术和运作都要通过人来实施，管理的对象也是人或者人的活动，因此在物流管理专业的创新中人是最关键的因素。对物流创新能力，目前还没有严格的定义。直观而言，它是使得物流创新出现、发生的可能性增大的个人或者组织所必须具备的能力，具体表现为思维特点、管理机制、方法和技巧。应该看到，物流领域创新的出现看似偶然，其实必然，是为更好地应对日益复杂的物流与供应链问题，实现物流管理人员创新能力从量变到质变。为了使创新能够适时出现和可持续发展，大学生应该积累相关的能力。

物流创新能力培养与提升

三、物流创新能力需求调查

对于三个层次的物流创新,企业对其招聘人员能力要求各有不同。本书对企业物流创新能力需求进行了调查。根据岗位的不同,调查中将企业通过中华英才、智联招聘等招聘网站的人才需求作为一类,将企业网站岗位招聘栏目发布的人才需求作为第二类,通过大学校园进行在线招聘的人才需求作为第三类。此次调研第一类包含苏宁云商集团股份有限公司、中国远洋物流有限公司、中铁快运股份有限公司等企业对于物流总监、物流经理、物流主管等59个岗位的人才需求;第二类包含海尔集团、联想集团、沃尔玛(中国)投资有限公司等企业对于供应链工程师、采购经理、仓库主管等49个岗位的人才需求;第三类包括中国铁路物资北京有限公司、方正集团、敦豪(DHL)等企业对于采购员、业务助理、储备干部等58个岗位的人才需求。根据物流创新的三个层次,数据处理上将企业对于创新能力的需求分为知识和技能的学习能力(以下简称学习能力)、协调与结合能力(以下简称结合能力)和创造力三方面统计。图3-2为不同样本的企业创新能力需求统计情况。

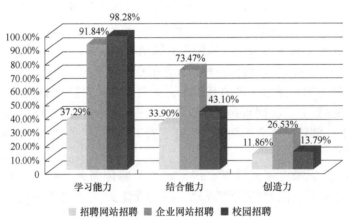

图 3-2　企业创新能力需求统计情况

总体而言,图3-2反映了企业对于创新能力要求的梯度变化。对于学习能力和结合能力要求较为普遍,而对于创造力的要求并不十分苛刻。这也与企业在原始创新的投入有限,而将重点放在二次创新和集成创新之上的总体趋势对应。而且,企业低层次岗位如助理、专员和储备干部等对于物流创新能力的要求普遍不高,仅重视以学历为代表的学习能力;而对于高层次岗位如物流总监、高级经理等在工作中具有较强创新意识、创造性解决问题的能力有所要求。此外,不同的岗位招聘途径也体现出了较大的差异性。招聘网站的岗位需求方面,由于面对一般的网民,对于创新能力的人才需求,企业似乎"不敢"有过多的奢望。学习能力、结合能力和创造力需求的岗位比例均低于38%。而企业网站常年发布的招聘信息,因为与企业形象、企业战略相一致,因此代表了企业真正的创新人才诉求。在层次较高的结合能力方面,有此需求的岗位比例达到了最高的73.47%,对于创造力做出明确要求的岗位也达到了最高的26.53%。

调研的数据显示,企业的88个物流高级管理岗位(业务经理及以上)对于面向集成创新的结合能力和面向原始创新的创造力两个较高级别的创新能力需求分别是50个

第三章 用人单位对物流创新能力的需求分析

和 19 个,虽然分别占比 56.82%和 21.59%,但是对于提出结合能力需求的 81 个岗位而言,高级管理岗位占到了 61.73%,而对于提出创造力需求的 28 个岗位而言,高级管理岗位则占到了 67.86%。因此,企业物流创新能力,尤其是较高层次的创新能力,目前对企业而言还是"奢侈品"。企业有需求,而市场供给不足,企业因此在较低层次的岗位上索性就不提这方面的需求。相反,在物流总监、经理这个层次,超过 2/3 的企业岗位则非常明确地提出要求较好的创新能力。这就释放出一个信号:企业对创新能力的需求一直就十分强烈,而且越是重要的岗位,越是需要有创新能力的人才。

第三节 企业对物流创新能力的评价

一、物流创新能力评价的组成

物流创新能力的评价是以企业的用人需求为导向的,因此在企业用人初期、中期和后期都应该涉及。针对不同的情境,企业物流创新能力评价又可以分为图 3-3 所示的三部分:自我评价、入职前测评、日常考评。一般情况下,在入职之前的招聘阶段,人力资源部门会对未来从事物流管理工作的应聘者进行双重检验:自我检验和被动测试。这样的评价有利于企业选择具有创新潜质的员工,能够胜任受聘的岗位,能够与企业在物流管理创新战略上保持一致。而在入职之后,企业还需要在一些关键时间节点对员工的创新能力进行考评,如年度或者聘期的考评。其目的则是检验员工创新能力的高低,同时有利于员工相互对标,推动创新能力的集体提升。

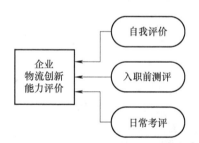

图 3-3 企业物流创新能力评价的组成

二、企业物流创新能力评价流程

企业对物流创新能力的评价根本在于选择满足自身需求的人才,而合理的评价方法则是科学决策的工具。如何评价企业拟聘用的人才?首先,需要找到一把合适的尺子。其次,如果没有这样的尺子,则需要自己定制一个衡量的工具。

例如,企业针对自己在创新能力方面的需求,研究制定了反映物流创新能力的指标:以成绩、学历为代表的学习能力、以学校创新活动成果为代表的创新实践能力、以创新能力测试考查为代表的创新思维能力。这样,企业可以通过收集应聘人员的在校学习成绩、学历学位,学校第二课堂中创新活动的表现,以及人力资源部门组织的创新能力测试成绩三个维度来考评应聘人员物流创新能力的高低。

图 3-4 简单描述了企业物流创新能力评价的大体流程。一般而言,首先,企业应明

物流创新能力培养与提升

确创新能力的指标。如果指标不够全面和完善，则需要通过借助专家咨询等集体决策方法提出全面反映企业所需创新能力的指标，保证评价指标的有效性和完备性。其次，企业需要找到测量各指标的数据。如果有些数据不可量化，则需要通过模糊、灰色理论将定性指标定量化处理。最后，就是解决指标体系的合理性问题。指标与指标之间如果相关性较低，呈简单的线性关系，则可直接用线性加权的综合评价。如果存在层级关系或者网络结构关系，则可采用 AHP、ANP 等方法处理，指标规模较大时为了去除冗余指标则可采用因子分析等降维处理。

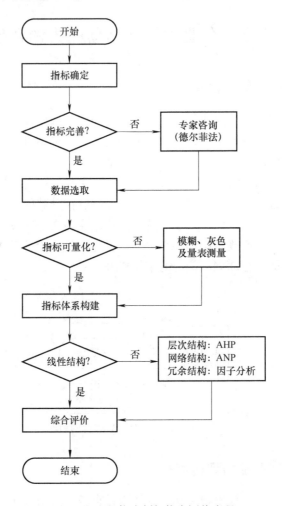

图 3-4　企业物流创新能力评价流程

三、企业物流创新能力评价方法

1. 综合打分法

具体来看，综合评价过程中，按照既有的指标，可以采取综合打分法进行进一步的评价。根据一般评价过程，企业对于物流创新能力评价可参考以下基本模型：

$$f(x) = k_1x_1 + k_2x_2 + k_3x_3 + k_4x_4$$

式中　$f(x)$——物流创新能力的综合评价结果；

第三章 用人单位对物流创新能力的需求分析

x_i——4 个不同的创新能力指标（百分制），$i=1,2,3,4$；
k_i——各个指标的权重值，$i=1,2,3,4$。

具体的各指标值的测量，有些是可量化指标，如成绩、分数或者数目等，有些则是不可量化的指标，如对问题的看法、态度等。对于不可量化的指标，可以采取 Likert 5 分量表测量，每个测量变量取值从"1"到"5"，其中"1"表示非常不同意，"2"表示不同意，"3"表示一般，"4"表示同意，"5"表示非常同意。或者采用模糊数方式处理。如表 3-3 所示，对于创新能力自我认知的刻画则是通过 Likert 5 分量表测量。选项对应的取值将可以用来做进一步的数据处理。

表 3-3 创新能力的自评量表

创新能力自我认知	非常不同意	不同意	一般	同意	非常同意
Q1. 我乐于经常探索新的知识、方法或技术			√		
Q2. 我会提出关于创新能力培养工作的建议		√			
Q3. 我会经常试着采用创造性的方法解决工作中的问题				√	
Q4. 我对于自己的创造性工作的效果总是感觉良好			√		

影响创新能力的因素有很多，表现形式也很多，并且结构复杂。只有从多个角度和多层面来构建评价指标体系，才能科学准确地反映物流人才的创新能力。遵循科学性、全面性、可操作性原则来构建物流创新能力评价指标体系，是在指标体系尚不完善时的首要工作。

一种情况是，还没有基本指标来刻画物流创新能力，这就需要一套提出指标的方法。最为直接的方法是德尔菲法（Delphi）。德尔菲法又名专家意见法或专家函询调查法，是一种采用背对背的通信方式征询专家小组成员的预测意见，经过几轮征询，使专家小组的预测意见趋于集中，最后得出意见较为科学一致的决策方法。德尔菲法依据系统的程序，采用匿名发表意见的方式，即专家咨询团队成员之间不得互相讨论，不发生横向联系，只能与调查人员联系，以反复地反馈意见，以集结意见填写人的共识及形成统一的认识。

另一种情况是，如果有了评价的指标，但是指标不够清晰，这就需要使用能对众多指标进行归纳、提炼的方法。如果指标之间存在相互关联，如层级关系，甚至是网络型联系，则可以通过 AHP、ANP 等方法的应用，建立一个科学的指标体系，而不是杂乱无章地呈现指标或者叠加处理。层次分析法（Analytic Hierarchy Process，AHP）是美国运筹学家、匹兹堡大学 T. L. Saaty 教授在 20 世纪 70 年代初期提出的，AHP 是对定性问题进行定量分析的一种简便、灵活而又实用的多准则决策方法。它的特点是把复杂问题中的各种因素通过划分为相互联系的有序层次，使之条理化，根据对一定客观现实的主观判断结构（主要是两两比较）把专家意见和分析者的客观判断结果直接而有效地结合起来，将一层次元素两两比较的重要性进行定量描述。而后，利用数学方法计算反映每一层次元素的相对重要性次序的权值，通过所有层次之间的总排序计算所有元素的相对权重并进行排序。决策指标不仅存在横向关联和层次性，而且指标间还具有较强的依赖性和反馈性的情况，T. L. Saaty 教授扩展了 AHP 方法，提出了网络分析法（Analytic

物流创新能力培养与提升

Network Process，ANP）。ANP 首先将系统元素划分为两大部分。第一部分称为控制因素层，包括问题目标及决策准则。所有的决策准则均被认为是彼此独立的，且只受目标元素支配。控制因素中可以没有决策准则，但至少有一个目标。控制因素层中每个准则的权重均可用 AHP 方法获得。第二部分为网络层，它是由所有受控制因素层支配的元素组成的，其内部是互相影响的网络结构，元素之间互相依存、互相支配，元素和层次间内部不独立，递阶层次结构中的每个准则支配的不是一个简单的内部独立的元素，而是一个互相依存并反馈的网络结构。控制因素层和网络层组成典型的 ANP 层次结构。AHP、ANP 通过分析影响目标的一系列因素，比较其相对重要性，最后选出得分最高的方案即为最优方案。

虽然 AHP、ANP 可以解决创新能力指标中存在层次甚至是网络关系情况下的评价问题，但是对于指标规模巨大的评价问题却收效甚微。毕竟，有些指标不仅有重复和共线的问题，而且没有反映创新能力的主要矛盾。因此，还需要一套能进一步精炼指标的方法。这里推荐的方法是因子分析法。

2. 因子分析法

因子分析（Factor Analysis）法是指从研究指标相关矩阵内部的依赖关系出发，把一些信息重叠、具有错综复杂关系的变量归结为少数几个不相关的综合因子的一种多元统计分析方法。其基本思想是根据相关性大小把变量分组，使得同组内的变量之间相关性较高，但不同组的变量不相关或相关性较低，每组变量代表一个基本结构，即公共因子。由于这种方法能以较少的因子变量和最小的信息损失来解释变量之间的结构，在经济学、社会学和管理学研究中因子分析法常常用来进行评价指标的进一步处理。

四、示例

例 1：招聘网站招聘对创新能力的要求见表 3-4。

表 3-4 招聘网站招聘对创新能力的要求

企业名称	岗位描述	创新能力要求
苏宁云商集团股份有限公司	供应链管理经理	1. 大专及以上学历 2. 工作计划性强，有良好的沟通与协作能力，有较优秀的管理能力
中国远洋物流有限公司	物流经理	1. 本科以上学历，国际经济与贸易、物流相关专业 2. 具有良好的沟通及谈判能力，具有一定的计划、组织、协调能力和团队协作精神，独立工作能力强，能承受较大的工作压力
中国远洋物流有限公司	物流总监	1. 大专及以上学历，管理类、物流类相关专业 2. 有良好的沟通及谈判能力、团队管理能力，独立工作能力强，能承受较大的工作压力
中铁快运股份有限公司	高铁快递项目经理	1. 本科以上学历 2. 具备快递行业的管理能力，有较强的组织沟通协调能力 3. 与各大快递公司、快递同行有良好的关系

第三章 用人单位对物流创新能力的需求分析

（续）

企业名称	岗位描述	创新能力要求
中铁现代物流科技股份有限公司	物流部门经理	1. 具有较强的亲和力，优秀的人际沟通、协调、组织、管理能力 2. 稳重、踏实、勤勉、敬业，具有优秀的分析问题、解决问题能力，及良好的外联、公关能力
	金融物流业务经理	1. 大学本科及以上，物流、金融、管理类相关专业 2. 较强的沟通能力和协调能力，具有高度的责任心和团队合作精神 3. 有较强的分析能力和解决问题的能力，能独立进行市场拓展
	港口物流主管	1. 大学专科及以上学历，进出口贸易类相关专业 2. 具备优秀的组织管理能力，良好的沟通和谈判技巧，良好的创新意识、团队合作能力及服务意识，责任心强
嘉里大通物流有限公司	物流经理	1. 本科以上学历，国际经济与贸易、物流相关专业，有四年以上物流陆运海运管理工作经验 2. 具有良好的沟通及谈判能力，具有一定的计划、组织、协调能力和团队协作精神，独立工作能力强，能承受较大的工作压力
中国外运长航集团有限公司	供应链物流系统规划设计经理	1. IT相关专业大学本科或以上学历，具有物流师资格或物流专业研究生毕业优先 2. 有较强的分析和解决问题、管理组织协调、沟通表达和写作、计划制订和执行等能力 3. 有较强的责任心、服务意识、团队合作精神和开拓创新意识
五矿物流集团有限公司	钢材储运物流主管	有良好的沟通协调能力
天津大田集团有限公司	物流项目经理	大专及以上学历
	物流总监	1. 本科及以上学历，管理类、物流类相关专业 2. 有优秀的沟通及谈判能力、团队管理能力，独立工作能力强，并有良好的领悟力
上海佳吉快运有限公司	物流高级经理	1. 本科以上（专业关联） 2. 性格开朗、作风干练、思路清晰
安吉汽车物流有限公司	物流项目主管	1. 本科以上学历，物流管理相关专业 2. 具有较强的责任心和沟通能力，具有客户服务经验者优先
德邦物流股份有限公司	物流主管	1. 学历要求：大专以上 2. 专业要求：交通运输工程、物流工程、数学及相关专业 3. 认同企业文化，具有良好的沟通能力，工作严谨，执行力强，具备较强抗压与团队合作能力
邯郸交通运输集团有限公司	物流主管	相关专业专科以上学历

物流创新能力培养与提升

（续）

企业名称	岗位描述	创新能力要求
芜湖安得物流股份有限公司	网购配送经理	1. 大专及以上学历，经济、管理、财务、物流及相关专业毕业 2. 性格开朗，有良好的语言表达能力、较强的方案写作能力或者实际操作能力 3. 有良好的沟通能力及团队协作能力
顺丰速运（集团）有限公司	物流管理高级经理	1. 大专以上学历，物流、运输、仓储等相关专业优先 2. 有较强的数据分析、逻辑判断及沟通表达能力，较强的组织协调、计划统筹、决策能力和团队领导（授权、激励）能力，计算机及相关办公软件应用熟练
	供应链解决方案高级经理	1. 大专以上学历，物流、运输、仓储等相关专业优先 2. 有较强的数据分析、逻辑判断及沟通表达能力，较强的组织协调、计划统筹、决策能力和团队领导（授权、激励）能力，计算机及相关办公软件应用熟练
	项目副总监（电商物流方向）	1. 本科以上学历 2. 有较强的领导能力和项目管理经验 3. 具备强烈的责任心和高度的敬业与团队合作精神
招商局物流集团有限公司	副总经理	1. 本科及以上学历，物流管理、供应链管理或营销等相关专业优先 2. 具备在较强的工作压力下处理复杂的、突发的重要业务工作关系的能力 3. 具备紧跟行业发展趋势、适时进行业务创新的能力 4. 具备较强的学习和创新能力、较高的市场敏感度及良好的分析判断能力 5. 具备较强的组织、计划、协调、沟通及综合管理能力 6. 具备善于沟通和与各类性格的客户保持良好业务关系的能力
	项目运作经理	1. 具有物流管理或相关专业大学本科以上学历，大学英语四级以上水平 2. 具有良好的综合管理能力、工作沟通协调能力
宝供物流企业集团有限公司	运作方案经理	本科及以上学历，物流管理专业优先
	资源采购主管	为人正直，公正公平，责任心强，诚实守法，严谨敬业，责任心强，执行力强
	物流经理	1. 大专以上学历 2. 诚实负责、踏实、细致、认真，能吃苦耐劳，具备服务意识，原则性强，沟通表达能力强
	物流主管	大专以上学历
	资源采购经理	1. 大专以上学历 2. 具有良好的沟通协调能力和较好的团队协作精神
	区域物流经理	具备大学本科学历，掌握管理学、经济学等企业管理知识，具备第三方物流管理知识及 ISO 9000 相关认证知识

第三章 用人单位对物流创新能力的需求分析

（续）

企业名称	岗位描述	创新能力要求
中国物流股份有限公司	高级仓储经理	1. 本科及以上学历，理工科专业 2. 积极进取，责任心强 3. 有良好的沟通能力和团队管理能力 4. 能承受一定的工作压力
	项目经理	1. 大专或以上学历 2. 有较强的语言表达能力和一定的文字功底，能熟练使用各种办公软件 3. 具有很好的分析和判断能力，以及异常情况的应变能力
北京宝供福田物流有限公司	物流操作主管	1. 大专及以上学历，物流、运输管理或经济管理类相关专业 2. 有较强的责任心和抗压能力，能吃苦耐劳，踏实肯干，服从领导安排；有较强的团队协作意识，有良好的职业素养
某大型医药上市公司	物流中心总经理	1. 物流或企业管理等相关专业本科及以上学历 2. 有优秀的沟通及谈判能力、团队管理能力，独立工作能力强，并有良好的领悟力 3. 精通战略管理、流程管理、信息管理等方面，注重工作效率
湖南一力股份有限公司	仓储现场经理	1. 在人员管理、现场调度、仓储管理方面有丰富的经验 2. 有外资企业经验者优先
振华物流集团有限公司	冷链物流负责人	1. 有优秀的分析、沟通、协调、谈判和领导能力 2. 具备高度的责任心及必需的职业素养，抗压能力强 3. 男女不限，有一定客户资源者优先考虑
	工程物流负责人	1. 作风严谨，责任心强，抗压及执行力强 2. 性格稳重，有敏锐的市场洞察力、风险评估把控能力及关键点的成本控制能力，工作细心，能承受工作压力，具有良好的沟通能力及团队协作能力 3. 男、女不限，有一定客户资源者优先考虑
中海集团物流日照有限公司	物流经理	1. 全日制本科以上学历，管理类、物流相关专业 2. 能承受较大的工作压力，具有优秀的协调、沟通能力，具备良好的团队合作精神和敬业精神
中海华北物流有限公司	工程物流项目经理	1. 大学本科以上学历，大学英语六级以上，能熟练和国外客户进行书面交流，熟练使用办公软件 2. 有良好的风险监控意识和应变能力 3. 工作认真细致，责任心强，有良好的客户服务意识和沟通能力，协调能力强 4. 个性开朗外向、抗压性强，能适应经常出差
远成集团有限公司	国际物流营运高级经理	1. 热爱国际物流事业，吃苦耐劳，不计个人得失 2. 认同企业文化，有较高的团队意识
	仓储管理高级经理	1. 本科以上学历，物流或管理类专业 2. 有良好的计划执行、协调沟通能力和团队管理经验

物流创新能力培养与提升

(续)

企业名称	岗位描述	创新能力要求
重庆民生轮船股份有限公司	国际空运项目经理	1. 大学本科或以上学历，主修国际贸易，物流管理的尤佳 2. 富有敬业精神、团队合作精神和良好的领导能力，能够经常出差
锦程国际物流集团股份有限公司	物流集团大客户经理	1. 统招大专以上学历，交通运输、国际贸易相关专业优先 2. 工作认真、热情，责任心强，沟通协调能力好 3. 富于开拓精神，有毅力，肯吃苦
中床国际物流集团有限公司	业务经理（国际贸易与国际物流）	1. 重点院校本科及以上学历 2. 有较强的业务敏感性及客户服务意识 3. 有良好的方案与标准操作程序（SOP）制定能力 4. 有较强的团队管理能力、沟通能力和抗压能力 5. 具备良好的职业化形象
	物流经理	1. 本科以上学历，管理类、物流类相关专业 2. 有良好的沟通及谈判能力、团队管理能力，独立工作能力强，能承受较大工作压力
江苏中外运有限公司	物流项目经理	1. 能跨边界建立关系，以发展非正式及正式工作网络 2. 积极主动，会主动询问并要求分配工作
厦门象屿集团有限公司	物流配送项目业务经理	1. 大专以上学历，物流管理及市场营销相关专业 2. 具有良好的协调能力、对突发问题的处理能力以及一定的团队管理能力
建发物流集团有限公司	物流主管	1. 全日制本科学历 2. 具备较强的责任心、良好的协调与沟通能力、敏锐的分析能力，能快速融入团队 3. 身体健康，可承受一定的工作强度和工作压力
九州通医药集团股份有限公司	处方药采购经理	1. 大专及以上学历，医药类、营销类相关专业优先考虑 2. 具有较强的独立工作能力和社交技巧
武汉捷利物流有限公司	物流经理	1. 大专及以上学历，物流、运输类相关专业 2. 良好的沟通、协调、执行、分析和总结能力，能适应工作压力及经常出差
中信信通物流有限公司	供应链管理事业部总经理	本科以上
	国际物流经理	1. 大学本科学历，国际贸易、物流管理等专业 2. 具备较强的计划、组织、协调、分析、沟通、学习、创新能力和人际交往能力，善于思考分析，通过不断的总结提高整体团队的工作效率

第三章 用人单位对物流创新能力的需求分析

（续）

企业名称	岗位描述	创新能力要求
中信信通国际物流有限公司	物流项目开发经理	1. 大学本科以上学历，具备一定的英语听说写能力 2. 诚信、遵守职业道德，可承受一定的工作压力，有良好的沟通及谈判能力、团队合作精神强，责任心强
	仓储规划经理	1. 学士学位或更高，具有很强的学习能力 2. 能够适应短期出差
天津市德利得物流有限公司	港口项目经理	1. 大专以上学历，物流相关专业毕业 2. 形象好，气质佳，沟通能力和组织能力强
	物流总监	1. 大专以上学历，物流或管理相关专业毕业 2. 具有丰富的专业知识、优秀的沟通协调能力及团队管理能力
百岁新联物流（上海）有限公司	零部件物流经理	1. 本科及以上学历，汽车、物流管理、交通运输相关专业 2. 能够运用英语或其他外语进行沟通，能够熟悉运用外语进行商务谈判者优先
大航国际货运有限公司	国际空运综合管理部经理	1. 大专或本科以上学历，物流相关专业佳 2. 优秀的沟通协调能力、责任感、应变能力，能承受较高的工作压力 3. 英语六级以上，有良好的听说读写能力，会日语者优先
上海畅联国际物流有限公司	物流主管	1. 专科及以上学历，物流、供应链类等相关专业 2. 有较强的协调能力，能和生产线、库房顺畅沟通 3. 有较强的解决问题能力，能快速处理供货过程中的各类问题 4. 具备很强的责任心和团队精神，能吃苦耐劳，能承受较大的工作压力
上海会成物流有限公司	物流销售经理	1. 对销售工作有激情，具备很好的团队合作精神 2. 有良好的领导能力、沟通能力及敏锐的洞察力 3. 自身有一定的物流客户资源
	物流项目经理	1. 大专及以上学历 2. 有团队合作精神，工作思路清楚，应变能力强 3. 能够出差，适应加班

例 2：企业网站招聘对创新能力的要求见表 3-5。

表 3-5 企业网站招聘对创新能力的要求

企业名称	岗位描述	创新能力要求
海尔集团	供应链管理工程师	1. 大专及以上学历 2. 认同海尔文化，能够主动维护海尔的美誉度
安吉汽车物流有限公司	物流经理/主管	1. 大专或以上学历 2. 有良好的人际沟通交流能力和协调能力，有团队合作精神

物流创新能力培养与提升

(续)

企业名称	岗位描述	创新能力要求
联想集团	采购总监	本科以上学历，商业、工程和供应链相关专业
	项目供应管理经理	本科及以上学历，能够解决大项目在订单交付前的任何相关的供应问题，端对端地管理大项目的供应
中海集团物流日照有限公司	物流经理	1. 全日制本科以上学历，管理类、物流相关专业 2. 能承受较大的工作压力，具有优秀的协调、沟通能力，具备良好的团队合作精神和敬业精神
远程集团有限公司	国际物流项目经理	1. 熟悉国际国内海空航线，具有丰富的国际贸易知识 2. 物流或国际贸易相关专业，学历大专以上，大学英语四级以上，PET 二级以上 3. 热爱国际物流事业，吃苦耐劳，不计个人得失 4. 认同企业文化，有较高的团队意识
全球国际货运代理（中国）有限公司	仓库经理	1. 本科以上学历 2. 计算机熟练 3. 英语熟练，能交流
上海中远化工物流有限公司	仓储主管	1. 学历大专以上 2. 具有一定的协调组织能力
德邦物流股份有限公司	物流主管	1. 学历要求：大专以上 2. 专业要求：交通运输工程、物流工程、数学及相关专业 3. 认同企业文化，具有良好的沟通能力，工作严谨，执行力强，具备较强的抗压与团队合作能力
中床国际物流集团有限公司	国际贸易与国际物流业务经理	1. 有较强的业务敏感性及客户服务意识 2. 有良好的方案与 SOP 制定能 3. 有较强的团队管理能力、沟通能力和抗压能力 4. 具备良好的职业化形象 5. 英语流利，此外掌握德语者优先考虑
	物流经理	1. 本科以上学历，管理类、物流类相关专业 2. 有良好的沟通及谈判能力、团队管理能力，独立工作能力强，能承受较大工作压力
	仓储主管	大学本科以上学历，物流管理相关专业
江苏中外运有限公司扬州分公司	物流项目经理	1. 物流管理相关专业本科以上学历 2. 有良好的团队合作能力，能跨边界建立关系以发展非正式及正式工作网络
宝供物流企业集团有限公司	采购经理	大专以上学历
	物流经理	具备大学本科学历，掌握管理学、经济学等企业管理知识，具备第三方物流管理知识及 ISO 9000 相关认证知识

第三章 用人单位对物流创新能力的需求分析

（续）

企业名称	岗位描述	创新能力要求
天津德利得物流有限公司	物流经理	1. 具备优秀的商务谈判经验和技巧，拥有一定的项目客户运作管理经验 2. 拥有团队管理经验和培训能力 3. 具备优秀的决断能力，能够应对突发的异常事件
	物流总监	1. 大专以上学历，物流或管理相关专业毕业 2. 具有丰富的专业知识、优秀的沟通协调能力及团队管理能力
上海惠尔物流有限公司	物流经理	1. 大专以上学历，物流管理或经济管理相关专业 2. 有出色的协调、沟通、分析决策、领导和客户服务能力
上海医药临床研究中心	物流主管/经理	大专以上学历，物流管理相关专业
蓝海传媒	物流主管/经理	具备良好的沟通和组织协调能力，较强的分析和解决问题能力，积极主动，吃苦耐劳，责任心强，能承受较大的工作压力
沃尔玛（中国）投资有限公司	采购经理（冻品）	1. 有良好的分析能力，能通过系统地收集和分析信息得出结论 2. 有很好的变通能力，能调整自己的工作方式和方法应对预期之外的状况 3. 具有创新意识，愿意并能够提出和实施新的意见和建议来提高工作效能和改善顾客服务水平
	直接进口—进口物流经理	1. 本科以上学历 2. 学习快，执行能力强，有良好的交流技巧
	商品物流管理—高级商品物流管理经理	1. 本科以上学历，商业、工程和物流相关专业 2. 有杰出的表达能力和人际交往能力 3. 具有采购和物流方面广泛的知识 4. 有雄厚的技术和分析能力、创新和解决问题的能力 5. 能团队化、系统化地思考
中国铁建股份有限公司	商贸物流事业部总经理	1. 具有全日制大学本科及以上学历 2. 具有较强的团队领导力，组织、协调能力和抗压能力 3. 具有较强的学习能力、理解能力和推理能力，做事自律、严谨、细心，有较强的安全意识和保密意识
北汽集团	设备采购工程师	1. 本科以上学历，汽车工程、机械制造等相关专业 2. 具有较强的商务评估、考核能力
	采购科科长	1. 全日制本科以上学历，汽车、机械等相关专业 2. 具备优秀的计划组织、沟通协调能力、谈判技巧和成本意识 3. 具有较强的供应商评估、考核能力
华润集团—华润怡宝食品饮料（深圳）有限公司	采购管理主管	1. 大专以上学历，食品安全相关专业毕业，大学英语四级以上 2. 具备制定采购标准的能力，有良好的沟通/协调客户、统筹工作的能力及市场洞察力，具备一定的财务管理知识并能有效指导下属提升工作技能及效率 3. 处事客观公正、诚实可信、乐业敬业

物流创新能力培养与提升

(续)

企业名称	岗位描述	创新能力要求
中粮我买网有限公司	采购经理	1. 大学统招本科及以上学历 2. 具有较强的谈判能力、人际交往能力和团队协作精神 3. 具有较强的组织、计划、控制、协调能力,具有较强的抗压性 4. 有良好职业操守,执行力强
中粮我买网有限公司	仓储/物流主管	有良好的沟通能力、团队合作意识和独立工作能力,具备良好的管理能力
中粮我买网有限公司	创新食品—采购经理(进口品类)	1. 本科及以上学历,贸易英语听说读写流利 2. 能与外国公司进行有效的食品采购业务谈判 3. 了解包装食品行业进出口贸易行情
华为	业务流程管理(BPM)专家	1. 本科及以上学历,在教育段中,至少有一段是理工科教育 2. 有优秀的总结、沟通和理论联系实际的能力,在流程管理领域具有权威性的影响力
当当网	无锡出版物仓库仓储经理	1. 本科及以上学历,物流、供应链管理相关专业为佳 2. 具备优秀的组织协调、沟通能力,服务意识与团队合作意识较强,能承受较大的工作压力
京东	仓储运营主管	1. 本科及以上学历,物流工程、物流管理及其他相关专业 2. 具有较强的报表制作及数据分析能力 3. 较强的沟通协调能力、团队合作精神和责任心 4. 诚信正直、积极主动、做事细心
京东	采销经理	1. 本科及以上学历,采购管理、市场营销、管理类相关专业 2. 具有良好的个人沟通及谈判技巧,懂外语者为佳 3. 具有良好的职业道德,工作认真负责、积极主动,能承受一定的工作压力
京东	采购经理	1. 大学统招本科及以上学历 2. 有性格开朗,有良好的沟通协调能力,优秀的人际交往能力 3. 有团队精神,能加班,吃苦耐劳
天地华宇	储备仓储经理	1. 大专以上学历 2. 有优秀的团队管理经验、良好的沟通能力 3. 责任心强,可以承担较强的工作压力 4. 能服从全国分配
浙江吉利控股集团	物流副总师	1. 统招大专以上学历,汽车、物流管理类相关专业 2. 具有很强的技术指导、沟通能力及一定的协调、管理能力 3. 擅长项目规划组织管理,能准确理解、把握项目需求,善于沟通 4. 性格开朗,思维活跃,有较强的创新能力,具备良好的团队精神及职业素养

第三章 用人单位对物流创新能力的需求分析

（续）

企业名称	岗位描述	创新能力要求
苏宁云商集团股份有限公司	采购经理	1. 大专及以上学历 2. 具备较强的沟通谈判能力，能掌握市场的发展方向 3. 具有较强的事业心，能承受快速发展型企业带来的工作压力 4. 具有良好的职业道德与职业操守，具有较强的领导力，能够激发员工潜能，提高团体的工作效率
物美集团	采购经理/主管	1. 大专及以上学历 2. 具备良好的谈判和人际沟通能力、良好的组织和协调能力，团队协作能力强 3. 具备较强的抗压能力 4. 具备良好的职业道德素质
申通快递	区域转运中心经理	1. 大学专科及以上学历 2. 有良好的基本素质，包括良好的理解能力、逻辑推理能力、判断能力、沟通能力，及较强的项目推动能力 3. 具有较强的成本管控意识，掌握成本管控方法 4. 抗压能力强，有客户服务意识
上海韵达货运有限公司	物流仓储经理	1. 大专及以上学历，物流、运输管理或经济管理类相关专业 2. 具备良好的沟通和组织协调能力、较强的分析和解决问题能力 3. 积极主动，吃苦耐劳，责任心强，能承受较大的工作压力
上海无忧物流有限公司	仓库经理	1. 大专以上学历、流利普通话、有英语基础 2. 有优秀的客户服务意识及流程管理意识和技巧 3. 了解仓储管理软件，能熟练使用计算机和Office软件 4. 独立思考、快速心算、计划能力强 5. 有良好的书面化技能和口头沟通能力，掌握人际交往技巧和团队协调进步能力
神州数码控股有限公司	物流商务主管	1. 本科及以上学历，物流管理、国际贸易类专业 2. 有良好的语言表达及较强的沟通能力，工作认真细致，积极进取，善于学习与创新 3. 工作细致主动，责任心强；英语及计算机运用熟练；具有主管及团队领导经历者优先
西安神州数码有限公司新疆分公司	仓储主管	1. 具有大学专科以上学历 2. 具有基本计算机操作和数据处理能力和较高的服务意识，吃苦、敬业、细致、认真，有团队合作精神，责任感强 3. 思维敏捷、善于交往，对外有较强的沟通能力，能够随时处理突发的问题
联强国际	物流经理	1. 全日制大学本科及以上学历，物流相关专业 2. 有优秀的沟通及表达能力、良好的领悟力、执行力，以及突出的领导力及团队合作精神 3. 具备主管的外形、气质及胸怀，更能随时"放下"，投入基层运作 4. 为人诚实、稳重、务实、进取、抗压能力强

物流创新能力培养与提升

(续)

企业名称	岗位描述	创新能力要求
青岛海信日立空调系统有限公司	高级供应商质量管理工程师	1. 本科以上学历，理工科专业背景 2. 有较强的敬业精神、责任心及良好的分析能力、沟通能力、团队合作精神
	仓库主管	1. 本科及以上学历 2. 能熟练使用办公软件，工作认真负责严谨，具备良好的学习能力、沟通协调能力和团队合作精神
佳能	高级供应链企划人员	1. 本科及以上学历，物流管理相关专业 2. 积极主动，善于沟通及协调，抗压能力强
天音通信控股股份有限公司	采购开发经理	1. 大学本科毕业，物流与供应链专业或者计算机与IT类相关专业 2. 具备较强的协调能力，能承受一定的工作压力 3. 具备一定的领导力和项目管理经验
南玻集团	采购主管	1. 本科及以上学历 2. 思路清晰、语言表达能力强，能承受较大的工作压力

例3：校园招聘对创新能力的要求见表3-6。

表3-6 校园招聘对创新能力的要求

企业名称	岗位描述	创新能力要求
上海传金能源科技有限公司	采购专员	有较好的沟通能力，能协调好各部门的关系
北京国能电池科技有限公司	采购员	1. 本科及以上学历 2. 熟悉相关质量体系标准，精通采购业务，具备良好的沟通能力、谈判能力和成本意识
中国铁路物资北京有限公司	集采分销业务部、理货部业务助理	主动积极、责任心强，热爱销售工作
航天（北京）物流有限公司	物流业务从业人员	1. 本科（含）以上学历 2. 具有勇于进取的开创精神和良好的团队意识
京安资源集团公司（香港）	航运物流专员	1. 物流及航运相关专业大学本科及以上学历 2. 计划、组织、管理、策划能力强 3. 英语水平良好
德邦物流股份有限公司	物流管理岗	应届博士毕业生，具备良好的逻辑思维、创新能力、沟通能力及团队合作精神
北京市农林科学院信息中心	物流信息化技术研发岗位	具备技术难点攻关和项目材料撰写能力
上海和氏璧化工有限公司	物流专员	语言表达能力佳、思路清晰、学习及执行能力强、文字和逻辑组织能力强

第三章 用人单位对物流创新能力的需求分析

（续）

企业名称	岗位描述	创新能力要求
润石珠宝饰品有限公司	驻京仓库管理员	积极耐劳、责任心强、具有合作和创新精神
苏宁电器有限公司	采购、物流管理	有较强的沟通、协调、组织、执行能力
北京博科教育技术有限公司	物流管理师	具有团队合作精神、高度的工作责任心和敬业精神；具有高度责任感，能适应高强度的工作压力
美的集团邯郸制冷设备有限公司	物流管理员	有较强的沟通协调能力、抗压能力，团队意识强
上海光泰国际货运代理有限公司	销售总监	大学本科以上学历，富有工作激情，有高度的责任感和开拓精神
中山华帝燃具股份有限公司	生产/物流/计划主管、仓储储备干部	有上进心，有责任感，能吃苦耐劳，能承受较大的工作压力
厦门银鹭集团有限公司	采购管理培训生、供应链管理培训生	具有良好的沟通能力，逻辑思维能力；具有团队协作能力及根据岗位特性应具备的其他能力；具有明确的职业生涯规划；认可企业文化
中国兵工物资华东有限公司	物流助理	本科或以上学历
福建恒安集团有限公司	仓储中心储备人员	本科或以上学历
上海大众汽车有限公司	采购员	本科及以上学历
	物流规划员、生产准备协调员	本科及以上学历
艾欧史密斯（中国）热水器有限公司	管理培训生—供应链管理	1. 硕士 2. 具有良好的沟通协调能力与团队合作能力，进取心强，学习能力强
三六一度（中国）有限公司	储备干部	1. 大专以上学历 2. 具备优秀的沟通能力及团队合作能力，有责任心，能承受工作压力，热爱体育行业
青岛海尔空调器有限总公司	物流仓储	本科及以上学历
	采购	本科及以上学历
江苏省邮政速递物流有限公司	仓库经理	1. 本科及以上学历 2. 具备一定的适应能力、沟通能力、团队合作能力 3. 具备分析、解决问题的能力和创新意识

物流创新能力培养与提升

（续）

企业名称	岗位描述	创新能力要求
方正集团	物流管理实习生	本科及以上学历
长城汽车股份有限公司	采购员	1. 专科及以上学历，思维敏捷，具有较强的团队合作精神，英语能力强 2. 有良好的职业道德和素养，能承受一定的工作压力
山东海科化工集团	物流业务经理	本科及以上
澳华集团	仓管员	1. 大专及以上学历 2. 有良好的责任心，办事周到细致
宝迪集团	物流专员	本科学历，敢于挑战自我
宝迪集团	采购专员	本科学历，敢于挑战自我
山东得益乳业股份有限公司	物流类/采购类	本科以上学历
赛轮股份有限公司	物流操作员	大专及以上学历
金宇轮胎集团有限公司	仓库管理员	大专及以上学历
厦门象屿集团有限公司	营运管理专员、物流专员	1. 本科及以上学历 2. 综合素质高，沟通、学习能力好 3. 责任心强，具备良好的团队协作精神和抗压性，有与公司长期共同成长的打算
青岛科昂集团	物流操作专员、采购专员	1. 本科及以上学历 2. 善于沟通，富有进取精神
山东国瓷功能材料股份有限公司	采购专员、仓库专员	本科及以上学历
敦豪物流（DHL）	管理培训生	1. 本科及以上学历 2. 有志于物流行业，有优秀的分析问题和解决问题能力，勇于创新，乐于接受挑战、承受压力
山东中烟工业有限责任公司	物流类	本科及以上学历，具有开拓精神，热爱烟草事业
青岛钢铁控股集团有限责任公司	物流类	本科及以上学历
中天科技集团	物流类	本科学历
青岛轮库汽车服务有限公司	采购助理、物流专员	本科及以上学历

第三章 用人单位对物流创新能力的需求分析

（续）

企业名称	岗位描述	创新能力要求
山东电力建设第一工程公司	物资或物流管理	1. 本科及以上学历 2. 责任心强，乐观向上，适应能力强，具有良好的团队意识
苏宁云商集团股份有限公司	物流管理	1. 本科及以上学历 2. 工作严谨，执行力强，有较强的抗压能力、良好的沟通能力及团队合作精神
	采购管理工程师	1. 本科学历 2. 具备良好的人际交往及沟通表达能力，清晰的逻辑思维能力
乐金显示（烟台）有限公司	采购、物流	本科及以上学历
中建筑港集团有限公司	物资管理	本科及以上学历
青岛可蓝矿泉水	物流	本科学历
海马轿车有限公司	物流类	1. 本科学历 2. 具有工作热情
安徽恒源煤电股份有限公司	物资管理岗位	专科以上学历
上海市冰鑫物流有限公司	物流类	大专及以上学历，善于沟通
中国进口汽车贸易有限公司	物流业务人员	1. 本科及以上学历 2. 具有良好的沟通能力和团队合作精神，能适应高强度的工作
珠海格力电器股份有限公司	物流管理、物资采购	本科学历
东风日产乘用车公司	采购员	专科以上学历
广东格兰仕集团有限公司	生产管理	本科及以上学历
佛山市哈德逊经贸有限公司	物流采购类	本科及以上学历
广州广汽商贸物流有限公司	物流专员	1. 大专及以上学历 2. 具备良好的计划、管理、沟通和协调能力 3. 有较强的团队合作意识
兰亭集势贸易（深圳）有限公司	助理采购经理	1. 本科学历 2. 有较强的团队合作精神 3. 沟通表达能力强，逻辑思维能力强，对数字敏感

第四章　物流创新能力的获取方式

物流创新能力的获取方式是指获得物流创新能力过程中所采取的方法和形式。物流创新能力通常可以通过创新思维培养、校外人才培养基地，以及自我创新能力培养等方式来获取。

第一节　创新思维培养

一、创新思维及其作用和意义

1. 创新思维

俗话说"思路决定出路"，没有创新的思维，便想不出创新的方法，没有创新的方法，就不能有创新的活动，也就没有创新的成果。创新思维是学生在探索未知领域过程中，能够打破常规，积极向上，寻求获得新成果的思维活动。创新思维是以感知、记忆、思考、联想、理解等能力为基础，以综合性、探索性和求新性为特征的高级心理活动，需要学生付出艰苦的脑力劳动。这种思维方式，遇到问题时，能从多角度、多侧面、多层次、多结构去思考，去寻找答案，既不受现有知识的限制，也不受传统方法的束缚。其思维路线是开放性、扩散性的。它解决问题的方法更不是单一的，而是在多种方案、多种途径中去探索、选择。可以认为，创新思维是学生思维活动的精髓，是一种具有开创意义的思维活动，即开拓学生认识新领域、开创学生认识新成果的思维活动，它往往表现为发明新技术，形成新观念，提出新方案和决策，创建新理论。

创新思维的结果是实现了知识即信息的增殖，它或者是以新的知识（如观点、理论、发现）来增加知识的积累，从而增加了知识的数量即信息量；或者是在方法上的突破，对已有知识进行新的分解与组合，实现了知识即信息的新的功能，由此便实现了知识即信息的结构量的增加。所以从信息活动的角度看，创新思维是一种实现了知识即信息量增殖的思维活动。

一项创新思维成果的取得，往往需要经过长期的探索、刻苦的钻研，甚至多次的挫折，而创新思维能力也要经过长期的知识积累、智能训练和素质磨砺才能具备，创新思维过程，还离不开推理、想象、联想、直觉等思维活动，所以，从主体活动的角度来看，创新思维又是一种需要学生付出较大代价、运用高超能力的思维活动。

2. 创新思维的作用和意义

创新思维具有十分重要的作用和意义。

（1）创新思维可以不断地增加学生知识的总量，不断推进学生认识世界的水平。创新思维因其对象的潜在特征，向着未知或不完全知的领域进军，不断扩大学生的认识范围，不断地把未被认识的东西变为可以认识和已经认识的东西，科学上每一次的发现和创造，都增加着学生的知识总量。

（2）创新思维可以不断提高学生的认识能力。创新思维的特征已表明，创新思维是一种高超的艺术，创新思维活动及过程中的内在的东西是无法模仿的。这内在的东西即创新思维能力。这种能力的获得依赖于学生对历史和现状的深刻了解，依赖于其敏锐的观察能力和分析能力，依赖于平时知识的积累和知识面的拓展。而每一次创新思维过程就是一次锻炼思维能力的过程，因为要想获得对未知世界的认识，学生就要不断地探索前人没有采用过的思维方法、思考角度去进行思考，就要独创性地寻求没有先例的办法和途径去正确、有效地观察问题、分析问题和解决问题，从而极大地提高学生认识未知事物的能力，所以，认识能力的提高离不开创新思维。

（3）创新思维可以为实践开辟新的局面。创新思维的独创性与风险性特征赋予了它敢于探索和创新的精神，在这种精神的支配下，学生不满于现状，不满于已有的知识和经验，总是力图探索客观世界中还未被认识的本质和规律，并以此为指导，进行开拓性的实践，开辟出学生实践活动的新领域。若没有创造性的思维，学生躺在已有的知识和经验上，坐享其成，那么，学生的实践活动只能留在原有的水平上，实践活动的领域也非常狭小。

（4）创新思维是将来学生的主要活动方式和内容。历史上曾经发生过的工业革命没有完全把人从体力劳动中解放出来，而目前世界范围内的新技术革命，带来了生产的变革，全面的自动化，把人从机械劳动和机器中解放出来，人从事着控制信息、编制程序的脑力劳动，而人工智能技术的推广和应用，可以将人所从事的一些简单的、具有一定逻辑规则的思维活动，交给"人工智能"去完成，从而又部分地把人从简单脑力劳动中解放出来。这样，人就有充分的精力把自己的知识、智力用于创造性的思维活动，把学生的创新能力推向一个新的高度。

二、创新思维的特点

1. 独创性或新颖性

创新思维贵在创新，它或者在思路的选择上，或者在思考的技巧上，或者在思维的结论上，具有独到之处，具有一定范围内的首创性、开拓性。因此，具有创新思维的人，对事物必须具有浓厚的创新兴趣，在实际活动中善于超出思维常规，对寻常事物进行重新认识，以求新的发现，这种发现就是一种独创、一种新的见解、新的发明和新的突破。

创新源于发展的需求，社会发展的需求是创新的第一动力。创新思维的求实性就体现在善于发现社会的需求，发现学生在理想与现实之间的差距，从满足社会的需求出发，拓展思维的空间。而社会的需求是多方面的，有显性的和隐性的。显性的需求已被世人关注，若再去研究，易步人后尘而难以创新。而隐性的需求则需要创新才能发现。

在商战中常常出现"跟风"现象，很多商家一旦发现什么商品利润大，便紧随其后组织货源进行销售。结果常常是使市场的这类商品供大于求，不但不能盈利而且还易造成亏损。具有创新思维的商家则将预测学的原理应用于经营之中，通过对大数据的挖掘，得出符合事物发展规律的结论，进而制定相应的策略。沃尔玛是世界上第一家试用条码即通用产品码（UPC）技术的折扣零售商。其总店于1980年试用，结果收银员效

物流创新能力培养与提升

率提高50%，故所有沃尔玛分店都改用条码系统。在案例教学里，西方很多大学都把沃尔玛视为新技术持续引进的典范。

2. 灵活性

创新思维善于寻优，选择最佳方案，机动灵活，富有成效地解决问题。创新思维并无现成的思维方法和程序可循，所以它的方式、方法、程序、途径等都没有固定的框架。进行创新思维活动的人在考虑问题时可以迅速地从一个思路转向另一个思路，从一种意境进入另一种意境，多方位地试探解决问题的办法，这样，创新思维活动就表现出不同的结果或不同的方法、技巧。例如，面对一个处于世界经济趋于一体化、竞争日趋激烈之中的小企业的前途问题，企业的职业经理不能无动于衷或沿用老思路，否则，只有死路一条。企业职业经理必须或是考虑引进外资，联合办厂；或是改组企业的人力、财力、物力的配置结构，并进行技术革新；或是加强产品宣传，并在包装上下功夫；或是上述三者并用。企业职业经理也可以考虑企业的转产，或者让某一大型企业兼并，成为大企业的一个分厂。这里的第一条思路是方法、技巧的创新，第二条思路是结果的创新，两种不同的创新都是创新思维在拯救该企业问题的应用。创新思维的灵活性还表现为，学生在一定的原则界限内的自由选择、发挥等。

3. 艺术性

创新思维活动是一种开放的、灵活多变的思维活动，它的发生伴随"想象""直觉""灵感"之类的非逻辑。非规范思维活动，如"思想""灵感""直觉"等往往因人而异、因时而异、因问题和对象而异，所以创新思维活动具有极大的特殊性、随机性和技巧性，他人不可以完全模仿、模拟。创新思维活动的上述特点同艺术活动有相似之处，艺术活动就是每个人充分发挥自己的才能，包括利用直觉、灵感、想象等非理性的活动。艺术活动的表面现象和过程可以模仿，但是，艺术的精髓和内在的东西只属于创新者个人，是无法仿照的。因此，创新思维被称为一种高超的艺术。

4. 连贯性

一个日常勤于思考的人，就易于进入创新思维的状态，就易激活潜意识，从而产生灵感。创新者在平时就要善于从小事做起，进行思维训练，不断提出新的构想，使思维具有连贯性，保持活跃的态势。只有勤于思考才能善于思考，才能及时捕捉住具有突破性思维的灵感。如果思维不连贯，没有良好的思维态势，那么是不会有所谓"灵感"产生的。

创新思维活动从现实的活动和客体出发，但它的指向不是现存的客体，而是一个潜在的、尚未被认识和实践的对象。学生只能猜测它的存在状况，或者是学生虽然有了一定的认识，但认识尚不完全，还可以从深度和广度上进一步认识。

需要注意的是，目前对创新的理解存在一些误区，如认为创新具有偶然性。实际上，每一次的创新看似偶然而绝非偶然，偶然是必然的结果。

5. 风险性

由于创新思维活动是一种探索未知的活动，因此会受多种因素的限制和影响，如事物发展及其本质暴露的程度、实践的条件与水平、认识的水平与能力等，这就决定了创新思维并不能每次都能取得成功，甚至有可能毫无成效或者得出错误的结论。

创新思维的失败会给多方面带来消极影响，因而无疑会影响到创新者的业绩。可

第四章　物流创新能力的获取方式

是，如果不求有功，但求无过，那集体、社会和学生就无发展可言。创新思维活动的风险性还表现在它对传统势力、偏见等的冲击上，传统势力、现有权威都会竭力维护自己的存在，对创新思维活动的成果抱有抵抗的心理，甚至仇视的心理。消除了风险，创新思维活动就变成了习惯性思维活动。

6. 批判性

思维的批判性首先体现在敢于用科学的怀疑精神对待自己和他人的原有知识，包括权威的论断，敢于独立地发现问题、分析问题、解决问题。

习惯思维是学生思维方式的一种惯性，致使学生不敢想、不敢改、不愿改，墨守成规，大大阻碍了新事物的产生和发展。因此思维的批判性还体现在敢于冲破习惯思维的束缚，敢于打破常规思维，敢于另辟蹊径、独立思考，运用丰富的知识和经验，充分展开想象的翅膀，这样才能迸射出创造性的火花，发现前所未有的东西。例如，在物流学史上具有非凡影响和重大意义的"物流冰山"的诞生，就体现了创新思维的批判性。

三、创新思维的形式

1. 发散思维

发散思维也叫多向思维、辐射思维或扩散思维，是指对某一问题或事物的思考，不拘泥于一点或一条线索，而是从仅有的信息中尽可能向多方向扩展，而不受已经确定的方式、方法、规则和范围等的约束，并且从这种扩散的思考中求得常规的和非常规的多种设想的思维。其重点在于从一个问题（信息）出发，突破原有的知识圈，充分发挥想象力，经不同途径、以不同角度去探索，重组眼前信息和记忆中的信息，产生新的信息，而最终使问题得到圆满解决。首先，遇事要大胆地敞开思路，不要仅考虑实际不实际，可行不可行，这正如一个著名的科学家所说："你考虑的可能性越多，也就越容易找到真正的诀窍。"其次，要努力提高多向思维的质量，单向发散只能算是低水平的发散。最后，坚持思维的独特性是提高多向思维质量的前提，重复自己头脑中传统的或定型的东西是不会发散出独特性的思维的。只有在思考时尽可能多地为自己提出一些"假如……""假设……""假定……"等，才能从新的角度想自己或他人从未想到过的东西。

发散思维是创新思维最基本的形式，是学生进行创新活动最重要、最起码的要求。没有发散思维就难于突破原有的思维定式，就会在固定观念的束缚下，拘泥一处、墨守成规而难于创新。

2. 收敛思维

收敛思维也叫作聚合思维、求同思维、辐集思维、集中思维，它是创新思维的一种形式。它与发散思维不同，发散思维是从要解决的问题出发，想的办法、途径越多越好，总是追求还有没有更多的办法。而收敛思维是在众多的现象、线索、信息中，向着问题的一个方向思考，根据已有的经验、知识或发散思维中针对问题的各种办法，得出最好的结论和最好的解决办法。

收敛思维有集中性、程序性、比较性等特点。

（1）集中性。收敛思维就是针对一个集中的目标，将发散了的思维集中指向这个目标，通过比较、筛选、组合、论证得到解决问题的答案。

（2）程序性。收敛思维有明确的目标，因此利用现有的信息和线索解决问题，就必须有一定的程序，先做什么，后做什么，都有一定的步骤。

（3）比较性。尽管收敛思维有一定的目标，但毕竟还有多种路径和方法，因此要在其中进行比较、选择，最后实现目标。

3. 侧向思维

"他山之石，可以攻玉。"当我们在一定的条件下解决不了问题或虽能解决但只是用习以为常的方案解决时，可以用侧向思维来产生创新性的突破。也就是说，当沿着正常的思路解决问题行不通时，从与问题相距较远的事物中受到启示，从而获得解决问题的思维方式。具体运用方式有以下三种：

（1）侧向移入。这是指跳出本专业、本行业的范围，摆脱习惯性思维，侧视其他方向，将注意力引向更广阔的领域或者将其他领域已成熟的、较好的技术方法、原理等直接移植过来加以利用；或者从其他领域事物的特征、属性、机理中得到启发，导致对原来思考问题的创新设想。

（2）侧向转换。这是指不按最初设想或常规直接解决问题，而是将问题转换成为它的侧面的其他问题，或将解决问题的手段转为侧面的其他手段等。这种思维方式在创新发明中常常被使用。

（3）侧向移出。与侧向移入相反，侧向移出是指将现有的设想、已取得的发明、已有的感兴趣的技术和本厂产品，从现有的使用领域、使用对象中摆脱出来，将其外推到其他意想不到的领域或对象上。这也是一种立足于跳出本领域、克服线性思维的思考方式。例如，将工程中的定位理论用在营销中。

总之，不论是利用侧向移入、侧向转换还是侧向移出，关键的窍门是要善于观察，特别是留心那些表面上似乎与思考问题无关的事物与现象。这就需要在注意研究对象的同时，间接注意其他一些偶然看到的或事先预料不到的现象。也许这种偶然并非偶然，可能是侧向移入、移出或转换的重要对象或线索。

4. 逆向思维

哲学研究表明，任何事物都包括对立的两个方面，这两个方面又相互依存于一个统一体中。学生在认识事物的过程中，实际上是同时与其正反两个方面打交道，只不过由于日常生活中学生往往养成一种习惯性思维方式，即只看其中的一方面，而忽视另一方面。如果逆转一下正常的思路，从反面想问题，便能得出一些创新性的设想。例如，针对管理中的"鲶鱼效应"，就需改变传统的"对固定路径的依赖"。逆向思维就是将事物的条件关系、作用的效果、使用的方式、过程的发展以及其他与之相关的因素，进行多视角观察与思考，把它们矛盾的另一方面展现出来，有效地予以利用。

逆向思维具有以下特点：

（1）普遍性。逆向思维在各种领域、各种活动中都有适用性。由于对立统一规律是普遍适用的，而对立统一的形式又是多种多样的，有一种对立统一的形式，相应地就有一种逆向思维的角度，所以，逆向思维也有无限种形式。例如，性质上对立两极的转换，如软与硬、高与低等；结构、位置上的互换、颠倒，如上与下、左与右等；过程上的逆转，如气态变液态或如液态变气态、电转为磁或磁转为电等。不论哪种方式，只要从一个方面想到与之对立的另一方面，都是逆向思维。逆向是与正向比较而言的，正向

第四章 物流创新能力的获取方式

是指常规的、常识的、公认的或习惯的想法与做法。逆向思维则恰恰相反，是对传统、惯例、常识的反叛，是对常规的挑战。它能够克服思维定式，破除由经验和习惯造成的僵化的认识模式。

（2）新颖性。循规蹈矩的思维和按传统方式解决问题虽然简单，但容易使思路僵化、刻板，摆脱不掉习惯的束缚，得到的往往是一些司空见惯的答案。其实，任何事物都具有多方面属性。由于受过去经验的影响，学生容易看到熟悉的一面，而对另一面却视而不见。逆向思维能克服这一障碍，往往是出人意料，给人以耳目一新的感觉。

逆向思维可以从观念相反、程序相反、结构相反、功能相反、作用相反等多方面进行，视事物的具体情况而定。通常，学生习惯用"因为……所以……"的思维方式解决问题。但是，要想使自己的思维时时、处处创新，那就要换用"应该……但是……"的思维方法，也就是，按常规"应该"是什么样的，"但是"……引出新奇的、独特的、反常规的思考，这种思考往往是创新的。

5. 联想思维

联想思维是指由某一事物联想到另一种事物而产生认识的心理过程，即由所感知或所思的事物、概念或现象的刺激而想到其他与之有关的事物、概念或现象的思维过程。联想是每一个正常人都具有的思维本能。有些事物、概念或现象往往在时空中伴随出现，或在某些方面表现出某种对应关系，由于这些联想反复出现，就会被大脑以一种特定的记忆模式接受，并以特定的记忆表象结构储存在大脑中，以后再遇到其中的一个时，人的大脑会自动地搜寻过去已确定的联系，从而马上联想到不在现场的或眼前没有发生的另外一些事物、概念或现象。联想的主要素材和触媒是表象或形象。表象是对事物感知后留下的印象，即感知后的事物不在眼前而在头脑中再现出来的形象。表象有个别表象、概括表象与想象表象之分，联想主要涉及前两种，想象才涉及最后一种。按亚里士多德的三个联想定律——"接近律""相似律"与"矛盾律"，可以把联想分为相近、相似和相反的三种类型，其他类型的联想都是这三类的组合或具体展开。

（1）相近联想。这是指由一个事物或现象的刺激想到与它在时间相近或空间相近的事物或现象的联想。

（2）相似联想。这是指由一个事物或现象的刺激想到与它在外形、颜色、声音、结构、功能和原理等方面有相似之处的其他事物与现象的联想。世界上纷繁复杂的事物之间是存在联系的，这些联系不仅仅是与时间和空间有关的联系，还有很大一部分是属性的联系。例如，学习中的"高原现象"与企业成长阶段的"瓶颈"，"狐假虎威"与"品牌联盟"，战场上的战术与商场竞争中的策略等。相似联想的创新性价值很大。随着社会实践的深入，学生对事物之间的相似性认识越来越多，极大地扩展了科学技术的探索领域，解决了大量过去无法解决的复杂问题。利用相似联想，首先要在头脑中储存大量事物的"相似块"，然后在相似事物之间进行启发、模仿和借鉴。由于相似关系可以把两个表面上看相差很远的事物联系在一起，普通人一般不容易想到，因此相似联想易于导致创新性较高的设想。

（3）相反联想。这是指由一个事物、现象的刺激而想到与它在时间、空间或各种属性相反的事物与现象的联想。例如，由黑暗想到光明、由放大想到缩小等。相反联想与相近、相似联想不同，相近联想只想到时空相近的一面而不易想到时空相反的一面，

物流创新能力培养与提升

相似联想往往只想到事物相同的一面,而不易想到相对立的一面,相反联想弥补了前两者的缺陷,使人的联想更加丰富。同时,又由于学生往往习惯于看到正面而忽视反面,因而相反的联想又使人的联想更加多彩,更加富于创新性。

6. 形象思维

形象思维就是依据生活中的各种现象加以选择、分析、综合,然后加以艺术塑造的思维方式。它也可以被归纳为与传统形式逻辑有别的非逻辑思维。严格地说,联想只完成了从一类表象过渡到另一类表象,它本身并不包含对表象进行加工制作的处理过程,而只有当联想导致创新性的形象活动时,才会产生创新性的成果。实际上,联想与形象的界限是不好划分的,有人认为可以把形象看成一种更积极、更活跃、更主动的联想。不同类型的形象,其具体物质特征可能不尽相同,但它们作为同一种思维方式,又有下面一些共同特点:

(1) 形象性。这是形象明显的特点。学生通过社会生活与实践将丰富多彩的事物形象储存于记忆中形成表象,成为想象的素材。想象的过程是以表象或意想的分析和选择为基础的综合过程。想象所运用的表象以及产生的形象都是具体的、直观的。即使在研究抽象的科学理论时,学生也可以利用想象把思想具体化为某种视觉的、动觉的或符号的图像,把问题和设想在头脑中构成形象,用活动的形象来思考。例如,爱因斯坦在研究相对论时,就利用"火车""电梯"等一些形象。抽象的理论或概念在思考过程中往往带有僵硬性,它的内容变化比较缓慢,常适应不了新的问题变化的要求。同时,在思维中概念的运演也要受逻辑框框的束缚,而直观的形象在思考过程中较概念更灵活,较少有保守性。

(2) 创新性。形象具有很大的创新性,因为它可以加工表象,多样性的加工本身就是创新。例如,学生可以按主观需求或幻想分解或打乱表象,抽象、强化表象等。由于形象带有浓烈的主观随意性和感情色彩,因此它就表现出丰富多彩的创新性。

(3) 概括性与幻想性。运用形象的思维活动并不是一种感性认识形式,而是具有形象概括性的理性认识形式,是由感性具体经过一系列的提炼和形象运演来进行的。与概括性互补的是形象中包含的猜想与幻想成分。它们是一种高于感知和表象的崭新意识活动。它更能在不确定的情况中发挥学生创新性探索的积极性,有助于突破直接的现实感性材料的局限。

四、创新思维的培养

1. 突破思维障碍

思维定式也称思维惯性,是一种按常规处理问题的思维方式。它可以省去许多摸索、试探的步骤,缩短思考时间,提高效率。在日常生活中,思维定式可以帮助我们解决每天碰到的90%以上的问题。但是思维定式不利于创新思考,不利于创造,因此被称为创新思维障碍。

突破思维障碍是指在思考有待创新的问题时,要有意识地抛开头脑中思考类似问题所形成的思维程序和模式,敢于开发新思路。我们在进行创造活动时,要有意识地抛开以往思考这些问题时的习惯(思维程序和模式),警惕和排除它对寻求新的设想所可能产生的束缚作用。思维定式主要有经验定式、权威定式、从众定式、书本定式等。

第四章 物流创新能力的获取方式

2. 扩展思维视角

人的思维活动不仅有方向，有次序，还有起点。在起点上，就有切入的角度。实际上，对于创新活动来说，这个起点和切入的角度非常重要。我们把思维开始时的切入角度叫作思维视角。

扩展思维视角对于创新思维培养非常重要。首先，事物本身都有不同的侧面，从不同的角度去考察，就能更加全面地接近事物的本质。其次，世界上的各种事物都不是孤立存在的，它们与周围其他事物有着千丝万缕的联系，观察研究某一未显露本质的事物，可以从与它有联系的另一事物中找到切入点。再次，事物是发展变化的，发展变化的趋势有多种可能性。最后，对于某个领域的一些事物，特别是社会生活或专业技术领域里的常见事物，许多人都观察思考过了，需要改变万事顺着想的思路，从不同角度观察同一个问题。

3. 展开幻想的翅膀

想象力是学生运用储存在大脑中的信息进行综合分析、推断和设想的思维能力。在思维过程中，如果没有想象的参与，思考就会发生困难。特别是创造性想象，它是由思维调节的。幻想是构成创造性想象的准备阶段，今天还在你幻想中的东西，明天就可能出现在你创造性的构思中。

爱因斯坦说过："想象力比知识更重要，因为知识是有限的，而想象力概括着世界的一切，推动着进步，并且是知识进化的源泉。"爱因斯坦的"狭义相对论"就是从他幼时幻想人跟着光线跑，并能努力赶上它开始的。幻想不仅能引导我们发现新的事物，而且还能激发我们做出新的努力和探索，去进行创造性劳动。

4. 形成科学思维

（1）头脑风暴。头脑风暴法是1938年由美国人奥斯本（A. F. Osborn）发明的世界上第一种创新思维培养方法，也叫智力激励法，是一种群体创新思维培养法。它和我们中国常说的"开诸葛亮会"有些相似。在较短的时间内，通过集思广益，激发大家的创新思维的连锁反应，从而产生众多的创新设想。这一方法广泛流传于世界各国，经过各国创造学家的开发与创新，得到了进一步丰富与完善。本书介绍其中三种。

1）奥斯本智力激励法。这种方法容易操作，主要步骤是召开智力激励会议，到会人数10人左右，时间约20~60min，会议目标明确。到会人围绕目标议题任意发表看法。

为了充分发挥大家的创造性设想，奥斯本智力激励法遵循以下四条原则：

① 自由畅想原则，突出求异创新，这是智力激励法的宗旨。
② 禁止评判原则，使与会者思想放松，气氛活跃，这是智力激励法的关键。
③ 以量求质的原则，这是获得高质量创造性设想的条件。
④ 综合改善原则，强调相互启发、相互补充和相互完善，这是智力激励法能否成功的标准。

这四条原则通过以下七条具体会议规则来实现，以达到与会人员之间的智力互激和思维共振：

第一，绝不评判别人的设想。评判包括自我评判与相互评判。过早地进行自我评判，会使自己的思维受头脑中原有的知识、经验、逻辑、情感等的影响，提不出或不敢

物流创新能力培养与提升

提出新的设想。过早地相互评判，除了助长自我评判外，还会打击或抑制别人的积极性。日本创造学家丰泽丰雄说："过早地判断是创造力的克星。"

第二，提倡针对目标任意自由思考，提出的设想越多越好。与会者可以敞开思想，不受任何传统观念、常规逻辑思维的束缚，无拘无束、畅所欲言，充分发挥想象力，从各个领域广泛地寻找创新、创造、发明方案。

第三，参加会议的人不分上下等级，平等对待。

第四，不允许私下交谈，以免干扰别人的思维活动。会议始终保持一个中心，使与会者精力集中，也避免对别人形成无形的评判。

第五，不允许用集体或权威提出的意见来阻碍个人的创新思维。

第六，任何人不能做判断性结论。

第七，各种设想不分好坏，一律记录下来。

当与会者提出的设想基本满足会议目的时可散会，达不到要求时，可另换一批人开始新一轮讨论。主持人将记录汇总、分类、加工，用决策树等科学方法进行决策处理。这种方法不仅用于创新、创造、发明，还可用于改进工作、改善管理。

2) 默写式智力激励法（635法）。联邦德国的创造学家荷力根据德意志民族习惯于沉思的性格，对奥斯本的智力激励法进行改良而创造了这一方法。

召开有6人参加的会议，由主持人宣布会议目标，然后发给每个与会者几张卡片，每张卡片上标出1、2、3，每个人在5min内提出3个设想，所以这种方法也叫作635法。在卡片上填写设想时要留有一定的间隙，然后将卡片传给右邻的到会者，这样半小时内可以传递6次，一共可以产生108条设想。这个方法可以避免出现由于数人争着发言，或有人不善于口头表达而使设想遗漏的情况。

3) 卡片式智力激励法（分为CBS法、NBS法）。

① CBS法。这个方法由日本创造学家高桥浩根据奥斯本智力激励法改良而成。首先确定会议主题，有3~8人参加，时间1h。发给每个与会者50张卡片，桌子中央还放有200张卡片备用。与会者在每张卡片上填写1个设想，最初10min由每个人自己填写，接着用30min由每人宣读自己的一张卡片，宣读后把卡片放在桌子中间，让大家看清楚，其他人可以将受到启发的设想填入备用卡片。剩下的20min内，大家相互交流，探讨诱发新设想。

② NBS法。这是由日本广播协会（NHK）开发的智力激励法。首先确定会议主题，有5人参加，每人必须提出8个以上的设想，填在一张卡片上。会议开始后每人出示卡片并加以说明。如果别人宣读时自己产生"共振"，有了新设想，可以填在备用卡片上，待与会者发言完毕，再进行讨论，挑选可供实施的设想。

以上各种智力激励法可以造成自由探讨、相互启发、激励的气氛。其共同特征都是对时间做了限制，在紧张的气氛下，使参加者的大脑处于高度兴奋的状态，有利于新设想的产生。当然各种智力激励法的程序不是一成不变的，可以根据问题性质和实际条件灵活应用。

(2) TRIZ理论。TRIZ是"发明问题解决理论"的俄文缩略词的英语标音的首字母，其核心思想是：

1) 在不同的技术领域，相同的技术发展模式反复出现。

第四章 物流创新能力的获取方式

2）在不同的技术领域，相同的问题和解决方案被反复使用。

3）科学效应在其所属领域之外被用来进行创新。

苏联阿奇舒勒及其团队通过对 250 万份发明专利的研究、分析、总结，提炼出了 TRIZ 中最重要、具有普遍用途的 40 个发明原理（见表 4-1），指出科技创新的一般规律：

第一，无论是一个简单产品还是复杂的技术系统，其核心技术的发展都是遵循客观的规律发展演变的，即具有客观的进化规律和模式。

第二，各种技术难题、冲突和矛盾的不断解决是推动这种进化过程的动力。

第三，技术系统发展的理想状态是用尽量少的资源实现尽量多的功能。

表 4-1　40 个发明原理

1. 分割	15. 动态化	29. 利用气压或液压结构
2. 抽取/分离	16. 近似化	30. 利用弹性膜或薄膜
3. 改善局部质量	17. 一维变多维	31. 使用多孔材料
4. 增加不对称性	18. 机械振动	32. 改变颜色
5. 组合、合并	19. 利用周期性动作	33. 采用同质性材料
6. 多功能	20. 利用有效动作的持续性	34. 抛弃及再生零件
7. 嵌套	21. 减少有害动作的时间	35. 改变物体的物理或化学状态
8. 重量补偿	22. 变害为利	36. 利用相变
9. 预先反作用	23. 引入反馈	37. 利用热膨胀
10. 预先作用	24. 借助中介物	38. 加速氧化
11. 事先防范	25. 让物体自补充、自恢复	39. 利用惰性环境
12. 利用等势性	26. 利用复制品	40. 利用复合材料
13. 利用倒转/反向作用	27. 利用廉价替代品	
14. 曲面化	28. 用其他系统替代机械系统	

TRIZ 法解决问题的流程大致分为四步：

第一，对待解决的实际问题做详尽的分析并提取存在的矛盾。

第二，将该矛盾转化为 TRIZ 法中的某种通用问题模型。

第三，利用 TRIZ 法工具得到 TRIZ 法提供的通用形式的解。

第四，把 TRIZ 解具体化为针对该实际问题的具体解。

TRIZ 理论创新流程如图 4-1 所示。

5. 案例：挖掘物流冰山

"供过于求"是社会进入大规模化生产之后逐渐产生的一种自然经济现象。在这种局面下的企业无一不面临着激烈的行业内外的竞争。传统上，提高企业核心竞争力的方式有开发新产品、降低商品价格等。

分析商品价格的形成，可以将商品价格初步分成两部分：产品生产成本和销售利润。可见降低商品价格有两条途径：降低产品生产成本和减少销售利润。减少销售利润是企业不愿承受的，因此它们更多选择降低产品生产成本。

物流创新能力培养与提升

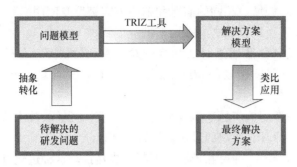

图 4-1 TRIZ 理论创新流程

如果考虑降低产品生产成本这一途径，可以分析产品生产成本的构成，发现原材料价格、商业采购成本、实物流通成本以及产品生产加工成本是产品生产成本的主要构成。

再分析流通渠道，不同的流通渠道将形成不同的流通成本。如果能够设计一条不含中间商的流通渠道，从而将因流通环节的减少而降低相应的成本支出，便可以实现商品价格的降低。

以国美为例，国美取消中间代理商，缩减中间流通环节，直接向厂家进货，挖掘到一座又一座的"物流冰山"，商品销售价格降低，但是销售利润丝毫不减，逐渐形成了"供过于求"初始时代的国美王朝。

第二节 校外人才培养基地

一、概述

创新人才开发和培养的关键在于有效提高人才的创新意识和创新能力，而人才创新意识和创新能力的获得除了通过理论知识的学习之外，非常重要的一个途径就是实践训练，在现行教育资源特别是实践教育资源严重不足的学校，可以以市场需求为导向，通过学校与企业的多方位合作，实行资源信息共享，借助多种教育资源和环境培养学生创新能力的校企合作，无疑是解决这一难题的最好方式。

1. 校外人才培养基地的概念

人才培养基地是指作为人才培养的地点或设施，是高校实践教学体系的重要组成部分，根据创新人才培养目标，旨在培养学生创新精神和创新能力。它具有较为先进和完备的教学条件，拥有较高水平的教师队伍，形成较为科学的先进的人才培养方案和教学管理办法，能够培养并提高具有物流管理理论专业学生的物流创新意识和创新能力。

就目前来看，物流管理专业创新能力的校外人才培养基地就是指建立在校外实习基地基础之上的创新能力培养基地，创新能力培养基地是基于实习基地又高于实习基地的定义。校外实习基地是高校以培养学生理论联系实际、提高实际动手操作能力和物流创新能力为出发点，通过与和高校开设专业相近且具有一定规模的稳定型企业进行合作，为在校生提供的一种实习实践场所。校外人才培养基地是校内创新教学过程中理论联系实践的重要补充，是高校培养创新型人才的场所，是创新精神的有力措施，是高校在校

第四章 物流创新能力的获取方式

生了解社会和企业、接触生产实践并从中提升创新能力的重要途径,更是高校提高教学质量、办学水平,强化创新型教学环节的有效平台。创新能力并非与生俱来,它形成于持续的创新实践活动中,对实际中物流问题有效、正确的感知是创新能力培养的基础。除此之外,创新能力培养基地还需要具备创新能力培养的专业水平,包括拥有专业水平的创新导师团队、专业的创新能力培养与提升的硬件设施等。

2. 校外人才培养基地的分类

与企业合作共同建设校外的实习基地,是培养创新型物流人才的一个重要举措。通过组织学生到校外基地接受实训或实践,不仅可以使学生把书本知识与企业物流业务的实际相联系,而且促进学生对社会、对物流企业或企业物流的了解,同时也拉近了学校与企业之间的距离,提高了学生的创新意识和创新精神。物流管理人员的工作大多比较艰苦,学生到基地参加实践,还能磨炼意志和锻炼吃苦耐劳的精神。

物流可以按照不同标准分类,目前国内的物流创新能力校外人才培养基地,也可以按此进行分类。

(1) 按企业类型分类。物流创新能力校外人才培养基地可以按企业类型分为:①连锁企业配送中心,如商贸批发、零售企业。例如,北京嘉和嘉事医药物流有限公司,主要培养学生在仓储、配送中心运作及管理、分拣及装卸搬运设备等方面的实践创新能力。②物流中心,如北京西南物流中心,主要培养学生在各种物流服务模式的业务管理,尤其是第三方物流业务的运作与管理方面的实践创新能力。③车站、堆场、货代,如中铁吉盛物流有限公司,学生通过实地了解各种载运设施设备、装卸搬运设备来提高实践创新能力。④国际货代、船代、港口,如苏州工业园区物流商贸人才实训基地,学生可以熟悉国际物流业务的运作及管理、多式联运模式的运作与管理。⑤流通企业,如诚通集团中国物资储运总公司,主要培养学生在商贸物流服务领域的实践创新能力。⑥物流企业,如北京出版发行物流中心,学生可以提高对物流设施设备的认知等。

(2) 根据行业进行分类。物流创新能力校外人才培养基地可以根据该企业所处行业进行分类,分为电子物流校外人才培养基地、医药物流校外人才培养基地、快递物流校外人才培养基地、汽车物流校外人才培养基地、农产品物流校外人才培养基地等。不同行业中的物流活动不同,物流创新能力的具体内容也不同。

(3) 根据市场作用分类。物流创新能力校外人才培养基地也可以根据物流活动在市场中的作用分类,有供应物流人才培养基地、销售物流人才培养基地、生产物流人才培养基地、回收和废弃物流人才培养基地等。

(4) 按照物流所涉及的领域分类。还可以按照物流活动所涉及的领域进行分类,物流创新能力校外人才培养基地分为军事领域物流人才培养基地、生产领域物流人才培养基地、流通领域物流人才培养基地、生活领域物流人才培养基地。不同领域的物流人才培养基地培养的物流人才所具备的创新能力有较大差异。

(5) 按照物流活动的空间范围分类。物流创新能力校外人才培养基地可以分为地区物流人才培养基地、国内物流人才培养基地和国际物流人才培养基地等。地区物流人才培养基地主要为一些在地区中具有重要地位的中小型企业,国内物流人才培养基地主要是一些业务范围广泛的大型企业或者连锁企业,国际物流人才培养基地主要为国际货代企业或港口。

物流创新能力培养与提升

校外人才培养基地可以有多种分类方法，主要由所在企业的性质、业务、范围等决定，本书在此不一一举例。

二、校外人才培养基地的特点、作用与意义

1. 校外人才培养基地的特点

建设校外人才培养基地是高等教育教学改革、培养高素质优秀人才的一项重大举措，是高等学校改革和可持续发展的一个重要组成部分。为进一步加强学生创新能力的培养，高校实践教学工作需要建立稳定优质的校外人才培养基地，主动与管理水平高、综合实力强、技术手段新、科技含量高的企业合作。国家标准《物流企业分类与评估指标》（GB/T 19680—2013）对物流企业的评价指标主要有六项，包括经营状况、资产、设备设施、管理及服务、人员管理、信息化水平。

作为校外物流人才创新能力培养与提升的场所的提供方，企业应具备如下几个特点：

（1）专业的物流水平是基础。作为物流创新人才培养基地，首先应该具备的特点就是专业的物流水平，这是物流创新人才培养基地的基础。作为专门的物流人才创新能力培养与提升基地，无论是物流企业，还是企业的物流部门，都应该具有较高的物流水平。物流水平的衡量，第一是物流的设备设施建设情况，第二是物流的管理水平，第三是物流机械化与信息化程度。

（2）专业的培训技术与模式是关键。作为人才培养基地，仅仅拥有好的资质是不够的，还必须具备将这些优质资源转化成物流人才培养和提高创新能力的教学方法，因此企业还需要具备专业的培训技术和培训模式，这是物流创新人才培养基地的关键。专业化的培训需要企业有专门的培训基地和模拟训练场。在相关的培训部门，具有明确的实践教学的目的和任务，有稳定的企业导师和辅助人员队伍，有实习的项目、场地、设施能够满足人才培养的需要。

（3）优质的企业背景是条件。优秀的人才能够建设出一个优秀的企业，同样，杰出的企业也拥有培养杰出人才的能力，文化与环境是无形的资源，是物流创新人才培养基地的必要条件。优质的企业背景主要包括完善的企业文化、健全的管理机制、完整的组织结构、良好的市场口碑、强大的社会影响力。企业的发展与企业的历史与文化是一脉相承的，良好的企业背景是企业发展的有力保障。

（4）先进的创新理念是核心。创新理念是物流创新人才培养基地的核心内容。创新能力与实践能力的关系就是在实践的基础之上进行创新，这也正是物流人才创新能力培养与提升的关键点。因此作为创新能力培养基地，企业自身必须具备先进的创新理念，主要包含两部分内容：①企业自身是行业的领航者，这是企业文化的体现，是企业创新能力的最可见的表达途径；②企业导师要熟知创新能力的教育体系，对创新能力的内涵、途径等有一个全面系统的认识。

2. 校外人才培养基地的作用

校外人才培养基地对于培养和提升物流人才创新能力起着十分关键的作用。建设在企业的人才培养基地是一个比较开放的环境，是面对不断变换的对象进行的，因此对培养与提高物流人才的创新能力有以下作用：

第四章　物流创新能力的获取方式

（1）充分调动学生的积极性。在基地企业中学生更多的是在进行实践活动，这种活动是相对无限制的，教师的指导作用相对弱化，学生不再是被动的接受者，而是活动的主体。在这种情形下，学生的积极性能够充分地被调动起来。

（2）强化问题的有效感知能力。创新能力不是与生俱来的，而是形成于实践活动中，是在发现问题的基础之上进行的，因此培养与提升创新能力的首要问题就是打下良好的基础，就是强化对实际问题的有效的、正确的、全面的认识与感知。在企业这一具体的社会环境中，学生能够加强对现实的感觉和认识，对于书本上抽象的概念能有一个具象的感知，在实践中也能进一步巩固理论知识。

（3）激发理论创新。在基地企业中的实践操作，一方面能增加对理论知识认知的深度与广度，另一方面在实践中遇到的问题也能激发学生的创新能力。物流的理论发展目前仍处于起步阶段，理论的雏形基本形成，但理论的精细与完善之路还很漫长。实践是检验理论的唯一标准，在企业的实践活动中，物流人才能够对理论进行有效的检验，从而能很大限度地激发理论的创新。

（4）全面发掘潜能。在基地企业中，通过具体的实践活动，学生身上具备的各种基本素质和潜能会得到发挥，合作意识和组织能力会得以加强，因而更容易产生创造性火花，表现出创造举动。

3. 校外人才培养基地的意义

在物流人才的创新能力培养中，校外人才培养基地的意义主要体现在以下三个方面：

（1）校外人才培养基地是培养和提升物流人才创新能力的环境基础。创新能力具有静态结构和动态结构。静态结构的组成成分有有关领域的技能、有关创造性的技能、动机等。创新能力的动态结构主要是指发现问题、明确问题、阐述问题、组织问题、解决问题的能力。校外人才培养基地就是创新能力动态结构的土壤。

（2）校外人才培养基地是培养和提升物流人才创新能力的政策导向。创新是一个民族进步的灵魂，是一个国家兴旺发达的不竭动力。在深化教育改革、全面推进素质教育的过程中，突出学生创新素质的培养，积极探索培养高素质创新型人才的途径和方法，具有重要的现实意义。大学生创新创业能力的培养和毕业生的就业已成为全社会广泛关注的问题。近年来，高校和社会联合育人工作得到了党和国家的高度重视，一系列政策措施先后出台。2010年，《国家中长期教育改革和发展规划纲要（2010—2020年）》中指出：高等教育要强化实践教学环节，创立高校与科研院所、行业、企业联合培养人才的新机制。2012年，教育部《关于全面提高高等教育质量的若干意见》中指出：建立高校与相关部门、科研院所、行业企业的共建平台，促进合作办学、合作育人、合作发展。2012年，教育部等七部门联合下发的《关于进一步加强高校实践育人工作的若干意见》中提出：积极调动整合社会各方面资源，形成实践育人合力，着力构建长效机制，努力推动高校实践育人工作取得新成效、开创新局面；建设教学与科研紧密结合、学校与社会密切合作的实践教学基地；积极促进形成实践育人合作机制。

（3）校外人才培养基地是培养和提升物流人才创新能力的现实需求。现代物流产业是在我国经济迅速发展和运输体制日趋成熟的基础上发展起来的新兴产业，也是我国现代经济发展的动脉。随着市场经济的发展，现代物流产业已经成为引导消费、促进消

物流创新能力培养与提升

费的先导产业。大力推进我国现代物流业的发展，对于促进我国经济发展与产业升级、提高我国经济运行质量及地区产业竞争力有着至关重要的作用。而物流人才，尤其是创新型物流人才的培养对我国物流业的发展起着重要的作用。

三、校外人才培养基地的建设与利用

1. 校外人才培养基地的建设

高校充分发挥自己的科研、人才优势，采取多种形式与生产单位联合，按照"互惠互利""双向受益"的原则建立和发展校外人才培养基地。学生在基地参与生产和科研活动，生产单位通过接收学生实习，吸引科技成果和人才，使自己的生产得到发展。学生通过在培养基地的实习，锻炼了综合运用知识、独立分析问题和解决问题的能力，在实践中切实提高物流创新能力，为未来在物流行业中的发展打下坚实的基础。通过校企合作，高校可以获得创新人才培养机会，企业利益和效率可以实现最大化，因此校企合作利于实现双赢。

（1）对培养基地进行科学定位，建立专业对口人才培养基地。实习基地的建设必须着眼于培养学生的创新能力和创新精神。高校在制定专业型实习基地前，首先应分析自身专业培养的目标和发展特点，初步拟定合作企业的发展类型，而后进行市场调研，分析市场动态指标和参数，考察符合学校计划要求的企业的规模、文化和用人制度，最后再结合自身专业特点和自身优势，与企业分门别类就不同专业建立合作关系。

（2）在校外基地建设中谋求校企双赢发展战略。校企双方应该通过各种渠道合作建设实习基地，共享双方优势资源，充分发挥双方在创新人才培养方面的各自优势。为了提高实践教学质量和学生实习效果，高校可以向企业聘请高层领导和工程技术人员担任创新实践教学的指导教师。同时也要积极为实习企业提供各种技术服务和智力支持，为企业可持续发展提供良好的基础。通过长期合作建立起相互信任、相互支持的关系，以达到双赢的目的。

（3）与企业建立合作关系，强化师资队伍建设。校方可以选派优秀教师去企业进行技术培训、技术调研、交流互动，并与企业就相关技术难题进行合作攻关。通过与企业合作，不仅可以促进创新教育教学改革，而且能够强化师资队伍建设，提高教师创新教学能力和整体专业素质。企业通过与校方合作，可以得到校方专业人才的技术支持，解决生产实践中的技术难题，缩短产品研发周期，提高企业生产效率，实现利益最大化。

（4）校内外结合，提高创新教学质量，强化创新教学环节。在对学生进行培养的过程中，高校主要采取"学校—企业—学校"的教育组织模式。为提高创新型教学质量，强化创新教学环节，高校要时刻与企业保持联系，掌握相关企业、行业动态以及技术发展趋势，不断改进教学计划、教学制度、教学方法，提高人才培养的效率和质量。校企双方还可以根据自身对创新型物流人才培养的需要，共同制定创新型教学内容、教学方式，整合优势教师资源指导参与创新实践活动，共同监督人才培养方案的实施，建立新型校企合作实习基地教学模式。

（5）建立信息反馈制度。通过建立信息反馈制度，以征求意见、问卷和调研等形

第四章 物流创新能力的获取方式

式，收集实习企业、基地指导教师对创新型教学的评价及意见，并认真分析，对后续实践教学提出改进建议。还要与基地单位保持经常性联系，主动与基地单位交流经验、听取意见、改进工作，使之成为稳定的创新型教育资源。

2. 校外人才培养基地的利用

（1）加强创新培养指导教师队伍的建设，发挥师资优势。高校要把指导教师队伍建设放在创新型教学工作的首要位置，为创新培养指导教师队伍建设建立长效机制，加快建设一支实践经验丰富和专业素质过硬的"双师型"教师队伍，充分发挥校企师资优势。高校也要根据市场的发展需求，结合自身各专业的定位、特点和优势，充分挖掘校内和社会各种优势资源，与校外企业建立合作关系，共同维护物流人才培养基地。

（2）加强创新人才培养基地的综合利用，实现基地资源高效配置。为了加强创新培养基地的综合利用，校企双方在保证不影响基地使用的基础上，可以深度挖掘基地资源，在同一基地建立多领域或跨部门的创新能力培养基地，实现基地资源高效配置。整合后的培养基地资源在保证学生整体实习质量的前提下，不仅可以被校企双方充分利用，而且还可以为校企双方在基地建设和维护过程中节省大量资金。

（3）加强学生培养过程监控与管理，提高创新能力培养效果。在校外人才培养基地的教学运行管理过程中，主要由学校相关专业派出教师，根据校外创新教学计划，明确具体任务与目的，确定基地指导教师和工程技术人员；通过与基地沟通、协调，落实具体的教学要求、条件与实施方法；基地方面主要由人力资源管理部门负责对学生制订创新培养计划并组织实施。

1）周密安排全过程。学校安排学生到基地实习的整个运作过程包括学生培训、安排工作岗位、制订培养规划、指导监督、成绩评定等环节。

学生开始实习前，首先由学校对学生进行培训，让学生了解校外培养基地企业概况、企业具体要求，以及需要掌握的相关知识和技能，同时进行安全教育。

学生在基地实习期间接受学校和企业的双重指导，学生实习结束递交实习报告，其内容以与学生实习密切相关的工作为主，说明自己所学知识在实际中的应用，以及解决技术问题时如何理论与实践相结合。

学校指导教师对实习的过程进行全面的监控与督导，及时排除影响过程进行的各种不利因素，根据实习日志、基地意见等对实习结果做出评价，并根据学生创新能力培训情况，及时调整培训内容。

2）加强学生教育与管理。在校外人才培养基地实习的学生，首先应明确实习生的双重角色，既是学校派出的学生，又是实习单位的工作人员。学校对学生进行实习前的教育，要求学生遵守企业的各项规章制度，严守岗位职责。同时，要求学生了解企业、单位运行的基本规律和原则等，熟悉企业的内部管理，增强适应能力，在实习期间便养成遵纪守法的习惯，为今后走上工作岗位进行职业道德和企业素质的培养。

3）评价与考核。从学生进入培训岗位开始，基地负责安排每位学生的岗前培训、岗中培训、岗位轮换等，并进行全面记录。为了尽量客观地反映学生创新能力培养的真实情况，学校针对创新能力提升中较为关键的行为指标制定考核表，学生考核合格将获得学分。对学生在基地工作的评价以基地为主，学校制定创新能力鉴定表，基地指导教

物流创新能力培养与提升

师在创新能力鉴定表上简述学生的实习工作情况,包括工作的兴趣、工作主动性、工作质量、数量、学习能力、出勤、创新能力评价等级等,合格后盖上公章,学生以此作为自己创新能力培训的凭证。培训结束后,学校指导教师对校外实习情况进行总结,写出总结报告,找出问题,提出创新性改进意见。

4)实习之后举办创新交流会。学生可针对实习过程中遇到的各种各样的问题进行交流,通过头脑风暴法在思想碰撞中提高学生的创新能力。

综上,可充分发挥高校具有的人才培养、科技咨询与开发、文化建设等优势,利用校外基地具有专业技能人才、实践场所及设备先进等优势,开展学生专业实践、课程实习、见习、毕业设计、项目合作、人才交流等,实现多元共享。

四、案例分析

北京嘉和嘉事医药物流人才培养基地

北京嘉和嘉事医药物流有限公司人才培养基地(简称嘉和基地)是北京交通大学物流管理专业建立的第一个校外人才培养基地。

1. 优质的企业背景

北京嘉和嘉事医药物流有限公司是嘉事堂药业股份有限公司的全资子公司,成立于2004年。我国的医药物流起步不晚,但是其开放程度较低,社会化程度较低,发展较慢,公司是北京市具有第三方药品配送资质的医药物流企业之一。公司注册资金23000万元人民币,拥有雄厚的资金实力,这是物流企业发展的有效保证。公司位于国家级开发区——北京光机电一体化产业基地,交通便利。目前,拥有德国拜耳医药、天津天士力医药、贵州同济堂医药、珠海联邦制药等第三方业务合作厂家。

2. 专业的物流水平

北京嘉和嘉事医药物流有限公司2010年被认定为3A物流企业,获得"中国医药物流模范单位"称号。物流公司引进日本大福医药物流成套设备及信息系统,是目前国内药品经营企业规模较大、运营水平较高的现代化、专业化医药物流中心,通过GSP认证。公司秉承"安全、准确、及时、周到"的服务理念,凭借优越的地理位置,通过高效的作业流程、先进的信息系统、严格的质量管理,为公司连锁零售、医药分销的医疗单位和第三方客户提供"一站式"物流服务。

物流公司拥有华北地区规模最大、现代化程度最高的现代医药物流配送中心。物流中心占地5.3万m^2,总储位3.9万个,日出入库箱数超过30000箱。物流中心配备24m高的自动化立体仓库,拥有8个巷道,拥有30000个含电子标签的拣选货位、20多台射频(RF)无线手持终端等先进物流设备,实现自动分拣合流、快速拣选,库内作业无纸化,全程网上处理。物流中心是北京最先进的药品冷链专业物流配送中心,冷库2000m^3。2013年年底公司启动京西现代医药物流建设,在石景山区麻峪地区建立了一个20000m^2的现代医药物流中心,2014年年底完工投入使用,形成北京地区东西两大物流中心联动,进行物流资源匹配,提高运营效率和服务质量。

3. 专业的培训技术与模式

北京嘉和嘉事医药物流有限公司于2007年正式成为北京交通大学物流管理专业实

第四章 物流创新能力的获取方式

习基地。为大学生实习准备了 GSP 规范、货位与库存管理、数据收集与分析、流程分析与优化等十余个实习科目并配备专人指导。经过多年的合作共建,公司以实习基地建设为基础,通过产学研结合的模式与学校优势互补,在人才培养、流程规范、运作优化等方面得到了有效提升。公司以实习基地建设为依托,除定期承接专业实习外还积极开展了内部人员培训、技术比武,以及对外经验交流、校企联合培养等具体实践工作。

嘉和基地是一个综合的人才培养实践系统,下设理论课堂、综合试验室以及生产车间三个主功能人才培养模块,从而形成了以"五结合"为内涵的立体式人才培养基地。"五结合"是指:物流管理和物流工程相结合、物流理论与物流实践相结合、试验模拟训练与全真岗位训练相结合、前沿物流理论讲座与物流业界尖端领袖讲演相结合、学生服务学校与服务企业相结合。目前嘉和基地可容纳实践工位 120 多个,拥有每年约 600 人的实训规模。各人才培养模块相互配合,设备先进、布置有序、流程合理、配套成龙,已成为国内高校一流的校外人才实践技能评估实习基地。

4. 先进的创新理念

嘉和基地拥有先进的理念,是医药物流行业的领航者。作为北京市药品监督局批准实施第三方物流配送企业仅有的三家企业之一,获得了"中国医药物流模范单位"称号。物流公司整体引进日本大福医药物流成套设备及信息系统,公司配备电子标签、传送带系统、RF 手持终端、立体货架、无污染电动叉车,是目前国内药品经营企业规模较大、运营水平较高的现代化、专业化医药物流中心。

可以看到,无论是从企业背景、物流水平还是培训技术与模式来看,嘉和基地作为物流人才创新能力培养与提升的企业基地都是一个十分不错的选择。但是作为物流人才校外创新能力培养与提升基地,嘉和基地主要提供的是硬件与软件的环境条件与实践的指导,虽然其企业自身拥有先进的创新理念,但是目前在创新能力的培养方面,主要的引导工作都是校方的师资队伍来完成,嘉和基地本身的培训体系在创新能力的培养与提升方面目前还没有建设,这需要校方与企业共同的努力。

5. 丰富的实践教学创新制度

嘉和基地经过多年的建设和运行,已经形成了多种类型的实践教学创新制度。

(1) 轮岗制度。从满足企业对现代管理人才需求的角度,作为培养创新型综合性管理人才的一种有效方式,嘉和基地首先建立了实践岗位轮换制度(简称轮岗制度)。轮岗制度是指基地有计划地按照工种大体确定的岗位,让学生轮换从事若干种不同岗位工作,从而达到考查学生的岗位适应性和培养学生多种能力的双重目的的一种实践性创新教学形式。

(2) 定岗制度。定岗实习是指在基本上完成教学实习和学过大部分基础技术课之后,到专业对口的现场固定的岗位,直接参与生产过程,综合运用本专业所学的知识和技能,以完成一定的生产任务,并进一步获得感性认识,掌握操作技能,学习管理才能的一种实践性创新教学形式。

(3) 定研制度。定研实习是指在完成物流专业技术课之后,到专业对口的现场,以课题为载体、以项目为纽带,带着研究任务直接参与生产过程,综合运用本专业所学的知识和技能,以完成所承担课题或项目研究任务的一种实践性创新教学形式。

第三节 自我创新能力培养

一、概述

著名教育学家陶行知说过："处处是创造之地，天天是创造之时，人人是创造之人。"自我创新能力培养是指在校学生除教学课程安排外自我地、主动地通过资料查阅、学科研究、实践探索、互动交流等多种途径提升创新能力、培养创新意识的一系列理论与实践的学习过程。

自我创新能力培养的内容十分丰富，主要包括：

（1）扎实的专业基础知识和灵活运用专业知识的能力。没有扎实的专业理论基础，创新就会是无源之水，无本之木。一个具有良好创新素质和创新能力的大学生，必须具有扎实的专业知识功底。学生在大学阶段的学习中，切忌好高骛远，勿忽视专业基础知识学习，要不怕吃苦，刻苦钻研。在学好专业知识的基础上，还要注重所学知识的广度，掌握本专业知识和相近专业知识的联系。另外一个重要的方面就是在学习专业知识的同时，还要不断提高自己的学习能力。当前，科学技术的发展日新月异，新知识和新技术层出不穷，如果不能及时更新自己所学的知识，就会处于落后的地位，跟不上新技术的要求。只有提高自学能力，才能在工作中不断学习更新知识，适应时代不断发展的要求。与此同时，还要不断提高灵活运用专业知识的能力，一个只会死记硬背、生搬硬套的人，是不会产生创新智慧的。

（2）强烈的创新意识和创新思维能力。大学生的创新素质，首先来源于大学生的创新意识。所谓创新意识，就是一种不安于现状的精益求精的意识，是一种对于任何未知的问题、未知的领域而不无动于衷的强烈的尝试冲动，它是创新的重要心理素质之一。只有在强烈的创新意识的引导下，才可能产生强烈的创新动机，树立创新目标，发挥创新潜能。创新思维则是发明或发现一种新方式用以处理某种事物的思维过程，它要求重新组织观念，以便产生某种新的产品。创新思维的主要特征是：积极的求异性、敏锐的观察力、创造性的想象力、独特的知识结构、活跃的灵感性。为了培养自己的创新意识和创新思维能力，大学生要在充分掌握专业基础的前提下，积极参加一些创新、发明的竞赛活动，启迪自己的创新思维，培养自己的创新意识和创新能力。

（3）辩证地分析问题和解决问题的能力。唯物辩证法认为世界是普遍联系和永恒发展的。联系是指事物内部诸要素之间以及事物之间的相互影响、相互作用和相互制约。联系是客观的、普遍的，联系的形式又是复杂多样的。发展就是不仅认识到世界是普遍联系的，而且要认识到世界是不断运动、变化的。发展的实质就是新事物的产生和旧事物的灭亡，发展的本质就是创新。一个具有良好创新素质的大学生，就应当努力培养自己辩证地分析问题的能力，在分析问题时坚持唯物辩证法，防止和反对形而上学。只有坚持唯物辩证法的思想，才能有所发现，有所发明，有所创新，有所前进。而只善于单向性、单一性、顺向性和纵向性分析问题，是很难在头脑中有新思维"火花"闪现的。辩证地分析问题是创新的基础，而解决问题才是创新的关键。因此，大学生不仅要有辩证地分析问题的能力，还要具备解决问题的能力，这就要求把所学到的基础知识

第四章 物流创新能力的获取方式

灵活运用到解决问题的过程之中，在求解问题之中发现新方法，创造新方式。

（4）顽强的创新意志和创新毅力。创新意志是指创新者能百折不挠地把创新行动坚持到底以达到目的的心理品质。创新的道路绝不是平坦的，有的甚至还会遭受严重挫折，这就要求创新者具有顽强的创新意志和创新毅力，不怕受挫折，只有百折不挠，才能最后获得成功。否则，只会半途而废。一个具有顽强创新意志和创新毅力的人，在受到挫折后，不是放弃创新行动，而是冷静地分析失败的原因，寻求解决问题的新路子和新方法，坚持走自己的创新之路。

（5）熟练的动手操作能力和独立工作能力。创新思维的实现，往往要依靠一系列的实验活动来加以分析和验证，有的还需要创新者自己设计新的实验和制造新的实验装置，这就需要创新者有很强的动手操作能力，要善于把理论和实践相结合，能够通过自己的动手操作和实验、实践，把创新的思维逐步变成创新的成果。这就要求大学生在校学习时，一定不能轻视提高自己动手实验和动手操作的能力，要坚决克服"重知识，轻能力"的错误思想，积极参加实习、实验和实训活动。同时，创新思维的实现往往又是一个苦思苦想、独立追求的过程，这也就要求创新者具有一定的独立工作能力，要能够独立地分析问题，独立地解决问题。当然，这并不排斥创新过程的团队活动和团队协作，但在团队活动中，就自己分工的某一方面的研究，仍需要自己独立思考和独立工作。因此，努力培养大学生独立思考和独立工作的能力，也是培养大学生创新素质和创新能力的一个重要方面。

（6）合作、组织与交往能力。现代科技发展及重大发明创造成果一再表明，19世纪以前仅仅依靠个人的力量发明创造已经不再顺应时代的发展，必须强调团队协作的力量。因此，合作、组织与交往能力成为大学生自主创新不可缺少的能力。我国"神舟"飞船上众多的创新成果，都是集体力量的结晶，都离不开参与者的合作、组织能力。大学生自主创新能力的培养包含培养大学生树立依靠其所在集团的力量进行创新活动的意识的含义。

提高大学生创新能力有着重要的意义。首先，创新意识和创新能力是大学生素质教育的核心。创新意识和创新能力是人的综合能力的外在表现，涉及人的心理、生理、智力、思想、人格等诸多方面，并且和这些方面相辅相成，创新意识和创新能力能巩固和丰富人的综合素质。其次，创新意识和创新能力是大学生获取知识的关键。在知识经济时代，知识的接受变得并不重要，重要的是知识的选择、整合、转换和操作，那些涉及面广、迁移性强、概括程度高的"核心"知识，只能通过学生主动地"构建"和"再创造"而获得，这就需要大学生的创新意识和创新能力在其中主动地发挥作用。最后，创新意识和创新能力是大学生终身学习的保证。高等教育职能正在由精英教育向素质教育转化，学习也正由阶段教育向终身教育转化，学习将成为个人生存、竞争、发展和完善的第一需要，良好的创新意识和创新能力可以为终身教育打下坚实的基础。

自我创新能力的培养要求我们具有一定的基本素质：①了解自身的特点。大学生创新的优势在于总体素质较高，理论知识丰富，善于接受新事物，能够抓住变化的趋势；劣势则是经验不足，而且创新多凭一时激情，较冲动，不够成熟和系统化。②制订学业规划。清晰明确的学业规划利于我们循序渐进、统筹完善地获取知识，从事相关领域的研究等。③学以致用。大学时代要会学习，更要学会学以致用，将理论与实际相结合，

物流创新能力培养与提升

在理论中思考,在实践中总结。④自我管理。自我管理是一个自己管理自己、自己约束自己、自己激励自己,最终实现自我奋斗目标的过程。通过自我管理可以大大提高自律能力,并且能够积极对学习、生活、社会出现的问题引发思考,努力寻求解决办法。⑤把握机会。大学生自身必须善于利用校园及社会提供的外部条件,积极主动地锻炼及增强自己的创新素质。

二、创新型毕业设计

创新型毕业设计是基于传统毕业设计进而融入学生更多创新型元素的毕业设计,毕业设计是完成教学计划实现培养目标的重要环节。它要求学生针对某一课题,综合运用本专业有关课程的理论和技术,通过校内外联合培养、专业实习或毕业实习,深入实践、了解社会,完成毕业设计任务、撰写毕业论文等诸环节。现代的教学中缺少对学生创新能力的培养,所研究出的毕业设计大多数是对现状的一个分析外加刻板的解决方案,然而新型培养模式下的教学要求我们融入更多的创新因素在里面,做出解决实际问题的设计,综合应用所学的各种理论知识和技能,对以往的研究模式进行思考,并结合实际进行创新,力求在原有模式的基础上进行较大的突破。同时,通过专门深入系统的研究,巩固、扩大、加深已有知识,着重培养学生综合分析和解决问题的能力和独立工作能力、自主思考独立创新能力。另外,由于毕业设计是在校生最后的思考学习阶段,引导学生在传统毕业设计的基础上融入创新元素,是学习深化、拓宽、综合运用所学知识的重要过程;是开拓学生思维,加强未来到企业中实践能力的重要环节;是学生综合素质与工程实践能力培养效果的全面检验;是实现学生从学校学习到岗位工作的过渡环节。学校应大力配合该环节的改进工作,对优秀的创新型毕业设计的学生给予一定的奖励政策,以此来推进创新型人才的培养。

创新型毕业设计的目的,首先是培养学生综合所学知识进行整合创新的能力,以及结合实际独立完成课题的工作能力。其次是对学生的知识面,掌握知识的深度,运用理论结合实际去处理问题的能力,实验能力,外语水平,计算机运用水平,书面及口头表达能力进行考核。

校外人才培养基地为较好地完成毕业设计和提高学生的创新、创造以及动手能力提供了科学的平台。因此学生需充分利用这一科研平台,建立本科毕业设计的创新型模式。从大三开始,由教师和学生面对面自由组合,引导学生进入教师的研究课题,并结合专业课程的学习,使学生提前进入角色,从而不但提高教师指导毕业设计的积极性,增强毕业设计的投入精力,而且使学生对毕业设计的意义有明确的认识,提高其对毕业设计的重视程度。实践证明,进入校外人才培养基地的学生受益匪浅,不但大大地激发了对专业课程的学习兴趣,使自己很快能进入毕业环节,出色地完成设计任务,而且也极大地提高了自己的动手能力、创新意识和撰写科技论文的水平,同时对周围的同学也有较大的促进作用。

建立开放的新型毕业设计模式,是培养高素质、创新型、开拓型人才的重要途径;面对不断变化的新形势和新问题,建立科学、规范的动态监管体系,对提高毕业设计质量、提高学生自主学习和独立思考能力也具有重要意义。该方式不但能使学生较好地完成毕业设计任务,而且通过创新基地的实践,极大地激发了学生学习、创新和科研的热

第四章 物流创新能力的获取方式

情,增强了指导教师和学生,以及学生之间团结协作、克服困难的能力,从而较好地实现了大学培养高素质人才的目标和任务。

三、社团活动驱动创新能力的培养

社团是指以文化、学术或公益性为主的具有某些共同特征的人相聚而成的互益组织。社团可打破年龄、职业以及行业的界限,团结兴趣爱好相近的人士,发挥他们在某方面的特长,开展有益于身心健康的活动,有利于物流边缘学科和交叉学科的知识交流、传播,有助于社团成员了解物流实业、物流科技等领域的最新发展动态。

学术型社团是培养大学生创新能力的可靠依托。若要成功创立学术型社团并不断推出新成果,除了应具备较完善的组织形式、管理制度和较强的指导能力外,还须具备以下优势:①社团成员由来自不同专业的学生组成。不同的专业知识会产生不断的碰撞与交融,迸发出智慧的火花,从而进一步提高学生的创新能力。②学术型社团通过各类活动常常与其他社团进行文化和经验交流,正如古人云,"他山之石,可以攻玉",由此言得之,通过交流,学术型社团可以不断寻找或创造机会加强和提升社团的建设水平,同时也促进了社团对于成员专业知识的培训,促进了其专业知识的掌握和融会贯通,也为学生在"第二课堂"的各类活动中有所收获奠定了基础。

学术型社团建设是加强大学生思想政治教育的有效抓手。对大学生进行创新精神与实践能力的培养是高等教育的一项任务,而高校学术型社团的建设恰为培养大学生科研创新能力提供了广阔的平台,并已成为学生参与教师科研与教学改革的抓手,为教师参与学生活动提供了契机。学术型社团通过专业活动将教师与学生有机联系在一起,有效促进了师生间的交流与合作。教师通过参与学术型社团的活动,一方面可以及时了解学生的思想动态,从而在解决学术问题的同时,帮助学生树立正确的世界观、人生观以及价值观;另一方面,也可以在活动中展现其淡泊名利、廉洁从教、学为人师、行为世范的优良作风,借以感染参与其中的学生,以实际行动增强思想教育政治教育的力度。学术型社团在帮助学生从实践中掌握、巩固专业知识的同时,也将师德师风建设与大学生思想政治教育工作相结合,从而促进广大专业课教师参与到大学生思想政治教育工作中来。

四、科研项目驱动创新能力的培养

科研项目即科研任务,有具体的目标和要求。根据项目布置主题的不同,可划分为纵向科研项目和横向科研项目。纵向科研项目是指上级科技主管部门或机构批准立项的各类计划(规划)、基金,包括:①国家级项目;②省部级项目;③市级和省厅局级项目。横向科研项目是指企事业单位、兄弟单位委托的各类科技开发、科技服务、科学研究等方面的项目,以及政府部门非常规申报渠道下达的项目。

对于当今的大学生来讲,毕业后从事的工作不仅要求学生具有较强的实践能力,也对学生创新思想提出了较高要求。首先,创新能力培养的驱动课题的选取与设置必须强调创新性。大学生创新能力实际上是运用专业知识和理论,在项目和课题研究活动中不断提供具有经济价值、社会价值、生态价值的新思想、新理论、新方法和新发明的能力。在大学阶段所培养的创新能力将会成为未来职业生涯竞争力的原动力,广而言之,也是全社会创新能力的来源之一。其次，驱动课题的选取和设置必须杜绝临时拼凑，杜绝缺乏创新主题的假课题和虚课题。从源头上就需要把关，区别于以往课程作业性质的课题，作为培养大学生创新能力的课题应该来源于工农业生产中凝练出来的急需解决的科学技术难题。只有这样的课题才能既激发创新性思维，又具有实际意义和研究价值。不能将此类创新活动流于形式，将一些本不具备创新条件和研究价值的虚假命题抛给学生作为创新课题，最终结果可想而知，浪费大学生的学习时光，也无法培养出创新能力。

在通过科研项目对大学生创新能力进行培养的过程中，应着重考虑以下两点：

(1) 创新团队的选拔与组建。创新团队是创新能力培养的组织形式，是一种不同于班级教学的集体学习模式。组建创新团队的目的就是通过集体学习和集体研究实现团队创新，避免已处于长期自行学习的大学生个体创新能力不足而难以承担此类创新课题。

本科生的课程体系决定了创新能力培养的驱动课题设计及创新团队的组建需要遵循一定的规律。首先，此类课题申报一般不宜在大学一二年级选拔创新团队，因为大学一二年级学生处于基础课程阶段，尚未进入专业课程学习阶段，难以解决来源于科研项目的专业性较强的创新课题。从近几年实施大学生创新项目的实际情况来看，大学三四年级学生专业能力较强，可以承担专业难度较大的创新课题，尤其应该在大学三年级开始此类创新课题团队的选拔与组建。

(2) 创新能力培养的驱动课题的设置。本科大学生的课程体系同时也决定了作为创新能力培养的驱动课题设计必须遵循一定的规则。按照前面关于本科大学生创新能力培养的驱动课题来源的讨论，科研型或科研教学型大学的科研团队所承担的科研项目是比较理想的驱动课题来源，也是基于问题的学习模式中"问题"的理想来源。本科课程教学是按照专业体系和知识模块实施的，因此驱动课题设置需要区分不同类型。

五、科技竞赛驱动创新能力的培养

科技竞赛是指依据国家标准，根据国家经济建设发展对高科技人才的需要，结合生产和服务工作的实际需要，在学生中开展的有组织的科技能力竞赛活动。其最主要的特点是突出考核学生的创新能力，突出提高学生应用理论知识解决实际问题的能力。现阶段，比较具有权威性的科技竞赛主要有全国大学生数学建模竞赛、"挑战杯"全国大学生课外学术科技作品竞赛、"挑战杯"中国大学生创业计划竞赛、全国大学生物流设计大赛、首都高校物流设计大赛、全国大学生电子设计大赛等。

受传统的应试教育影响，大学生的创新意识不强。虽然素质教育已经提出多年，但是在我国当前的教育实际中，应试教育的影响依然十分深远。应试教育在教学过程中过分重视现成知识的传授，考试以对已知知识的记忆为主。这种只注重对原有知识和技能的传递，忽视能力素质培养，衡量学生的优劣只是看其掌握多少教师传授给其的知识的做法，严重扼杀了学生创造性思维的发展。

很多大学生有创新的热情，却又缺乏创新的毅力。当前，有些大学生通过学习和教师的引导，有了一定的创新热情，但是在实践过程中缺乏锲而不舍的坚强意志，一遇到困难和挫折就束手无策、灰心丧气；情绪自制差，情绪化严重；缺少责任感，以自我为

第四章 物流创新能力的获取方式

中心；不愿事必躬亲，不做小事，只想做大事等。另外，大学生的兴趣往往随着时间、环境、心情经常变化，缺乏深度和广度，缺乏积极的心理取向。这些都是缺少创新的深层的心理方面的原因。

科技竞赛题目的综合性、系统性、灵活性，全面考查了学生的基础理论知识、动手能力以及勇气、信心、意志、团队精神等非智力因素。因此，科技竞赛对学生能力的要求及培养是多方面的。科技竞赛能够有效地发挥大学生的创造热情，锻炼他们的创造能力，培养他们的创造精神。其根本意义在于引导学生树立创新观念，培养动手技能，提高分析问题和解决问题的能力，更为关键的是引导他们树立自主学习、发现和积累知识的意识。竞赛促使学生大量学习课外综合知识，成为他们获取直接知识的渠道，有利于扩大知识面，建立合理的知识结构。其次，科技竞赛以学生为主体，从选题、设计制作，再到论文写作，每一个环节、步骤都由学生独立完成，极大地挖掘了学生的主动创新性思维能力。参赛过程不可能是一帆风顺的，必然要经历失败和挫折，要求学生要反复尝试、不畏艰险，不断去寻找解决问题的方法，在这个过程中学生勇于竞争、敢于胜利的创新能力的人格魅力得到了极大的培养，对以后学生的学习、工作产生较大影响。最后，科技竞赛活动必须通过小组成员密切配合、相互协作才能完成，要求小组成员分工合作，默契配合，充分发挥集体的智慧，团队精神得到最大的体现。正是通过科技竞赛，很多大学生学会了如何与别人合作，如何在团队中发挥自己的优势，养成了相互谦让、互相鼓励、团结合作的优秀品质。

为了更好地以科技竞赛推进学生创新能力的培养，积极探求与学生创新能力培养相适应的科技竞赛教学体系改革，构建促进创新型人才培养的科技竞赛平台，成为各高校高度重视的问题，这涉及科技竞赛基地、管理机制、经费、师资队伍、竞赛教学环节体系等诸多环节。

科技竞赛活动的主题是学生，引导者是教师。一支高水平的，具有团结和合作精神的科技竞赛教师师资队伍是科技竞赛取得优异成绩和将科技竞赛与创新人才培养有效结合的保证。学校要充分宣传，让教师清楚指导大学生科研活动的重大意义和长远意义，从精神和物质两个方面充分认可教师参与指导的工作，这样老师的积极性就会有较大的提高，并且所指导学生开展的科研活动的质量也会大大提高。要组建相应指导教师团队，提倡老中青相结合，发扬优秀教师的传帮带作用，保证训练指导教师队伍的稳定。加强教师的职业道德教育，对于所指导的学生获奖的教师给予适当的奖励，在进修、评级和评优等方面给予政策上的倾斜，从而吸引更多的优秀教师投入竞赛工作。当然，调动老师的积极性并不是要老师对比赛大包大揽，而是教学过程中重视引导、启发，根据教学成绩评定等，自己设计竞赛项目，这可以说是常规意义上学科竞赛项目的延伸，是对课程教学考核方法改革的有益尝试。为此，学校应多渠道地派遣教师参加相关竞赛培训会议，加强各科技竞赛，指导教师间的工作经验交流等，全面提高教师的竞赛指导能力和职业精神，为科技竞赛平台注入创新灵魂。

六、志愿者

志愿者，即不以利益、金钱、扬名为目的，而是为了近邻乃至世界进行贡献的活动者，是指在不为任何物质报酬的情况下，能够主动承担社会责任并且奉献个人的时间及精神的人。在我国，志愿者是自愿参加相关团体组织，在自身条件许可的情况下，在不谋求任何物质、金钱及相关利益回报的前提下，合理运用社会现有的资源，志愿奉献个人可以奉献的东西，为帮助有一定需要的人士，开展力所能及的、切合实际的，具一定专业性、技能性、长期性服务活动的人。

大学生是具有较高文化素养的社会群体，他们拥有比较完善的知识结构、较高的思想道德水平和求知欲望。同时，他们正值青年时期，思维活跃，拥有服务社会、实现自身价值的强烈愿望，这些都是大学生志愿者的优势所在，是培养物流专业人才创新能力的有利条件。志愿服务活动对提高大学生的社会化具有积极的作用，特别是作为组织性极强的物流专业人才的培养，参加志愿者这样的活动对于培养大学生的组织角色认同、人际关系的处理、工作责任的履行具有积极的意义。在对大学生志愿者进行培训的过程中，促使他们积极适应自我角色、不断提高处理冲突的能力、认真履行工作职责，达到既满足物流专业人才培养的需求，又促进大学生成长的双重目的。

七、创业

近年来，物流类专业的发展速度及规模可谓惊人。到目前为止，物流类专业在局部区域和领域开始相对过剩，部分学校的就业面临着很大压力。因此，无论是从回应创新创业教育理念发展的世界性潮流，还是从解决当前物流类专业学生就业工作实际出发，探索研究、系统推进物流创新创业教育都有着重要和迫切的理论与实践价值。

大学生创业主要是由在校大学生和大学毕业生群体完成。现今大学生创业问题越来越受到社会各界的密切关注，因为大学生属于高级知识人群，经过多年的教育，往往背负着社会和家庭的种种期望。在现今社会经济不断发展、就业形势却不容乐观的情况下，大学生创业也自然成为大学生就业之外的新兴现象。

早年，联合国教科文组织就发起了世界高等教育大会，明确提出高等教育应以学生的创业技能和主动精神为主要任务，而不仅仅是满足于把他们培养成合格的求职者。同时也提出了必须将创业技能和创业精神作为高等教育的基本目标。此后世界上多个国家掀起了强烈的创业教育热潮。

随着物流业的创业环境得到不断优化，物流管理专业大学毕业生的创业机会大大增加。但在目前的情况下，我国物流管理专业大学毕业生创业所需的各方面条件和时机尚不够成熟，实现普遍性创业难度较大，创业教育还不能占据主导甚至是主体地位，只能作为就业教育的补充形式，在打好就业教育基础的前提下开展创业教育，这才是当下物流管理专业教育模式的正确选择。

培养物流专业学生创业能力，必须做到以下两点：分析物流业对高校物流生自主创业的要求和特点；将物流业对高校物流管理专业学生的自主创业应该具备的具体要求和特点加以科学的论证和分析，制定高校物流专业学生创业能力培养的途径。

高校物流人才创业教育的实现方法与途径如下：

（1）创新教育教学理念。培养创业型物流管理专业人才首先要创新教育教学理念，树立以提高全面素质为基础，通过采用"专业教育+创业教育"的教育教学模式，培养学生的综合职业能力、实践能力、创新能力、创业能力、终身学习能力的教育理念。

（2）调整人才培养方案。紧紧围绕培养具有创业精神、创业知识、创业能力和良

第四章 物流创新能力的获取方式

好商业道德的经营管理型人才的素质要求来重新调整人才培养方案。建立以"学业+就业+创业"为导向的人才培养方案,将创业教育有计划、有重点地纳入物流管理专业教学计划和课程教学中,在教学计划上确保充分安排商业机会、创业资源、公司创建、竞争分析、创业融资、创业计划、营销策略等与创业相关的知识和技能,帮助学生树立创业意识,科学合理地确定创业意向,力争培养出专业知识扎实、动手能力突出、创业意识清晰、经营管理水平过硬的高素质创业型人才。

(3) 建设"双师型"创业师资队伍。建设"双师型"创业师资队伍,坚持按照"内培外引、培养骨干、校企合作、专兼结合"的原则。一方面,加强对物流管理专业教师的培养,实现从就业教育型教师向创业教育型教师的转变。例如,派遣教师到有关高校、物流企业等接受物流创业理论与实践教育,使教师深入物流行业创业一线,提升教师的综合素质和能力。另一方面,应注重吸纳创业成功人士作为兼职教师。例如,邀请他们来校开展创业教育讲座、兼任创业教育导师进行创业指导等,可降低毕业生创业风险,增强大学生的创业信心。

(4) 重构课程教学体系。培养创业型物流管理专业人才必须在教学上及时做出改革,努力构建起与之相适应的新型教学体系,提高学生综合素质和创业能力。在课程设置和实施过程中要做到:①课程设置要具有创业针对性、实践性和可操作性强的特点。开设创业实务指导、大学生创业基础、就业与创业关键能力等公共必修课和选修课程,并将其纳入学分制教学计划;②做到创业教育与专业教育相融合,特别是实践性教学环节中要渗透和贯彻创业教育的思想,经常性地结合课堂教学推动学生进行物流行业创业思考,培养学生自主创业与独立工作的能力;③对物流管理专业的课程体系进行模块化设置,即公共基础课、专业基础课、专业理论课、专业实践课和文化素质课。在原有"做中学"的教学模式基础上,积极推动学生自主学习,培养学生独立性、系统性、创新性、战略性思考问题的能力,激发大学生的创业热情和创业能力,使其具有完善的人格和创业所需的独立的个性气质。

(5) 创新教学方法和手段。国家示范性物流管理专业可在目前基于工作过程的"做中学"教学模式的基础上,将专业实习实训和创业教育结合起来实施项目教学法,在全真创业生产环境中全方位培养学生的经营管理能力,磨砺创业团队的创业能力和创业素质。同时,可主动采用创业案例进行教学,启发创业思路、拓宽创业视野。

(6) 构建创业能力评价体系。

培养创业型物流管理专业人才应构建科学规范的创新创业能力评价体系,改变过去那种重理论、轻实践,仅以考试分数作为考核、评价学生的做法。制定并实施创新创业学分实施细则,将创新创业教育学分及奖励情况在毕业生求职推荐表和大学生素质拓展证书中体现出来,将毕业生的创新创业表现作为其事业心和开拓能力的求职证明资质,鼓励学生积极参加各类创新创业活动,特别是鼓励和支持学生在校学习期间和在企业从事定岗实习期间的自主创业活动。建立以实际业绩与社会效果为主的科学规范的人才评价体系,有利于创业教育的顺利开展。

(7) 加强校企合作,建立创业教育实践基地实训。基地建设采取主体多元化的原则,紧密联系物流行业、企业,与企业共建、共管校内生产性实训基地,改革实训基地运行模式。一方面,通过校企合作方式建立大学生创业实践基地,既能为教师和学生提供很好的实践机会和实训场地,也能有效培养大学生的创业精神和团队意识,增强竞争优势;另一方面,高校与企业建立良好的合作关系,也有助于企业获得急需的高层次人才,为企业的发展输送新鲜血液,对于二者而言是一种"双赢"关系。

(8)搭建社会实践平台,抓好第二课堂活动。物流管理专业是一个应用性很强的专业,因此教学中突出以实践导向。学校应有目的、有计划地开展丰富多彩的第二课堂活动。例如,举办大学生物流创业设计大赛、创业模拟训练、青年创业大讲堂等专业实践教学活动,培养学生的创新思维模式、开拓思维视野、提高创业实践能力;通过创业精神和能力培育活动、商业道德培育活动、创业实践模拟活动,以及成立创业联盟、专业创业社团和创业协会等,锻炼学生管理经营和分析解决实际问题的能力,让更多的学生在收获创业精神和创业能力的同时,实现社会效益、教学效益和经济效益三丰收。

八、贴吧讨论区

贴吧是一种基于关键词的主题交流社区,它与搜索紧密结合,准确把握用户需求,为兴趣而生。让那些对同一个话题感兴趣的人们聚集在一起,方便地开展交流和互助。

它具有以下特点:

(1)信息聚合。对于那些基于信息搜索的需求而找到贴吧的人来说,获得某个主题的信息往往是他们的一个基本目标,但搜索引擎目前还难以高质量地满足这方面的需求。贴吧可以使人们从机器的搜索过渡到人工的信息整合中。拥有不同资源的人们,在这里实现信息的分享,而且信息需求与供给关系更明确,这样获得的信息针对性往往更强。

(2)深度互动。与很多社区不同的是,贴吧创造的社区往往是一个话题非常封闭的社区,如某个学术领域、某个专业甚至某个关键词。虽然理论上这些社区也可以有更开放的讨论主题,但是多数贴吧的成员更愿意围绕一个封闭的主题来展开交流,这就促进了互动的深度的不断挖掘。

(3)快速创新。除社区特征外,贴吧更是不断追求卓越和创新,在移动互联网方面大力突破。贴合当下网民需求,迅速产生群聊功能等,满足用户快速沟通需求。

(4)文化研究。由于贴吧话题的封闭性特点,网民的深度互动实际上为文化产品、文化现象的研究提供了一种非常直接的渠道。贴吧不仅为学术的传播效果提供了一种反馈渠道,更为未来的创作提供了一种有益的启发。这不仅使创作者个体受益,对于整个学术产业来说,也是一种不可多得的资源。

因此,通过贴吧讨论区的方式,学生不仅能够深度研讨专业领域的学习,结识同专业同学,更能在该领域上做出创新成果。

第五章 物流创新能力培养的应用案例

为了培养出高素质和重实践的物流人才，北京交通大学物流管理专业在"产、学、研"一体化的教学理念指导下，建设校外实习实践基地，引进企业高级管理人员给学生讲课，在课堂上讲授企业物流案例等，利用校企合作的实践性教学，来改革本科生创新能力的培养模式。学生在课堂上接触企业实际或在校外基地接受实训，可以促进学生对社会、对物流企业或企业物流的了解，同时拉近学校与企业之间的距离。一些有理论知识的学生，给企业的实际工作注入了新鲜的理念和创新构想，为企业提供了更多更好的方案和建议。此外，学生还积极参加物流设计创业大赛和物流创新项目等，这些活动使得学生的创新能力得到了提升。

第一节 物流校外人才培养基地应用案例

利用校外实习基地对学生进行集中实习也是经管类实习的一种创新。它有别于分散实习，是一种能使学生利用现有知识，统一在实习企业的环境中，一起工作一起思考，一起和教师、企业人员交流，对客观实际有自己的理解，并提出新方法或路径的过程。

校外教学实习基地是学生实践的主要活动空间，也是搞好实践性教学的重要保证。经过多年的努力，目前已有北京西南物流中心、北京嘉和嘉事医药物流有限公司、中铁吉盛物流有限公司、北京二商集团有限责任公司、北京东六元物流有限公司，成为北京交通大学物流专业教学实践基地。根据学科建设的需要，还要适当增加实习基地的数量。此外，北京交通大学与这几家公司在人才培养、科研合作等方面一直有着紧密的互动和良好的联系。

一、北京二商集团有限责任公司

1. 基地简介

北京二商集团有限责任公司是以食品冷链物流、食品制造、肉类屠宰加工、现代分销与专业市场为主导产业，以食品科研、教育、信息技术以及房地产开发经营、酒店服务、物业管理为重要支撑的大型国有企业集团。集团主要生产经营猪肉、水产、牛羊肉及其制品，禽蛋制品，海鲜及制品，糖、酒、烟、茶，腐乳、酱油、食醋、糕点、水果、蔬菜、酱菜、豆制品、饮料、冷藏设备等20多个大类万余种商品。销售辐射华北、东北、西北（简称三北），是三北地区最大的冷冻食品集散地。公司雄厚的冷库资源，便利的地理条件，科学的购、销、存流程管理，现代化的网络信息平台，以及 ISO 9001 质量管理体系认证，HACCP 食品安全管理体系认证，绿色市场认证，设备精良的食品检测中心，可为广大客户及时提供安全放心的食品。

北京二商集团有限责任公司现在是北京地区较大的特供物品提供商，以"提升民生

物流创新能力培养与提升

品质,引领健康生活"为企业使命,把"打造中国食品产业的强势集团"作为发展目标,以"国际一流的都市型食品生产商、供应商、服务商"为企业愿景,在食品养殖、生产、加工、储存、运输、物流配送、销售的每一个环节,建立高标准的食品质量安全保证体系。

2. 学生实习内容的设计

(1) 公司介绍。首先是北京二商集团有限责任公司党委书记动员讲话。随后学生参观北京二商集团有限责任公司的文化展,初步了解北京二商集团有限责任公司的发展历史、战略规划、运营业务以及基础设施设备等的建设情况。参观下属东方食品公司的美诺部、流通部以及奥运部,初步体验和认识常温仓、冷冻仓的运营业务、操作流程等。

(2) 实习过程和分组。将学生分成三新综合物流事业部、三新长途运输事业部、西南郊冷冻厂、蓝丰配送、四道口西郊冷冻厂等几个组(见表5-1)。

表 5-1 实习分组和各组选题(任务)

组别	选题和部门
1	《常温仓储运输规划方案》(三新综合物流事业部)
2	《干线运输线路优化研究》(三新长途运输事业部)
3	《城市配送网络优化方案》(三新综合物流事业部、三新冷链物流事业部)
4	《有关物流标准化(标准托盘、标准配送箱)可行性研究》(三新长途运输事业部)
5	《区域运输线路优化研究》(蓝丰配送、三新综合物流事业部)
6	《冷链一体化配送优化研究》(西南郊冷冻厂)
7	《冷库运营成本控制研究》(蓝丰配送)
8	《西南郊市场零担专线运输的集货量优化研究》(西南郊冷冻厂)
9	《西南郊肉类水产交易市场物流信息化建设研究》(西南郊冷冻厂)
10	《仓储业务流程优化研究》(三新冷链物流事业部、三新综合物流事业部)
11	《一刻钟社区生活圈最优配送模式的研究》(四道口西郊冷冻厂)
12	《西南郊市场车货匹配模式的研究》(西南郊冷冻厂)

分组后,全体学生开始研究相关课题,每天到相应的岗位进行调查,然后回到公司办公楼的会议室,进行讨论和汇总。

(3) 答疑总结。各小组将完成的课题任务进行展示,与公司领导和系里的领导座谈答疑与交流,并提出许多在实习过程中面临的问题,提交一些数据与初步的设计。各领导对各组报告进行评价,并耐心地解答问题。

相关情况如图 5-1 所示。

3. 实习的成果与创新

北京二商集团有限责任公司属于国有企业,有一定的历史,且冷冻厂、配送部、运输部分布过散,有些地方布局不合理,人杂车多,车辆调度状况较为混乱、个体运营环境较差。因此学生在各自的厂区、部门和组里可以接触到各种问题,并运用所学理论进行分析和创新,引发他们进行更多的思考,拥有更多的发挥空间。

第五章 物流创新能力培养的应用案例

a)

b)

c)

图 5-1 学生在北京二商集团有限责任公司实习
a）参观冷冻厂 b）配送的冷冻车辆 c）实习成果汇报

（1）在布局和优化方面，有组学生对东方食品公司的仓储布局、流程与业务优化进行了调查总结并完成了调查报告。他们通过调查和分析，借助图表和数据，提出了切实可行的优化建议。首先，在仓库布局方面，制作了平面图和三维图，准确、直观地再现了仓库实况；其次，在流程方面，小组通过多次详细的调查得出作业的具体流程和人员设置，并通过跨职能流程图将其清晰地展现；然后，对每个作业环节进行分析，寻找流程中现存的待改进处，提出了一些可以优化的细节。最后，在库存方面，报告对得到的盘点数据进行统计分析，确定其库存量变化的特点、分析变化的原因，找到可以加强管理的部分。这些工作耗费了很多时间和精力，和企业交流后对方认为有一定的启发性和操作性。

（2）在配送模式和路线优化方面，一组学生对西南郊冷冻厂的配送模式进行了优化分析。通过调查，对其配送圈内的路径进行优化，实现其配送的高效率和低成本。面对未来的企业转型，对配送圈外的配送方式提出了合理化建议，包括：线上推广，与其他电商合作，提高网络知名度；线下推广，扩大产品需求，建设一刻钟社区生活圈，扩大社区宣传、使产品走进社区，入驻大型超市，扩大产品销售量等。另一组学生对西南郊冷冻厂的车辆和配送拥堵情况进行了研究，构建了车货匹配信息平台，将货物和车辆信息进行标准化处理并将信息资源共享，以达到更加高效、更加有秩序地管理的目的。新的车货匹配模式通过大数据的运用来实现车货智能匹配，并且给用户提供了多样化、个性化选择的功能。

（3）在冷链标准化建设方面，有组学生在三新冷链物流事业部进行调研，对企业的业务情况和托盘的利用与周转情况进行了分析，提出：全部使用标准化的托盘，并将

物流创新能力培养与提升

托盘利用起来，建立一种小范围的循环共用体系；支持托盘作业一贯化，在区域范围内实现托盘在供应链中共享使用的运营服务体系。通过建立托盘循环共用系统，以托盘货物单元作为整体，实现从生产源头直至终端零售过程中每一个物流环节始终保持带盘作业，有利于避免无效的倒盘、拆垛、码垛、装卸、搬运等劳动，降低托盘采购、维修、人工、货损、库房占用等成本，有效降低物流成本，提高物流系统运行效率，增加社会经济效益。

二、北京东六元物流有限公司

1. 基地简介

北京东六元物流有限公司成立于2013年，公司总部位于北京，年营业收入上亿元，公司致力于为客户提供仓储、理货、分拣、包装、配送、运输、物流咨询及物流信息服务等综合性物流业务，并为客户提供红木家具及红木制品的原料采购、生产加工及购买收藏等服务，还可提供产业信息、消费咨询、品质保障、交易平台等服务。

公司仓库位于北京市通州区双埠头工业园区，通州北关桥往北4km通顺路东侧，距离东六环3km，靠近京通快速、京哈高速、京津高速，交通便利，库房为站台库。现已建成仓库4万 m^2、办公楼1万 m^2 并对外经营。公司设有客服部、财务部、市场部、物业部、技术部、托管服务部等部门，根据客户的需求提供各类良好服务。目前，东六元物流仓库基地提供专业化的仓库及办公楼租赁、仓储及理货、装卸搬运、市内及区域配送、流通加工、干线运输、物流信息系统咨询等现代物流服务，并可根据客户需求，提供多元化物流、物流方案解决及个性化服务。

目前公司的主要客户为日本山九物流公司和北京四通物流公司，其中山九物流公司租用的部分仓库用作日本零售集团公司永旺连锁超市的北京物流中心，永旺北京物流中心位于通州区宋庄镇双埠头村村委会西800m，租用北京东六元物流有限公司的仓库，同时由日本山九物流公司负责京津地区永旺7家店铺的物流配送业务。永旺的7家店铺分别是：国际商城店（昌平）、朝北大悦城店（朝阳北路）、天津泰达店、天津中北店、天津梅江店、北京丰台店、河北燕郊店。北京东六元物流有限公司定位高端，立足全国，以集团化、规模化发展为目标，公司成立以来发展迅速，业务不断发展壮大，主要经营仓储服务、配送服务，销售塑料制品、纸制品、包装材料、五金交电、家具、木制品、建筑材料等。

2. 北京东六元物流有限公司实习内容设计

（1）企业介绍。北京东六元物流有限公司的相关负责人介绍了公司的基本情况，如公司的沿革、经营范围、主要成果、各项建设等，随后师生对北京四通物流公司、日本山九物流公司进行参观。

（2）分组与实习计划。根据实习岗位进行了分组。日本山九物流公司和北京四通物流公司各4名，分别对仓储成本和库房优化布局方面进行调研，提出改进和优化建议。

学生的现场实习如图5-2所示。

3. 北京东六元物流有限公司实习成果与创新

北京东六元物流有限公司属于民营企业，拥有大型仓库并对外营业，注重日常的企

第五章 物流创新能力培养的应用案例

a)

b)

c)

图 5-2 学生的现场实习
a) 学生参观仓库 b) 库区 c) 调研和商讨

业经营和仓储管理。学生根据选题在仓库进行深入调研，主动发现问题，运用现代化的物流知识来解决问题，学生在北京东六元物流有限公司的实习成果与创新主要有如下几方面：

(1) 在库区优化布局方面。学生在库房第一线进行实地调研，测量库房尺寸，观察作业流程，收集作业时间及数量的资料，咨询存在问题，并制定措施。将库区的整个作业流程简化为三大块，并根据分析所得，对货物物流配送作业流程进行了建模仿真。运用 FlexSim 建模，对货物物流配送作业流程仿真模型进行了构建，并对运行结果进行了相应的处理分析，对货物物流配送中心作业效率的提高提供了建设性意见，对优化前后的仿真结果进行了对比，证明了优化方案的效果。

(2) 在仓储成本的控制方面。由于公司方无法直接向学生们提供完整的订单数据，因此学生们手动拍摄几天的出入库记录，再输入计算机进行整理。在统计了出入库情况的基础上，进行了 EIQ 分析[一]。然后再利用 COI[二] 方法，对仓库内的产品进行 ABC 分类，进而根据仓库储位的分析，将 A 类货物分配到便于拣货的黄金库位，B、C 类货物也置

[一] EIQ 为 Entry、Item、Quantity 的简写，三个词分别译为订货件数、品类、数量。EIQ 分析即从这三个方面出发，进行配送特性和出货特性的分析。

[二] COI 为 Cube-per-order Index 的简写，译为订单体积指数。

物流创新能力培养与提升

于对应合理的库位。在这种情况下，既能保证同一公司的产品存放在一起，又能最大限度地降低出库成本。

第二节 理论教学的实践创新环节设计

实践性课程是指包含实用型与实践型教学内容，运用丰富的声频、视频资料，通过现场调查（第二课堂）、多媒体教室、物流工程实验室等手段，进行各种以体验或加深对企业物流管理课程理论原理的理解为目的的实践活动。其中，校企合作——邀请企业高级管理人员给本科生上课，在物流课程的师生互动实践环节中，出去参观的实践课程，是"请进来、走出去"课程的典范。这种课程是在以往的实践教学的基础上进行创新的，它克服了以往请企业人员来进行讲座、匆匆参观企业等的单纯性和间断性的缺陷，将讲课时间延长到20多个学时，在此期间师生不断交流，加强了实践性和整体性，加大了理论和实践结合的机会。

一、校企合作的创新——企业高级管理人员给本科生上课

目前，与物流有关的所有课程，都希望突出其实践性的一面。2004年以来，北京交通大学经济管理学院物流管理系分别邀请了远成集团、中铁现代物流科技股份有限公司、中国物资储运集团有限公司的高层领导和各部门的经理（包括公司的总经理，运营、营销、人力资源等各部门的经理）给物流管理专业的本科生讲课。

以"物流企业案例分析"课程为例。该课程通过邀请知名企业的业务骨干来校讲课，和带领学生到现场调查（第二课堂）的形式，做到"请进来，走出去"，使企业的实务与学生所学的理论知识相结合。再通过必要的案例学习、讨论，启迪学生的思维，激发学生的潜能，加深学生对有关知识、理论等内容的理解，提高其物流运作的分析与判断能力，为以后的就业做好准备。以下介绍该课程的目标和内容设计。

课程设计一般是以企业各骨干讲课、学生提问、学生参观为主。"物流企业案例分析"在物流管理体系中承担使学生对物流企业运作有一个总体概念的任务。本课程的教学目标在于培养学生对物流企业有一个系统化和整体化的概念，使其正确理解物流企业管理的战略与具体业务流程，能对物流企业的现状和存在问题进行综合分析与评价，并能规划出企业未来的发展战略。再进一步搞调查研究和进行专题讨论，让学生对本课程的教学内容有直观和形象的了解，结合社会实际掌握属于本课程的知识点，并对课程基本理论的理解得以升华。

"物流企业案例分析"是邀请我国著名物流企业——远成集团的总经理及各部门负责人来校进行讲授的。远成集团是综合服务型的物流集团，具备运输、仓储、装卸、搬运、包装、流通加工、配送、信息处理、物流方案策划等全方位物流服务体系，具有铁路、公路、航空、航海各大运输资源。是中国物流百强企业之一，并荣获国家首批"5A"级综合物流企业最高荣誉称号。前来给物流管理专业的学生讲课的为总部、企业部、市场部、客户服务部、人事部等各部门的经理。课程的内容包括以下方面：

1. 各部门经理授课，内容涵盖面广

这次邀请的是远成集团主要部门的业务经理，讲课总学时达到10学时，所介绍的

第五章 物流创新能力培养的应用案例

内容几乎涵盖了物流活动的全部内容。

首先，由远成北京总部刘经理介绍的内容比较全面，概括性强，包括远程集团发展历史、组织架构、企业规模、经营范围、重要合作伙伴、专业管理团队、获奖情况、IT系统、北京现场的物流业务、与国际物流作业的对比等方面。其次，各个分部门经理都结合自身的工作，谈论了本部门的业务情况，专业性非常强。例如，企业部经理所讲授的是企业的硬件、软件环境，硬件环境是所有的设施设备，软件环境包括网络的建设等；人事部经理所讲授的是企业文化，以及人事部的管辖范围与运作等；市场部经理所讲授的是产品和服务、销售对象、运输报价与物流方案等；客户服务部经理所讲授的是客户结构、客户的需求情况、客户网络及信息系统等内容。这样，学生对远成集团乃至物流企业的业务活动便有了系统的认识。

2. 学生和企业人员互动与交流增多

本课程的学生在听完介绍后主动提问题，每堂课都有半小时时间提出问题和回答问题，自由交流的时间长。这是对学生探究能力的培养。探究是学生主动捕捉与叩问，而不是教师强迫学生去解决一个问题。他们在课堂上听讲后，根据自己所学理论和对现实判断的直觉，来探询问题的结果，来证实自己的观点，从而获取知识。例如，他们希望了解国内物流企业的整体状况，所提的相关问题有：民营企业如何崛起并走向世界？从远成集团的综合水平来考虑，它与国际优秀物流企业之间的差距在何处？如何做到快速回应顾客？如何搜寻目标客户、挖掘潜在客户？什么叫返单服务？如何保持合理库存？如何突出个性化服务（举例）？等等。这些都是企业的敏感问题。他们希望知道如何得到理想的工作，所提的问题主要有：如何理解企业文化与经营理念？怎样提高对岗位的熟知度，才能通过面试？如何得到上司的认可（举例）？等等。

3. 到现场参观，强化学生的感官认识

本课程不仅做到"请进来"，还做到了"走出去"，即带领学生到现场参观，让他们身临其境，学到更加实际的内容。师生一起到远成集团位于大兴黄村的北方行邮基地进行参观。现场经理解说并答疑。大家参观了行邮专列以及货场的货物情况，他们接触到了货物的堆放、现场的叉车等设施、货物的装卸搬运、接货发货等业务，使他们对物流的日常业务有了更深刻的体验和了解，并找出了所学理论和实际间的差距。回校后分小组撰写参观调研报告，报告的内容包括参观的时间地点、单位简介、参观目的、业务情况、设施状况、结论或感想等。

4. 专题讨论和对比分析，提高学生的研究能力与分析能力

最后一节课是小组专题讨论。与以往单纯的专题不同，这次所进行的是对比分析。在充分了解远成集团的基础上，将其与自己所熟知的（以前调查过的或教学案例中出现过的）另一个物流企业进行对比分析，找出差异，提出改进建议。这样可以使学生了解不同类型的物流企业、不同的业务服务与管理方式等，对差异性进行研究分析，制定出不同的发展战略。学生分为8个小组，讨论的内容包括远成集团与中铁快运、东升、德丰、金必通、嘉里等大中型物流企业的比较分析。案例讨论完成后，教师要求每位学生对自己小组的案例分析进行总结，然后写成最终的结课论文。

课程的效果良好，主要是授课内容全面，资料丰富，做到了理论中有实践，实践经验又包含理论知识，淡化了理论与实践的界限。而且学生感同身受，反映普遍良好，不

物流创新能力培养与提升

仅使他们对物流管理等内容进一步加深理解,巩固课堂所学内容,而且还充分了解了民营物流企业与铁路物流企业的特点,以及他们的吃苦经验和团队精神,使学生积累了宝贵的物流实践经验。

二、"物流学"课程的实践创新案例

实践教学是培养学生实践能力和创新能力的重要环节,也是提高学生就业竞争力的重要途径。现代物流产业作为第三利润源,企业人才需求急剧增长,但本科物流类毕业生常常出现"找工作难"与企业"招人才难"的矛盾局面。由于本科教育定式思维的影响,本科院校注重对学生理论思维的培养,而导致应用型本科物流管理专业在设计培养计划时对实践教学环节的重视不足,造成人才培养与企业需求脱节。可见,在这种背景下,从2004年的教育改革开始,面对物流类人才尤其是高级管理人才的需求,北京交通大学物流管理专业在"产、学、研"一体化的教学理念指导下,对本科生的培养模式进行改革,增加了一些实践型环节。因此,在课程学习的过程中,教师通过布置小组作业的形式,让学生们走出教室,深入企业、校园周边、社区进行调研,并撰写调研报告。通过他们在实践活动中动手、动口、动脑,以达到理论与实际相结合的目的。

"物流学"课程是为管理科学与工程专业本科生开设的大类专业基础课程,是该类专业本科生的专业必修课程。"物流学"课程使学生掌握物流学的基本概念和学科组成,了解物流学的研究对象和基本理论体系,掌握物流学的基本原理和系统管理技术,初步具备设计、管理企业物流活动的能力。因此,学生只有将理论知识运用到物流实际中,才能验证理论,真正全面地掌握理论体系。

案例 5-1:北京锦绣大地商贸中心物流问题调研与设计报告

(一)调研概述

1. 调研目的

随着社会经济的持续增长,中心城区内的大型商贸中心取得了迅速的发展。北京锦绣大地商贸中心是由北京锦绣大地农业股份有限公司精心打造的位于北京海淀区阜石路,总建筑面积50万余m^2的大型商贸中心。该公司由北京市大地科技实业总公司、北京四季青农工商总公司等13家股东出资组建,总资产19亿元,是一家国有资产占74%的农业高科技股份制企业,是2002年农业部、国家计委、国家经贸委、财政部、对外贸易经济合作部、中国人民银行、国家税务局、中国证监会、中华全国供销合作社九大部委联合批准的第二批国家重点龙头企业之一,是中国农业银行总行信用等级AAA级客户,实力和信誉不同凡响。

然而在这一大型商贸区不断发展的今天,其经营模式、物流运作、周边的交通管理等方面也存在着诸多问题。而这些问题的存在直接导致锦绣大地商贸中心的物流运作效率低,成本高,商贸中心周围拥堵,给周边交通和附近居民的出行带来了很大的影响,降低了商户的收益,同时也制约了商贸中心的进一步发展。本次小组调研,旨在了解归纳锦绣大地商贸中心物流运作模式,发现锦绣大地商贸中心及周边物流存在的问题及原因,以便在接下来的方案中进一步研究解决锦绣大地及周边物流存在的问题,从而提高锦绣大地商贸中心物流运作效率,缓解周边交通压力,给商户以及锦绣大地商贸中心带来更多的利益和进一步的发展。

第五章 物流创新能力培养的应用案例

2. 调研时间、地点、方式

从商户、消费者、锦绣大地商贸中心管理层、第三方物流企业和周边有关部门这五个方面，我们于9月7号、9月11号和9月13号分别到商贸中心进行了不同方面的调研。

3. 调研方式

本次调研以现场调研、直接访谈和问卷调查为主，辅助以网络调查、相关单位电话调查等。

（二）调研基本情况

锦绣大地商贸中心位于北京海淀区阜石路69号，距西四环3.5km，交通便利。主力商铺单位面积22.40~22.96m²，每平方米均价15000元，总价30万~50万元，并提供仓储库存、储运代理、商讯发布、电子商务、金融、保险、结算、展览交流、商务会议、质量认证、产品检测等全方位服务，是一处集商贸与物流运作于一体的黄金宝地。

1. 经营情况

锦绣大地商贸中心主要分为南北两区，其经营项目如图5-3所示。

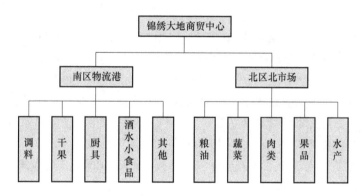

图5-3 锦绣大地商贸中心经营项目

南区物流港主要经营调料、干果、厨具和酒水小食品，南区的经营项目在北京占有很大的市场份额。北区北市场分为粮油（区域6）、蔬菜（区域4）、肉类（区域3）、果品（区域1）和水产（区域5）5个专业市场进行建设。其中，粮油市场占地80亩[□]，摊位近600个，原玉泉路粮油批发市场整体迁入锦绣大地商贸中心后规模扩大了一倍，淡季时每天成交量约1100t，旺季的成交量可以翻一番，大约占北京市场份额的35%。蔬菜市场目前占地70亩，日成交量可达60万kg。果品批发市场占地100亩，由原四道口果品批发市场整体迁入，正常运营后进口水果和精品水果的交易量将占到北京市场份额的60%以上。

北区北市场分区图如图5-4所示（区域2为礼品卡发放区域），拥有3000多个固定摊位，成交额达到30亿元。

锦绣大地商贸中心目标是成为华北及北京地区最大名优真品酒水展示交易平台、北京最大绿色安全食品专营市场、华北最大进出口交易平台。

[□] 1亩=666.67m²。

物流创新能力培养与提升

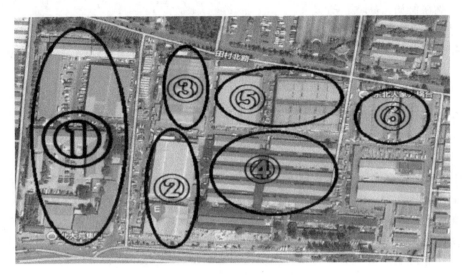

图 5-4 北区北市场分区图

2. 物流情况

锦绣大地商贸中心年度运费 3000 万元~5000 万元，货运货值 25 亿元。以点对点的地面运输为主，只有 2% 左右的货运会中转水运或空运，货运范围在 600km 之内的占总运量的 85% 以上，因此产品货运的辐射范围和干散货小订单多份数的性质决定了其物流工具基本为公路运输。商户的发货方式主要分为三类：买家开车自提货物；北京市内的部分商品，商户会用自家的货车为买家送货上门；发往市外（多为内蒙古、东北以及华北地区）商户会将货品交给物流公司代为送货。

（1）规划布局。南区物流港大楼地下二层为一个近 10000m² 的车库，可设置近 280 个车位。大楼的四周有 3000 余平方米的露天停车场（见图 5-5），露天停车场车辆的停靠几乎没有统一的布局规划（其中有 7 个大型车位用于物流公司货车停放），存在人车混行、大型车辆与小型车辆混行、车辆随意停靠的现象。

图 5-5 物流港停车场

第五章 物流创新能力培养的应用案例

整个露天停车场分别在东边、东南边以及西南边各设有一个出口。其中除西南边的出口只进不出以外，其他均可以供车辆进出。

北市场的情况与南区大致相同。南北均无统一的货品装卸点。

(2) 设施。在南区物流港里只有大楼地下二层的车库里分布有大小从几平方米到最大 30m² 的大小不一的近 100 个小型仓库。只有一部分经营的陶瓷或玻璃制品的商户会将货物短期存放在这些仓库里。一般商户的少量存货都存放在自己的门店里，而大量的存货则存放在其他地方的大型仓库里。北市场的蔬菜长时间存放还会腐烂。

(3) 管理。现在没有统一对物流进行整合管理，有 4 家专线物流商、15 家综合揽货物流商，商贸中心与这些物流公司的关系为场地租赁关系。基本每家物流公司在旺季的时候每天发两班次货车，淡季时每天发一班次货车。

(三) 问题分析

1. 物流水平低

经调查分析认为，商贸中心目前的主要表现为物流水平难以匹配市场需求，物流水平低下，严重影响市场秩序；物流的落后也抑制了商流的运转；物流运作效率低，车辆缺乏调度管理，挤占周边交通资源，严重影响周边交通便捷。

2. 规划不合理

由于前期规划建设不足，以及后期乱搭乱建现象严重，导致总体物流规划面积锐减，物流规划混乱，人车混行、乱停乱放等问题频频发生。

(1) 缺少货品装卸点。北市场内买家大都为批发自提，市场内并未设置单独的货品装卸点。卖家将车辆直接开进市场，停在各自经营区内，车辆代替仓库，无须装卸；买家自行驾车前往市场，车辆随意停在市场中央车道处，装货上车后，驶离市场。

(2) 车道设置不合理，人车混行。南北市场中无论是几条主干道或是侧道均没有具体划分车道与人道，车道上大型车辆与各种小型车辆同时混杂，没有区分来回的车辆运行方向，车辆的拥堵造成了人流的流通障碍，人流的流通障碍则会影响商业的运营效率，最终甚至影响整个锦绣大地商贸中心的运营情况和交通情况。

3. 进出口设置不合理

北市场共有两个主要车辆出口 (见图 5-6)，以及多个行人出口；物流港 (南市场) 共有三个主要车辆出口，其中出口 1 只能进不能出，进出口设置不足。早晨农产品批发高峰期，车辆进出困难，经常发生车辆停滞在市场外田村路口，严重阻碍田村路交通通行。出口 2 为物流公司货车专用出口，因此商户车辆只能从出口 3 离开，出口 3 所在路口为附近公交车必行通道，高峰物流期极易导致公交车通行受阻。

4. 设施落后

南北市场的基础设施建设力度不足，导致市场内货物无处可放，垃圾无处可收，北市场垃圾堆叠，南市场货品露天放置，严重影响市场内货品质量的保持，损害了商户的利益。

(1) 冷链设施设备不足。没有冷链设备，一些蔬菜、肉类和水产在室外放置一晚后，第二天的价格便会直线下降。北市场的冷链设施的数量远远不足以满足经销商的需要，给经销商造成较大的损失。仅有几处冷藏仓库，利用率并不高，商户主要还是常温和自然物流状态。运输过程中更少有使用冷藏车辆的商户，绝大多数商户采取的是常温

物流创新能力培养与提升

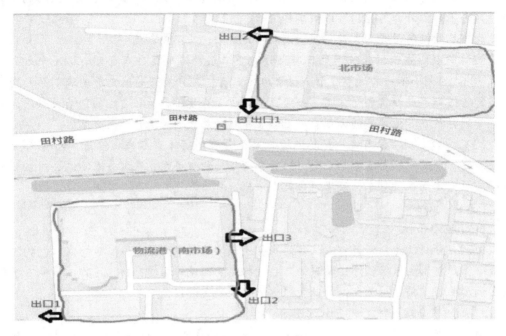

图 5-6 南北市场出口布局

车常态化运输。而仅蔬菜区，每天要清扫的垃圾高达几千千克，夏天蔬菜损耗率高达 25%。

（2）仓储设施不足。北市场有商户 3000 多家，南市场有商户 5000 多家，但仓库仅有 100 多间，根本难以满足商户需求。供需的严重不平衡，导致商户不得不选择在附近租用仓库。由此导致用于短途运输的电动三轮车数量激增，电动三轮车挤占货车、行人道路，引发市场内严重拥堵。此外，适应现代物流运作要求的农产品仓储设施严重不足。许多 20 世纪五六十年代的老、旧仓库仍在使用，仓储保管技术落后、机械化程度不高，产品的包装、分拣、搬运等物流作业大都为手工操作，"四散"（散装、散卸、散存、散运）现象大量存在。

5. 管理低下

（1）缺少统一管理。目前锦绣大地商贸中心设有物流管理部门，但并未对市场进行切实有效的物流统一化管理工作。实际物流管理部门仅 3 名管理人员。配送方面，北市场并无物流公司设置，多以买家批发自提形式为主，对于大量批发者，则由卖家负责租车为买家配送；南市场设有 19 家物流公司（4 家专线物流商、15 家综合揽货物流商），商贸中心并未对物流公司进行统一管理，与这些物流公司的关系仅为场地租赁关系。

（2）第三方物流缺乏规范。企业规模偏小、物流实力不足。企业经营模式多是家庭作坊式，"多、小、散、弱"的特征明显，专业化、规模化、现代化、辐射能力特强的物流市场几乎没有，充分竞争的市场环境没有形成，资源得不到整合，大多数物流企业从事单一功能的运输、仓储和配送，很少能提供物流策划、组织及深入到企业生产领域进行供应链全过程的管理。

第五章 物流创新能力培养的应用案例

6. 信息落后

具体表现为商户与客户间供求信息不畅,商户难以预估客户需求,库存管理水平低,客户无法全面了解市场内商户信息,购货成本高;商户与物流公司间信息不畅,商户无法及时了解在途物品信息,物流公司无法预计物流需求,高峰少车、低峰闲置情况严重。

(四)物流方案设计

本研究主要针对周边的交通通行管理混乱、物流效率低等现象,提出了"物流联盟"模式,通过对第三方物流的整合,实现对锦绣大地商贸中心物流的统一管理和统一调度,形成物流神经中枢,使商户与客户之间形成"无缝链接"。

1. 创新物流模式——物流联盟

我们提出共建物流联盟,通过物流联盟的统一化管理,以期促进物流水平的总体提高,通过联盟约束管理,提高物流商的总体服务水平,联盟共同配送,可有效提高物流配送效率,进一步降低周边交通压力,全方位提高市场总体经营环境水平,促进市场和谐发展。

物流联盟模式如图 5-7 所示,具体说明如下:

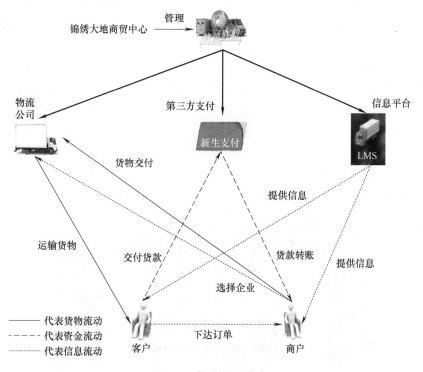

图 5-7 物流联盟模式

这一新模式是基于实际调研分析,并结合商户、客户、物流公司三方需求提出的,可以有效提高市场物流水平,也是未来商贸物流发展的必然趋势。

物流联盟成立的主要目的在于将市场内物流公司联合,对物流公司进行统一管理,为市场内商户和客户进行服务。服务内容主要包含以下三方面:

(1)物流公司管理。物流联盟负责对市场内物流公司进行统一管理,包含服务控制、定价控制、车辆调度安排、利润分配等。对于加入联盟的物流公司,物流联盟有责任对其进行服务水平评价,对于符合市场需求的物流公司发放准营证。同时物流联盟要定期对物流公司的服务水平等进行评价检查,建立竞争制度,对于服务无法达标的物流公司,发放退市通知。及时处理商户及客户对于物流公司的服务反馈信息,根据反馈信息评定优秀物流公司,发放资格评定证明,促进总体物流服务水平的提高。

对于市场内物流公司进行统一定价、统一管理,商户只需对联盟下达运输订单需求,由物流公司进行订单分拣处理后,统一调度安排车辆,确保市场定价一致,服务稳定。每月根据车辆使用记录,统一进行物流公司利润分配。

(2) 联合运输。物流联盟日常主要负责对市场内提供联合运输服务。客户与商户进行合同洽谈后,商户在信息平台输入订单信息,向联盟下达运输服务要求。物流联盟根据市场内订单下达订货量及要求,进行订单分拣及处理,安排车辆,统一前往商家仓库(市场附近,分布较为密集)进行装货,并发往最终客户目的地。

(3) 信息查询。物流联盟自建信息平台,对物流联盟、商户、客户进行开放,供其查询订单等各种信息。

2. 基地建设——园区规划

园区停车场规划设计总体分析是从园区停车场规划设计的目的、园区停车特性、园区停车现状、园区停车场规划设计内容和园区停车规划设计原则五个方面,对园区停车场规划设计进行分析。

(1) 物流港园区布局规划。在U形物流港建筑的南面和北面的矩形区域被划分为物流港园区内的停车场,而地下停车场则仍保持原有规划不变。U形物流港的南面区域主要用于小型车的停放,如一些来此园区进行零散购买或是小批量进货客户的车。

如图5-8所示,东南口和东口都是可以进出车辆的,但是西南口则是只允许车辆出园区。这样的安排是为了配合车流向的一致性,我们要求车辆在南部停车场只允许从东口进从西口出。这样即便是高峰时期小型车辆增多但是因为流向一致所以不会造成车道利用率不高而堵塞,每辆车都有了既定的路线就不会乱窜车道。

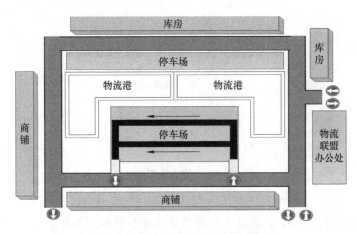

图5-8 物流港区布局规划示意图

(2) 北市场的布局规划。在北市场园区的东南角,我们将原有的停车场分为两个部分:客户停车场和物流联盟停车场。

第五章 物流创新能力培养的应用案例

因为物流联盟车辆不能完全取代客户的零散车辆，而且这些车辆的特点是停放时间短，占地面积小，所以我们将划出一块相对较小的停车场来作为这些零散车辆的停放处。来园区内看货的客户或是小量批发的客户，将车辆停靠在客户停车场后可以方便地寻找自己需要的商户。

对于北市场园区的出入口，我们将北口设置为只允许出去不允许进来，将南口设置为只允许进来不允许出去，如图5-9所示。这样进来的车辆都会在第一个路口直接右转沿第一大道行驶到停车场，从停车场出来的车辆也会沿第二大道行驶到北口离开园区。车辆会形成一个逆时针的流动，利于北市场园区的整体交通情况。

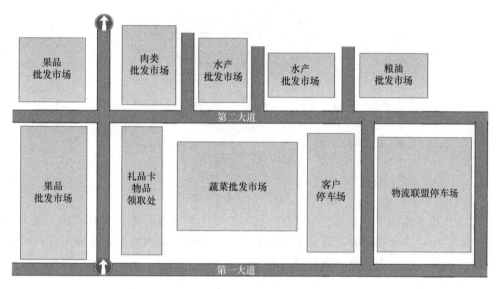

图 5-9 北市场布局规划示意图

3. 决胜江湖——联合运输

在对整个锦绣大地商贸中心进行布局整改、基础设施规划建设以及通过物流联盟整合第三方物流之后，针对目前所存在的资源浪费、车辆拥堵等问题，分别从冷链物流与非冷链物流两个方面解决。冷链物流主要是对北市场区域内部分中大型的货物进行资源整合，由物流联盟统一配送；对于非冷链部分，首先对订单分类，然后依据订单的大小分别处以不同的物流模式。

物流联盟得到来自商户的订单之后，首先需要对于多而繁杂的订单进行分类处理，见表5-2。订单通过分批处理之后有两点好处：其一是能准确地计算出对于这样的订单需要多少辆车；其二，对于同一区域的订单同时配送就会节省更多的时间和成本。

表 5-2 订单分类表

订单分类	特点	配送方式
小型订单	批量小、货物零散	客户自提
中型订单	批量大、发往地聚集在北京	物流联盟联合运输
大型订单	批量大、发往地分散	厂家配送

订单分批问题用数学语言来表达就是指把需要进行同一车辆装载的订单通过合适的

物流创新能力培养与提升

方式进行分批,并且计算订单如何组合能提高车辆满载率,从而使得所求解的目标函数达到最优。利用遗传算法的求解步骤如图5-10所示。

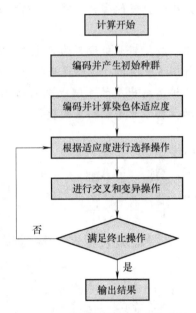

图 5-10 利用遗传算法的求解步骤

结合种子算法和节约算法,可以解决订单品性分类问题和车辆配载问题,提高车辆的利用率,对订单的合理分类避免了货物的损坏。遗传算法中选定初始种群后,对订单进行适应度的提高,最终得到最优的订单分配方案。

4. 信息系统

目前锦绣大地商贸中心已经进行了一定程度的信息化建设,但由于缺少商户与客户、物流公司的信息沟通平台,最终使市场供求信息较为封闭,形成了一个个"信息孤岛",造成互联互通困难,信息不流畅。这样的信息系统对于将信息共享视为关键的物流业来说,是亟待改进的。

图5-11、图5-12分别为虚拟物流联盟平台结构和首页界面。

功能说明:

这个信息系统我们根据四个方向进行设计,即商户登录、客户登录、物流联盟登录以及游客登录。根据不同人群的登录,系统实现的功能也将不一样。

(1) 商户登录。商户登录这个系统后,主要实现的功能是发布供应信息、查看自己的订单、选择物流公司、查看货到付款的款项是否成功交付等。商户根据自己每天的库存情况,可以随时更改自己的供应信息。

(2) 客户登录。客户登录这个系统后,主要实现的功能是发布求购信息、查看自己的订单、查看自己货物的在途情况、在第三方支付系统上进行货款交易等。

(3) 物流联盟登录。物流联盟中的物流管理人员登录这个系统后,主要实现的功能是查看自己在园区内车辆的调度情况、查看自己的订单、向商户发布自己的优惠信息、查看自己车辆的在途情况、选择系统提供的车辆最优路线等。

(4) 游客登录。游客有了购买需求,也可以登录这个系统,选择需要的货物,发

第五章　物流创新能力培养的应用案例

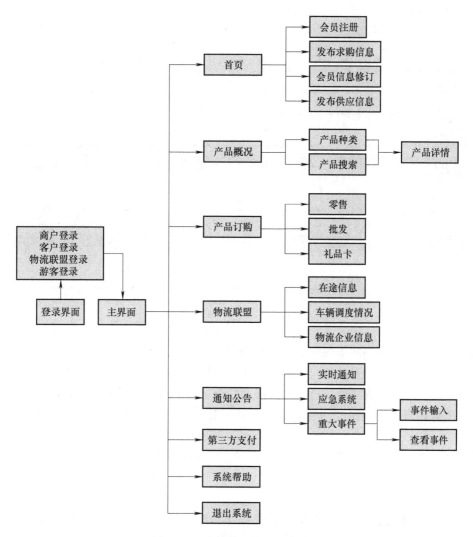

图 5-11　虚拟物流联盟平台结构

布求购信息、查看订单、查看货物的在途情况、在支付系统上进行货款交易等。

（五）方案整体总结

通过以上的分析以及方案，我们对锦绣大地商贸中心及其周边存在的物流问题进行了优化，在很大程度上提高了锦绣大地商贸中心物流运作效率，缓解了周边交通压力，给商户以及锦绣大地商贸中心带来了更多的效益和进一步的发展，使整个市场的物流活动运转得更具科学性、合理性，在满足企业发展需求的同时，也满足了社会对于此类商贸区发展的期望。

三、"绿色物流"课程的实践创新案例

"绿色物流"是为物流管理类本科生开设的专业选修课。它的任务是使学生在掌握了物流学的基础上，了解物流学与环境学的综合性学科——绿色物流的基本原理、基本知识，以及解决物流过程中所有污染的基本方法，使学生在掌握绿色物流理论与实践方

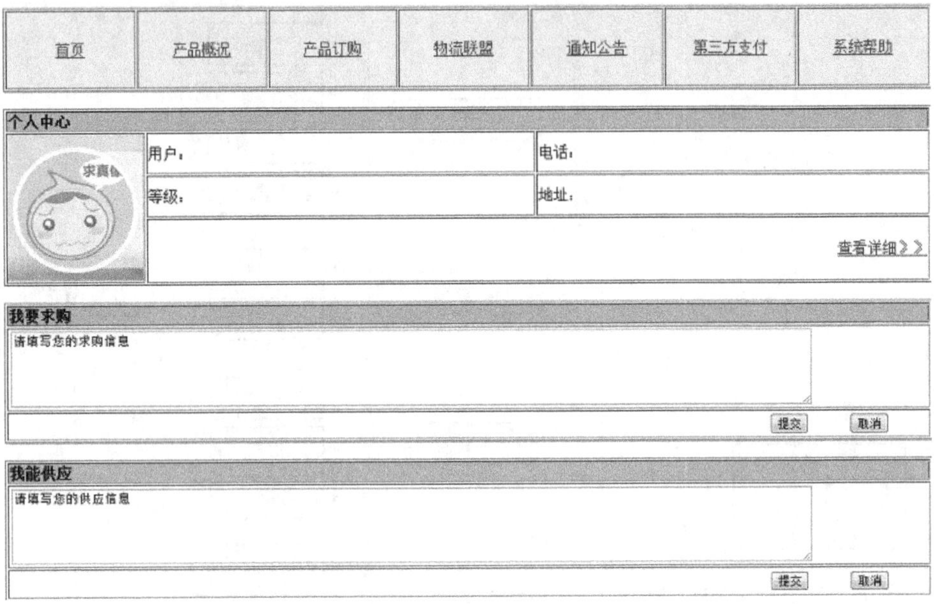

物流创新能力培养与提升

图 5-12 首页界面

法的同时,进一步提高环境保护素质,成为生态型物流人才。

本课程的实践活动是教师布置小组作业,小组作业以调研报告的形式提交。让小组的学生一起在学校或周边地区进行有关绿色物流的调查,然后对调研结果进行分析,运用所学的理论来解决提出的问题,并写出调研报告。调研占用 4 学时,也可利用课外时间。

案例 5-2:"绿色物流"课程的某小组学生的调研报告

(一) 调研概述

(1) 调研时间:2016 年 4 月 14 日。

(2) 调研地点:北京交通大学申通门店、京东派、豌豆码头、菜鸟驿站、小麦公社。

(3) 调研目的及意义:

快递业是我国高速发展的一个行业,每天都有大量的快件穿梭于中国版图的每一个角落,尤其是在高校,更是一个快递的集聚地。众所周知,快递会产生大量的包装垃圾,大量的包装袋和包装盒被随手扔进垃圾桶,无法统一回收利用,造成了严重的资源浪费。本次调研旨在了解目前快递业包装的相关信息,发现快递业绿色物流中出现的问题,并提出有效的建议和解决办法。

调研从两方面入手,一是从消费者行为进行调查,二是对北京交通大学周围的快递点进行实地调研。

(4) 消费者调研:调研对象是广大消费者群体。

(5) 调研方法:采访,网络问卷。

(二) 调研问卷设计及问卷数据分析

1. 调研问卷设计

根据调研内容设计了相应的调研问卷,图 5-13 所示是设计的问卷。

第五章 物流创新能力培养的应用案例

关于快递包装物回收调查

1. 您的性别 *
   - 男
   - 女

2. 您平时网购的频率是？*
   - 每周1~3次
   - 每月1~3次
   - 每半年1~3次
   - 每年1~3次
   - 从不

3. 您购买物品常见的包装有哪个？* [最多选择2项]
   - 防水袋
   - 编织袋
   - 文件纸袋
   - 泡沫纸箱
   - 硬纸盒
   - 塑料盒

4. 您平时拆快递的习惯是？*
   - 无须工具，徒手拆开！简单粗暴
   - 借助剪刀等工具，温柔地拆开
   - 看心情！随心所欲

5. 您平时如何处理拆掉后的包装？*
   - 直接扔掉，从不手下留情
   - 拿回去积累起来卖给废品站
   - 留起来进行废物利用
   - 直接留给快递员或快递店，任由他们处理

6. 您对快递包装物的回收有什么看法？*
   - 支持！希望快递公司可以形成这样的机构进行回收
   - 支持，我更愿意自己回收，做废物利用
   - 不支持，没有必要，太麻烦
   - 无所谓，看心情

7. 您是否愿意使用用过的快递包装 *
   - 愿意！可以支持环保
   - 不愿意！就是要用新的

8. 哪些原因使你拒绝使用用过的包装 *
   - 有破损，安全性恐怕得不到保障
   - 不美观，不符合本人的审美标准
   - 影响顾客对电商卖家的印象
   - 尺寸大小不合适

图 5-13 调研问卷的内容

2. 调研问卷数据分析

根据回收的调研问卷数据，分析消费者行为，见图 5-14、图 5-15、图 5-16、图 5-17 和图 5-18。

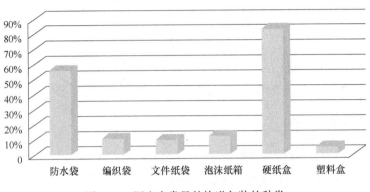

图 5-14　调查中常见的快递包装的种类

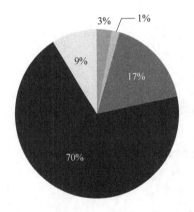

图 5-15　所调查的消费者的网购频率

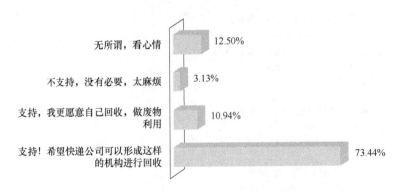

图 5-16　调查中消费者对回收快递包装物的看法

通过以上的数据和实地的消费者调查，可以看出：

（1）很多消费者还是有一点儿环保意识的，但无实际行动。

（2）消费者拒绝使用用过的箱子，使再利用陷入僵局。

第五章 物流创新能力培养的应用案例

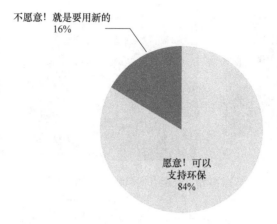

图 5-17 调查中消费者是否愿意使用用过的包装

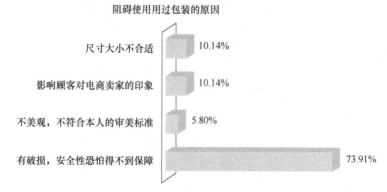

图 5-18 快递包装回收困难的原因分析

（3）消费者认为包装过度，拆包装时使包装盒损毁，导致无法回收。
（4）回收的安全性遭到质疑。

（三）现场调研及调研结果

1. 调研地点

调研地点见表 5-3。

表 5-3 调研地点及内容

序号	调研地点	备注
1	菜鸟驿站	主营业务：圆通、部分汇通
2	申通门店	主营业务：申通
3	小麦公社	主营业务：顺丰
4	豌角码头	主营业务：中通、汇通
5	京东派	主营业务：京东

快递点的包装使用后的状况如图 5-19 所示。

2. 调研数据

总结以上各家快递点，其快递包装的物流示意图如图 5-20 所示。

物流创新能力培养与提升

图 5-19 快递点的包装使用后的状况

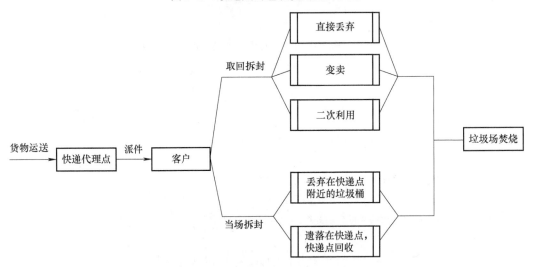

图 5-20 快递包装的物流示意图

调研的数据见表 5-4、图 5-21、图 5-22。

表 5-4 各快递点收派的数量和回收情况

门店	经营业务	日均派件量（件）	日均寄件量（件）	日回收包装（件）	二次利用包装（件）	包装物回收率	包装物利用率
菜鸟驿站	圆通、部分汇通	400	60	10	4	2.50%	40.00%
申通门店	申通	650	45	5	2	0.77%	40.00%
豌角码头	中通、汇通	400	60	15	7	3.75%	46.67%
小麦公社	顺丰	950	90	0	0	0	0
京东派	京东	195	0	15	0	7.69%	0

3. 调研分析与流程改进

从以上图表以及实际访谈中，可以了解到：

（1）豌角码头：员工会主动建议一些顾客留下包装盒，寄件可采用自营包装盒、包装袋以及回收的包装盒。该店的主动回收率较高，员工的绿色环保意识更强。

（2）小麦公社：该店虽然接受回收包装，但由于制度原因，寄件基本采用顺丰的自营新包装，回收率、利用率几乎为零。该店的制度性很强，但绿色环保意识比较差。

第五章 物流创新能力培养的应用案例

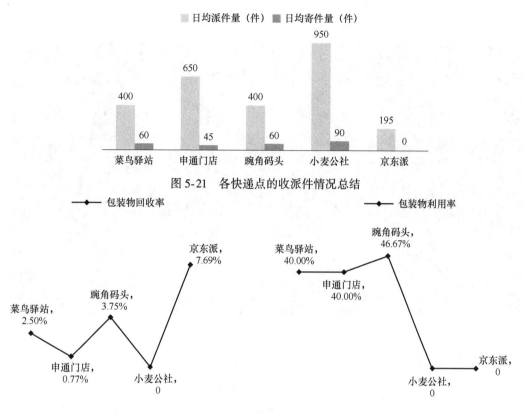

图 5-21 各快递点的收派件情况总结

图 5-22 各快递点包装物的回收率和利用率

（3）京东派：自营物流，只有派件服务，没有寄件服务，但遗留包装袋子数量多会统一处理。这说明该店有一定的回收意识，但由于没有寄件业务，因此没能充分利用起来。

下面以豌角码头为例，如果对物流流程进行改进，并使用自营的包装盒，则可以取得一些效果。图 5-23 是改进后的物流流程，即增加了挑选与回收的环节。

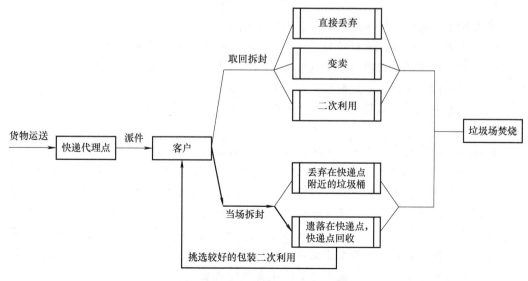

图 5-23 豌角码头物流流程的改进

物流创新能力培养与提升

自营的包装盒可以参考以下的邮政纸箱盒及其价格（见图 5-24）。

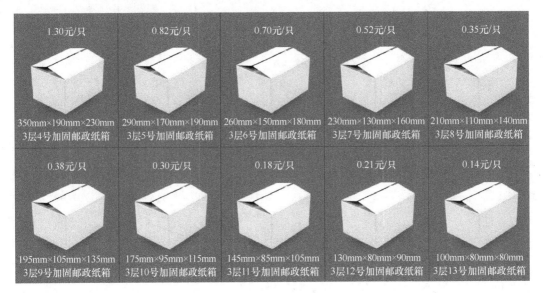

图 5-24　邮政纸箱盒及其价格

经过以上改进，可以节省包装成本，其效果见表 5-5。

表 5-5　快递包装回收的节省成本

	日均派件量（件）	包装物回收率	日回收包装（件）	单价（元）	每天节省成本（元）	每月节省成本（元）
现在	400	3.75%	15	0.5	7.5	225
改进后	400	20.00%	80	0.5	40	1200

（四）结论及建议

1. 结论

综上所述，包装回收的要素有以下几个方面：

（1）顾客自身的环保意识必须提高，如选择回收利用还是直接遗弃。

（2）店员的环保导向能力。看到没必要带走的包装主动建议顾客留下。

（3）平均取货时间。一般时间越短，越会被直接拿走。

（4）规章制度。严格的制度可能导致扔掉的少，回收的也少。

2. 建议

针对目前快递包装的现状，对其回收和再利用提出以下建议：

（1）建立有效回收机制，明确职责。首先快递企业应鼓励企业内部循环使用，对于使用过的封套、包装箱等，都可以二次利用；其次，多方要共建回收体系，一方面采取措施鼓励快递员回收包装，与快递网点定点回收相结合，另一方面将回收的包装统一出售给相关生产企业，进行再利用。而在校内，我们也可以建立非营利性质的公益区域，使得纸盒等包装材料能够在这里被二次利用，领了快递之后可以把纸盒放在这一区域，若有人需要寄快递，可以使用这里的纸盒进行包装。

（2）快递包装物规格标准化。运用政策法规、安全标准对快递商品包装进行规定。

第五章 物流创新能力培养的应用案例

第一，国家应针对快递商品包装的特征，对包装材料进行规范，禁止三无包装进入快递市场，禁止使用无证生产、有毒的材料作为生产原料，并对快递商品包装挥发性气味中的相关成分进行限制。第二，应要求快递行业实行包装物安全警示制度，在包装上标注制作材料、生产商家、监督电话等信息，方便收发快递人员监督，保证收发快递人员的安全。

（3）提高快递商品包装质量，丰富快递商品包装品种。提高快递商品包装质量，可以对发件方或快递公司职员进行专业培训，并且努力研发快递商品包装的新工艺、新材料；另外还需要丰富快递商品包装品种，包装外形是包装品种的一个主要方面，外形要素包括包装展示面的大小和形状，应优先选择节省原材料的几何体；快递包装要杜绝过度包装和夸大包装；加大力度发展系列化快递商品包装外形设计，增强可拆卸式包装设计的研究，以便收件方能很容易地拆卸包装，从而节约包装材料，降低包装成本，减轻环保的压力。

（4）合理选用快递商品包装材料，开发新材料。开发新的快递商品包装材料，新材料要可循环利用、可降解，出台政策鼓励少用原材料，在包装设计开发上尽量选用天然生态的、易分离、轻量化、高性能的原材料，以及加强绿色油墨、绿色助剂等包装辅助物的开发。需要大力推行和应用环保可降解的快递商品绿色物流包装，替换原来的不可降解包装。例如，现今有的酒类包装用秸秆作为原料制作，特点就是强度高、方便运输、环保，并且成本低。另外可回收的包装材料要耐磨、耐冷热、防水防污，结实可靠，便于二次使用。

（5）对消费者的快递包装回收行为提供奖励措施。例如，圆通实行十个完整包装物可免费寄一次快递的服务制度等。另外可利用智能回收机，通过物联网技术，完成包装的识别、回收、压缩、存放，用校园一卡通结算并传送信息等。这样可以在网络上直接进行现金结算和若干奖励。

四、"物流信息管理"课程的实验教学环节

除了以上的社会实践课程和环节外，实验教学也是实践环节中的重要一环。

物流管理本科专业的实验课程，依托学校提供的实验环境，已经建立了综合物流实验室，可同时搭建多门实验课程的实验环境，主要设备多为通用设备，如服务器、联网设备、条码识读设备等；实验背景和数据通过各种软件系统来模拟，包括采购、仓储、财务、物流设备等方面。将这些软硬件设备进行组合，还可搭建供应链物流管理的模拟环境。企业物流管理综合型实验环境如图5-25所示。其中，每台终端代表企业的一个岗位（部门），软件和资料数据根据企业实际情况进行加工和简化，以便适应教学实际需要。

"物流信息管理"课程是为物流管理本科专业开设的专业课。随着信息技术的快速发展，信息技术已经深入企业和组织的方方面面，成为企业管理的一个重要部分。物流信息已经成为联结物流各项活动的纽带和物流管理的前提。本课程的教学任务是系统地介绍物流信息管理的概念、基本理论、实用技术和管理方法，使学生对物流信息管理的理论、技术手段、方法有较全面的了解和认识，初步具备物流信息管理的知识与技能。

物流创新能力培养与提升

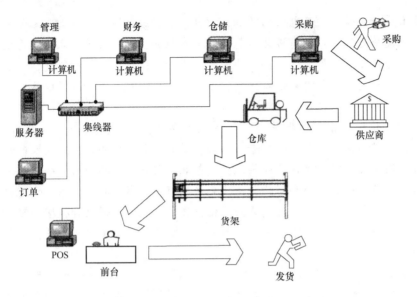

图 5-25　企业物流管理综合型实验环境

学生学完本课程后,能够掌握物流信息及信息管理的概念和原理,了解物流信息的来源、采集方法和技术,对物流信息的需求进行分析和组织,建立物流信息系统。

以下是"物流信息管理"课程中,学生通过小组作业的形式和实验,获取了更多的企业资料,为企业搭建信息平台出谋划策。这种案例的创新性在于,老师上课时一直用一个企业的案例,并给学生提供各种该企业的相关资料,在保证课程连贯性的同时,给了学生深入了解企业全貌的机会,增强实践性。

案例 5-3：南郊冷冻厂车货匹配信息平台的建立

（一）南郊冷冻厂货物和车辆情况

南郊冷冻厂的货物主要以肉类、禽类、水产品类和其他肉制品类等食品类货物为主,主要的供应地区为东北、华北和西北的多个省市区。冷冻厂是国内规模最大、自动化程度最高的国有大型冷藏企业之一。

南郊冷冻厂中长期进行物流服务的物流公司约 30 家,其中有 5 家规模相对较大,自有或加盟车辆超过 20 辆,其他规模相对较小,自有或加盟车辆低于 10 辆。南郊冷冻厂中长期进行物流服务的个体户约有 300 户,绝大多数个体户运营车辆不多于 5 辆。南郊冷冻厂中社会车辆进行的物流服务多以专线为主,城际主要专线线路约有 40 条,主要辐射范围包括东北、华北、西北地区及南方少部分城市。冷冻厂中社会车辆车型众多,载重量从 2t 到 25t 不等,绝大多数为冷藏车,表 5-6 为南郊冷冻厂中社会车辆车型情况。厂区内车辆数量随市场交易情况变化而变化,淡季日均进厂车辆 200~300 辆,每年春节和十一前后为高峰期,高峰时期日均进厂车辆约 800 辆,最高峰可达约 3800 辆。图 5-26 为南郊冷冻厂内日均车辆数量情况。综合全年淡旺季情况,全年日均进厂车辆约 500 辆。

表 5-6　南郊冷冻厂中社会车辆车型情况

载重/t	2	3	5	8	10	12~15	20	25
车长/m	4.3	5.5	6.2	7.2~8.8	9.6	9.6~12.5	13~14.5	12.5~15

第五章 物流创新能力培养的应用案例

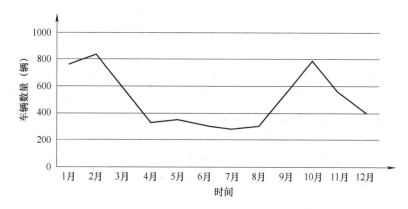

图 5-26　2016 年南郊冷冻厂日均进厂车辆数量趋势图

现有的车货匹配模式主要是货主直接与有相应专线的物流服务商联系安排运输，车主再根据所运输的货物的线路安排车辆，并安排司机进行装车。现有的车货匹配模式为高度市场化的匹配模式，即车辆与货物通过车主和货主之间的联系进行自由匹配，缺少政府和相关部门的监管和规范，从而导致在旺季经常需要等待很长时间才能够完成车货的匹配工作，我们小组对现有模式进行了深入的分析，并绘制了现在的车货匹配模式图，如图 5-27 所示。

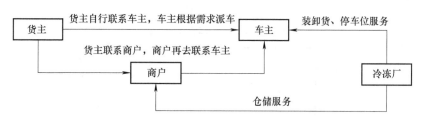

图 5-27　南郊冷冻厂车货匹配模式图

（二）南郊冷冻厂车货匹配模式问题分析

1. 车货市场不规范

南郊冷冻厂中的交易市场依旧停留在初级阶段，市场的运营模式、管理方法不够规范。商户租用厂内冷库进行库存仓储，而进货到厂车辆时间自由且不确定，无法很好地对进厂车辆进行安排、管理，厂内对提供物流服务的物流公司或个体经营户审核及登记，但对入厂车辆缺少宏观的把控。而且公路运输行业准入门槛低，这使得大部分公路零担运输业务由众多中小专线公司及个体经营户控制，市场竞争非常激烈，基本是以低价竞争策略生存，市场的主要特征为小、散、乱。

2. 车货匹配模式混乱

南郊冷冻厂中现有的车货匹配模式为各专线上的物流公司或个体经营户通过商户联系货主，或是各专线上的物流公司或个体经营户在厂内被动等待有货运需求的货主，或是发展固定客户群体进行货运，没有统一的匹配模式和匹配标准，导致整体车货市场混乱，配载等待时间长，效率低。

3. 信息共享程度低

现有模式中货主的信息不能被所有提供物流服务的物流公司或个体户了解，货主也

物流创新能力培养与提升

无法知晓全部可用车的情况,信息的共享程度低,间接增加了厂内车辆的等待时间,难于进行一体化管理。

(三)优化方案

为了优化南郊冷冻厂车货匹配模式,方便南郊冷冻厂的一体化管理,实现信息化建设,我们在企业调研的基础上,查阅相关文献和案例资料,提出了建立南郊冷冻厂综合化、数据化、多元化的车货匹配信息平台的优化方案。

1. 车货匹配信息平台整体结构

用户可以以两种身份登录我们的车货匹配信息平台。在用户注册阶段,车主和货主都要接受平台的身份验证。因为实名验证是对货主与车主的保护,是我们建立诚信平台的基础。

对货主而言,需要输入本人身份证号、手机号等基本个人信息,同时上传本人与身份证的合照,等待平台系统审核通过。

对车主而言,除输入个人信息之外,还应提供车辆信息与司机信息。车辆信息主要是车辆的运输资质证,司机信息主要是司机的驾驶证。我们要做到以下五证的检查:身份证、驾驶证、行驶证、营运证、从业资格证。同样需要上传照片等到平台系统审核通过。审核通过后,用户可以通过货主端或者车主端两个端口登录平台。车货匹配信息平台功能模块结构如图5-28所示。

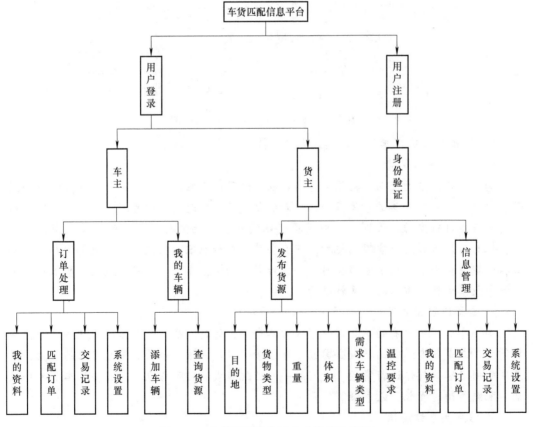

图5-28 车货匹配信息平台功能模块结构

第五章　物流创新能力培养的应用案例

2. 信息平台各个端口的运行流程

（1）货主端。货主托运交易流程如图 5-29 所示。

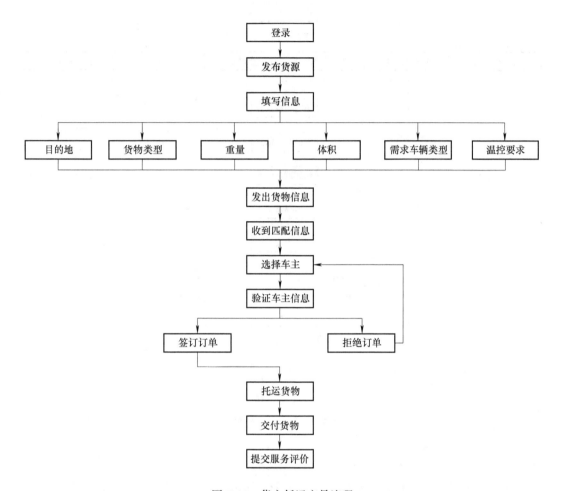

图 5-29　货主托运交易流程

货主端主要实现对货源信息的发布过程和货主对车主的选择过程。当货主单击"发布货源"时，会触发向数据库添加数据的过程，当数据添加成功时，会向视图层返回"添加成功"的信息。所添加的货物信息主要有货物类型（重货、轻抛货），货物所到达的目的地，货物的重量、体积，货物所需的车辆类型、货物的温控要求。

货物信息发布后，系统会按照货物信息的关键词与车辆信息的关键词自动匹配各项条件均符合且参与竞单报价的车主，并将匹配信息发布在货主端界面上。此时货主可以根据个人意愿对界面上显示的车主端信息进行排序，然后根据系统提供的排列顺序选择合适的车主。选择车主之后，会跳转至"验证车主信息"的界面，货主此时可以进行二次选择是否签订该订单。如果货主拒绝了此次的订单，系统会自动跳转回"选择车主"的界面，直到订单签订与货物托运完成。

订单完成后，货主可以选择"订单已完成"，然后对此次承运服务进行评价打分。

（2）车主端。车主承运操作流程图如图 5-30 所示。

物流创新能力培养与提升

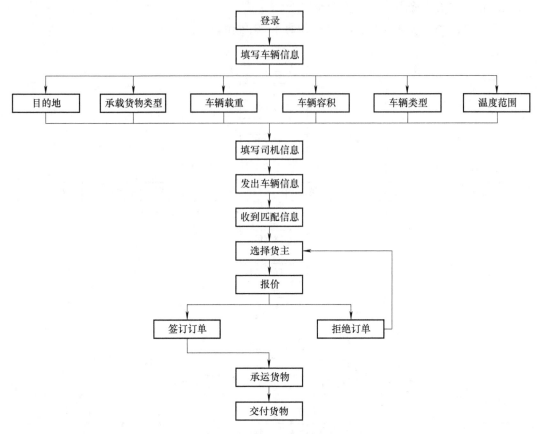

图 5-30　车主承运操作流程图

车主注册登记后，进入车主界面。单击"填写车辆信息"，可以添加车辆的目的地、车辆类型、承载货物类型、车辆的载重与容积、车辆的温度范围等信息。车辆信息填写完毕后，要填写负责承运的司机的个人信息。

当有货主在平台上提出需求时，车主端会收到系统的自动匹配信息，此时车主有是否选择该货主、是否参与竞单报价的权利。各项要求均由系统自动匹配完成，所以此时车主选择货主的主要依据是车的剩余承载量能否满足货主的承运需求以及先前合作的默契程度。

（3）车货匹配的过程。车货匹配的过程如图 5-31 所示。

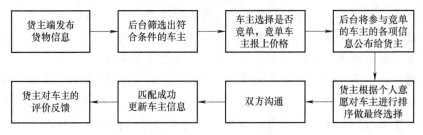

图 5-31　车货匹配的过程

1) 货主端发布货物信息。货主端将此次需要运载的货物基本信息输入系统。单击"发布货源"即可将货物信息公布在平台上。

第五章　物流创新能力培养的应用案例

2) 后台根据货主提供的货物信息，整合车辆信息之后，根据关键词"目的地""货物类型""载重""体积""温控要求"等自动筛选出符合条件的车辆信息，并将货主发布的货物信息显示于车主端。

3) 车主端收到匹配信息之后，根据车辆目前剩余载重量以及与货主在以往合作的默契程度选择是否接单。若选择接单，则在界面上选择"竞单报价"报上自己提供的价格。

4) 后台将已参与竞单的车主信息显示于货主的界面上。

5) 货主在看到车主的各项信息后，可以充分按照个人选择偏好以及此次订单的特殊性对车主进行排序。排序的指标有以下几种：

① 价格：各竞单车主对此次订单的报价。

② 货物破损率：

$$货物破损率 = \frac{货物破损的量（件数）}{承运货物的总量（总件数）} \times 100\%$$

③ 准时交货率：

$$准时交货率 = \frac{一定时间内准时交货的次数}{总交货次数} \times 100\%$$

④ 提货准点率：

$$提货准点率 = \frac{一定时间内准时提货的次数}{总提货次数} \times 100\%$$

⑤ 投诉率：

$$投诉率 = \frac{被投诉次数}{物流服务总次数} \times 100\%$$

⑥ 货主对本次服务的服务态度打分（分1、2、3、4、5五个等级）。

以上的各项指标均由系统自动计算得到，显示于货主的系统界面中。货主单击某一指标，即可将各车主信息按照该指标的特性进行升降序排列，然后选择合适的车主。

⑦ 综合排序指标。在我们的平台中，设置了可以供车主自行选择的指标的自由组合。我们充分考虑到了针对不同货物与不同订单时货主所考虑的因素不同的货主需求，安排了不同指标的随机组合。货主可以单击"综合排序"，在下拉菜单中选择它所关注的 n 个指标，然后自己选择赋予 n 个指标相应的权重。

系统首先将货主选择的每个指标按照其原本的排列顺序求解出其排名：

$$a_i = \frac{某车主按照第 i 个指标排序后的名次}{竞单报价的车主总数}$$

然后根据货主在系统内给予第 i 个指标的权重值 w_i $\sum_{i=1}^{n} w_i = 1$ 计算出综合排序指标 $\sum_{i=1}^{n} a_i w_i$。

例如，货主单击图5-32中的"确定"后，即可得到在该种条件下的车主的综合排序。

⑧ 智能排序指标。智能排序过程如图5-33所示。

6) 双方按照在系统内预留的手机号进行沟通与货物交接。

7) 双方沟通完成并实现了货物的交接后，在系统内选择"匹配成功"。此时系统

物流创新能力培养与提升

将自动更新车主信息,包括车辆剩余载重量/车辆总载重量,从而方便车主进行下一次的车货匹配流程。

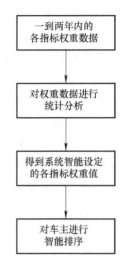

图 5-32　综合排序界面示意图　　　　图 5-33　智能排序过程

8) 实现了货物的交付后,货主将再次登进系统对此次服务进行综合性的全面评价。评价的指标分以下几个方面:

① 服务态度评分:主要是货主对于此次服务的服务态度的评价。

② 服务质量反馈:主要是货主对于此次服务质量的反馈,包括以下几点:提货是否准时?交货是否准时?货物是否破损?若发生破损,则需要输入具体数据,如破损货物的量(件数)与承运货物的总量(总件数);是否投诉该车主?等等。

(四) 方案可行性评价与创新点

1. 可行性评价

(1) 技术可行性。目前热议的"互联网+"是一种互联网技术,主要由云计算、大数据、物联网、移动互联网等技术组成。现在互联网技术的发展速度已超过了传统的行业,而且现在的互联网已经被企业作为一种基础管理工具。因此,构建车货匹配信息平台可借助这一新兴技术。

(2) 社会可行性。在政策方面,自中国加入世界贸易组织(WTO)来,国家已经放开了对物流投资的管制,而且各地政府一直鼓励和扶持各类资本进入当地物流产业和环节的建设,尤其对于物流产业的信息化建设,国家近年来也出台了相关的政策法规支持物流产业的发展。取得政府及相关权威机构的支持对物流信息平台的发展具有重要推动作用。

2. 本方案创新点

(1) 市场创新性。冷冻产品货运交易市场目前没有通过信息化交易的先例,市场整体都偏向于使用传统的交易模式。我们的信息化一方面有助于降低市场整体的运营成本和提升运营效率,另一方面有助于提高企业的运营量和影响力。通过在市场中率先推出和使用信息化的运营模式,南郊冷冻厂能够在行业内树立新的标准和新的体系。通过这一系列的创新举措,南郊冷冻厂有望成为货运信息化的掌舵者,乃至整个冷冻产品市场的佼佼者。

(2) 个性化筛选。我们设立的评价体系之中包含了货物破损率、准时交货率、提货准点率和投诉率等多方面的评价指标。除此之外，我们还创新性地提出了货主综合评价指标，用于评估货主的整体满意程度，这可以作为货主选择决策时的重要指标。在货主选择车辆运输时，货主可以通过自己的个性化需求去建立各个指标的优先级，进而去满足自己的个性化需求。例如，如果某货主对时间的要求比较高，那他可以将准时交货率这一指标的权重设立得更高一些。在相应的推荐排序时，系统也会优先考虑这些被货主设定更高权重的指标。

第三节　自我实践案例

一、创业大赛案例

"挑战杯"是由共青团中央、中国科协、教育部和全国学联共同主办的全国性的大学生课外学术实践竞赛。"挑战杯"中国大学生创业计划竞赛每届由一所高校主办，经专家评审团点评和网友投票进行综合评判，最终赛出名次。大赛分为校内选拔赛、省市预选赛、区域半决赛以及全国总决赛四段赛事。创业计划大赛可以培养参赛选手创业方面的知识和技能体系，培养团队合作精神，使参赛者体验创业过程中的艰辛与快乐，拓展知识面，提高大学生的综合素质，培养有创新精神和创业能力的创新型人才。以下是大学生创业计划的案例。

案例5-4：创业计划——北京交通大学益兴科技有限公司

1. 公司概述

北京交通大学益兴科技有限公司是一家提议中的公司，结合近两年与导师做的科研课题的积累，以及北京交通大学传统优势研究行业——铁路物流近年飞速发展的大形势，提出以资产全生命周期化管理的物流供应保障技术为核心产品与服务。

公司注重短期目标与长远战略的结合，短期目标将以交通运输部具体业务单位开始前期积累和运营，中长期目标将是为铁路独立核算单位（如铁路局）提供全面资产管理解决方案，并涉足计划、财务、人力资源领域，成为铁路行业专业的技术运用与综合服务提供商。此外，结合北京交通大学的科研优势，立足铁路行业的市场需求，成为学校科研和市场的一个纽带途径，转化和推广科研到市场应用中。

以下从产品与服务、系统目标与设计、市场机会、公司战略等方面进行阐述。

2. 产品与服务概述

(1) 铁路资产全生命周期管理。铁路专业资产管理对每个铁路局或站段都是十分重要的工作，资产管理的好与坏，可以直接反映企业的经营成果和业绩，杜绝腐败，为考核任期内的干部工作提供依据，反之管理不善则会造成生产资料利用率低下，甚至国有资产流失。尤其是一些国有大型企业和上市企业，每隔一定时期企业的财务人员需要对资产原值、折旧、使用年限等信息进行统计和评估。

但是许多铁路局、大型站段属于资产管理分散型企业，资产使用部门多，资产管理涉及省、市、地区、县等各级分管、托管部门；资产使用地点范围大，可以说从市区到

物流创新能力培养与提升

郊区、沿线,遍及辖区的每一个角落;结构分类复杂,覆盖面大;另外,随着铁路的发展,固定资产越来越趋向于数量多、金额大、更新快的特点,从管理上对资产的盘点、统计信息的及时准确性要求越来越高。这就要求企业资产管理不但要由一个良好、完善的管理系统来统计和评估固定资产,同时也要求企业用快速、准确的统计手段来管理资产。

1) 在资产管理中,引用条码和射频卡管理。采用资产编码方法和自动识别手段,系统地、有序地把所有固定资产进行分门归类,目的是准确地了解资产现状,为资产管理软件系统提供基础财务分析、成本核算数据。

2) 为企业备件计划管理、采购与资金管理、仓储管理等提供完善的全面解决方案。建立库存预警、合理储备评价、供货周期、厂商信誉分析、多类型仓库统一管理模型,提供库存评价的自学习功能;根据维修任务计划和合理储备及预警,自动生成或编制采购计划,并支持对计划的合并、拆分、终止、回退操作,进行统一、定时、规范、合理的计划编制与平衡处理;当维修计划对库存备件有指定要求时,该库存备件只能为该维修项目领用,形成维修计划对备件的库存控制关系,并计算分析合理库存水平、在途预达备件数量、预计备件出库数量等,制订备件的补库计划与紧急采购计划,通过严格控制采购计划达到对备件库存控制的目标,在两年内可逐步降低库存15%以上。这对于一个铁路局或者站段是不可小觑的庞大资产量。

(2) 客运设备资产管理子系统。客运段库存仓储是指在客运生产经营过程中为现在和将来的耗用或者销售而储备的资源。它包括各种卧具备品、餐营材料、小营商品、列车运行低值易耗品等。在旅客运输运营的各个环节中,合理、有效的库存起着十分重要的作用,可促进有效及时地完成整备作业,提高客运段的服务质量。

而传统的仓库管理,依赖于非自动化的、以纸张文件为基础的系统来记录、追踪进出的货物,完全由人工实施仓库内部的管理,仓库管理的效率低下。随着铁路客运跨越式的发展,客运段仓库管理的物资种类、数量在不断增加、出入库频率剧增,仓库管理作业也已复杂化和多样化,传统的人工仓库作业模式和数据采集方式已难以满足仓库管理的快速、准确要求,严重影响了运行工作效率,成为制约客运发展的一大障碍。

客运段仓储管理系统在建立了有效的仓储管理信息化平台后在运作过程中,就可以保持合理的相关货品库存,这对客运段运输生产的重要性主要表现在以下几个方面:

1) 有效库存能够保持经营的连续性和稳定性。
2) 提供了对付需求与订货周期不确定性的保护措施。
3) 平衡供应与需求。
4) 实现以经济批量订货与合理采购。
5) 提高客运服务质量水平。
6) 降低成本。

3. 系统目标与设计

(1) 系统目标。客运段如果对库存不进行控制,可能既满足不了运营的需要,同时还会造成大量的存货积压,占用大量的库存资金。库存管理涉及库存各个方面的管理,它的目标是以最合理的成本为用户提供所期望水平的服务,使客运段确定的库存水平既能满足运营的需要,又能使库存成本最小化。库存的全部成本不仅包括直接成本如

第五章 物流创新能力培养的应用案例

保管、保险、税费等,还包括库存占用的资金成本。由于库存占用资金,所以良好的库存管理应该提高客户服务水平,提高餐营、小营销售比率、利润和流动资金利用率。那么,好的仓储管理系统就是平衡库存成本与库存收益的关系,确定一个合适的库存水平,使库存占用的资金比投入其他领域的收益更高。

仓库管理业务流程如图 5-34 所示,仓库管理业务流程需求如图 5-35 所示。

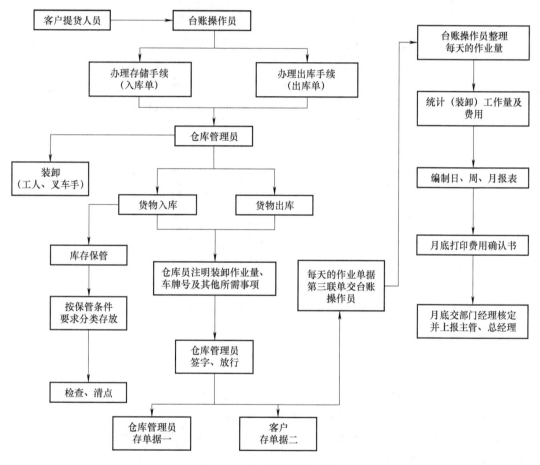

图 5-34 仓库管理业务流程

(2) 系统功能模块简介

1) 系统功能设定模块:自定义整个系统的管理规则,包括定义管理员及其操作口令的功能。

2) 基本资料维护模块:对每批产品生成唯一的基本条码序列号标签,用户可以根据自己的需要定义序列号,每种型号的产品都有固定的编码规则,在数据库中可以对产品进行添加、删除和编辑等操作。

3) 采购管理模块:

① 采购收货,当采购订单被批准,完成采购后到货的时候,给货物贴上条码序列号标签,然后在采购收货单上扫描此条码,保存之后,库存自动增加。

② 其他入库,包括借出货物归还、退货等只需要填写收货单。

物流创新能力培养与提升

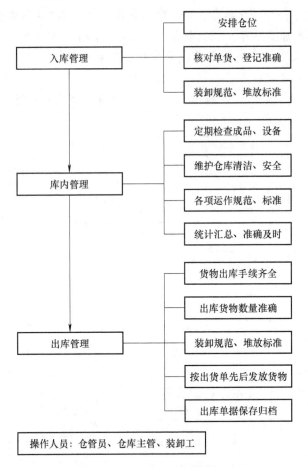

图 5-35　仓库管理业务流程需求

4）仓库管理软件模块：

① 产品入库：采购入库或者其他入库，自动生成入库单号，货品入库方法选择快捷，可以区分正常入库、退货入库等不同的入库方式。

② 产品出库：销售出库或者其他出库，可以自动生成出库单号，可以区分正常出库、赠品出库等不同的出库方式。

③ 库存管理：不需要手工管理，当入库和出库时，系统自动生成每类产品的库存数量，查询方便。

④ 特殊品库：当客户需要区分产品时，可以建立虚拟的仓库管理需要区分的产品，各功能和正常品库一致。

⑤ 调拨管理：针对不同的库之间需要调拨的情况，可以自动生成调拨单号，支持货品在不同的仓库之间任意调拨。

⑥ 盘点管理：用户随时可以盘点仓库，自动生成盘点单据，使盘点工作方便快捷。

⑦ 库存下限报警：当库存数量不满足一定量的时候，系统报警。

5）报表生成模块：

① 月末、季度末以及年末销售报表、采购报表以及盘点报表的自动生成功能；用户自定义需要统计的报表。

第五章 物流创新能力培养的应用案例

② 查询功能：采购单查询，销售单查询，单个产品查询，库存查询等（用户定义）。

(3) 系统设计

1) 基于 Web 服务。Web 服务作为一种面向应用的、开放的分布式组件技术，符合对仓库管理系统的要求，因此，我们采用它作为本系统的技术基础。从外部使用者的角度来看，Web 服务是一种部署在 Web 上的组件或对象，它对外发布一组接口（即一组方法，微软称之为 Web Method），其他应用（它们本身也可以是 Web 服务）可以通过通用的 Internet 协议（如 HTTP）实现远程调用，并获取返回值。从 Web 服务的使用协议来看，Web 服务采用 Internet 上广泛使用的通用协议和数据格式（如 XML），解决了互操作问题，这样，不论在何种平台上，不论用何种语言开发的客户端，只需了解 Web 服务的输入、输出和位置，就可以通过通用协议调用它。Web 服务本身也可以用任何语言开发，运行在任何平台上。例如，该企业仓库将系统通过对盘点单分析得到的盈亏报告以 Web 服务的方式发布，运行在另一个平台上的财务系统就可以通过调用该 Web 服务获得仓库盈亏信息，从而可以进行财务上的相关操作。

2) 数据流程分析。数据生成流程和数据生成原理如图 5-36 和图 5-37 所示。

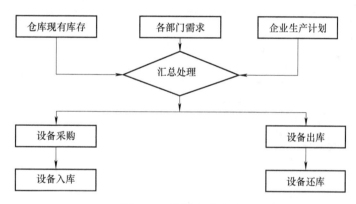

图 5-36 数据生成流程

3) 数据处理流程。数据处理流程如图 5-38 所示。

4) 报表生成流程。报表生成流程如图 5-39 所示。

5) 资产全生命周期可视化管理。资产全生命周期可视化管理是指利用计算机技术、网络技术、数据库技术等信息化的手段，对货品从采购、分配、使用、运营维护、报废等全生命过程，进行计划、组织、协调和控制的管理活动，并在货品信息集中的基础上，向管理人员提供强大的智能决策支持，从而为组织内决策层、职能层、执行层等提供集决策、管理、维护手段于一体的资产管理全面解决方案。随着客运段客运运营相关货品维护不断深入和规范化，维护管理人员迫切需要可视化管理工具来辅助他们减少货品的差错率，同时物流管理人员也迫切需要资产可视化管理对采购和库存决策进行科学的指导与支持。

4. 市场机会

(1) 市场细分。按市场开发程度，铁路行业的资产管理系统市场主要分为两类：

1) 信息管理平台比较好的市场。一些信息化建设比较好的市场主要是经济发展水平较高、信息处或电子所技术力量比较强的路局，如北京、上海、广州等。市场特征主

物流创新能力培养与提升

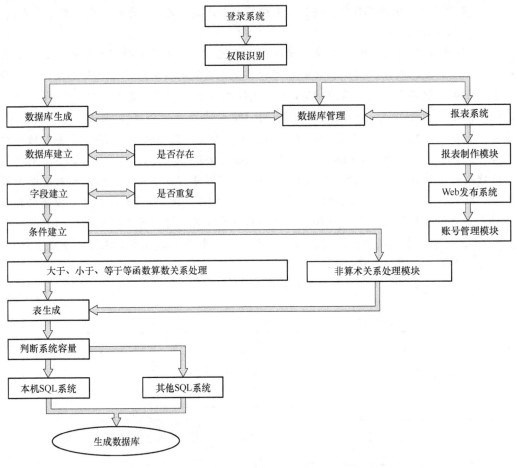

图 5-37 数据生成原理

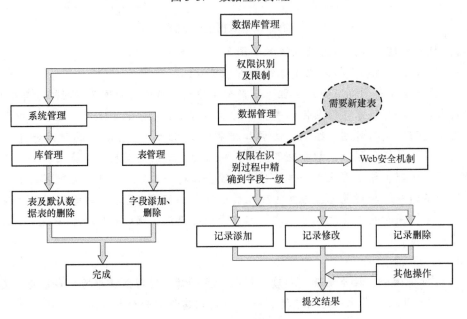

图 5-38 数据处理流程

第五章　物流创新能力培养的应用案例

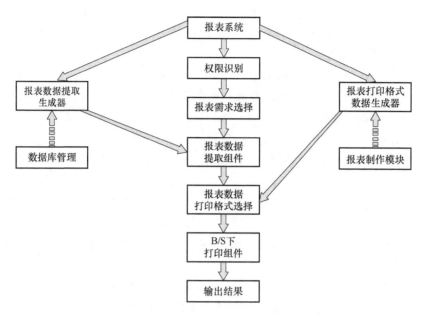

图 5-39　报表生成流程

要表现为：各级站段信息平台搭建的前期工作已基本完成，人员素质较高；主管部门比较熟悉信息平台的建设，对价格敏感度较低，消费行为比较成熟。

2) 信息化平台比较弱的市场。这类市场分布主要在经济发展水平偏低、信息化水平有限的中小车站或大车务段的小站。市场特征主要呈现为：基层人员较少接触或使用信息平台与路局或上级单位进行数据申报；对价格敏感度很高；信息基础薄弱，人员水平不高，竞争和缓。

(2) 竞争分析

1) 竞争产品和竞争对手。目前铁路信息化的主要市场在客票系统、调度系统、货票系统、铁路运输管理信息系统（TMIS）、现车系统等核心系统，各级信息处主要精力也在于此，各方主要竞争的市场也在此。而进行分门别类的物资管理信息化应用的厂家尚不多见，而且也更加没有像北京交通大学这般具备物流、物流管理专业化背景的机构参与其中。因此目前的市场竞争是相对和缓的，市场机会较多，竞争对手尚无暇顾及进入，所以时机是非常好的。

2) 竞争影响力量分析。铁路对于减耗增效的总体政策以及政策推出的时间点、推出的节奏都对竞争影响力量结构有较大的影响。目前涉及本领域的厂商尚不多，对于市场我方的优势明显。而供应商属于充分成熟的市场，我方讨价还价能力较强，选择余地较大。在对供应商的产品质量进行控制与防止受控于供应商的能力方面也都具有优势。

3) 替代风险。高新技术产品的生命周期较短，更新换代快。本公司目前准备申请孵化创业的产品服务有效的市场窗口期也就1.5年，一旦错过，其他应用系统（如办公系统）很有可能会延续进入目标领域。因此应当积极打开市场，完善产品功能，提高产品质量，开发新产品模块，加强市场营销，化解被替代的威胁。目前团队拥有技术优势，同时也具备先导市场优势，同类产品的潜在竞争者需经一定时间的调研和摸索后才能进入，这也给替代品的出现造成了障碍。

4) 竞争优势。目前我们具备技术和先导优势，项目切入点准备条件、技术储备优越；对专有技术与人才有领先优势，也有成本优势；供应商获得性强；学校鼓励创业，高新技术符合政策的发展方向等。

(3) 市场容量。据估算：各路局直管单列站段有 500~600 个，以每个站段需要一套系统造价 20 万~30 万元计，远期目标市场容量为 1 亿~1.8 亿元。目前公司短期市场容量是 1000 万~3000 万元。

5. 公司战略

(1) 总体战略。公司计划在 3~5 年内成为国内铁路行业资产、物流信息化领域的市场领导者。

1) 公司使命："专注于高校科研向产业化和市场化的推广与转化，致力于民族工业的发展"。

2) 公司宗旨："关注企业创新与人文和谐，实现价值与理想"。

(2) 发展战略

1) 初期（1~3 年）。主要产品是资产全生命周期管理信息系统，以及物流供应保障模型、算法的单一或整合信息系统。市场策略为：开拓这一领域的市场认同度，在铁路更改计划投资中占据一席之地，扩大市场份额；建立自己的品牌，积累无形资产；收回初期投资，准备扩大生产规模，开始准备研制开发衍生产品和开拓新领域。

2) 中期（3~5 年）。进一步完善和健全销售体系网络；重点研制相关产品，进一步拓展产品线，实行多元化经营战略；市场占有率达到 40%~60%，居于主导地位；巩固、扩展铁路专业物流管理信息化市场；研制机电、光电一体化产品，进军物联网领域。

3) 长期（5~10 年）。利用公司物流领域信息化以及研发方面的技术优势，开发研制铁路相关产品，实现产品多元化，拓展市场空间，扩大市场占有率，成为铁路信息化与技术应用领域的领先者。

① 纵向延伸：立足铁路领域，进一步完善核心产品；开发、引进新型技术和产品。

② 横向延伸：合理融合和联合高校的研发实力，开发促进新技术、新产品的市场应用；公司将以高科技参与国际竞争，适时进入相应的国际市场。

6. 财务规划

公司以市场详细调研为基础，在遵循会计原则的前提下，本着谨慎的态度进行大致的财务规划。

(1) 资金的筹集和运用分析

1) 资金筹集。前期以销售开发的软件信息系统为主营业务，为保证生产经营活动的正常运行，主要筹集方式为：

① 合伙出资：货币出资 30 万元。

② 项目技术、合同抵押贷款或抵押折借：15 万元，与业内公司、科研团体或投资基金合作。

③ 供应商、分包或开发人员以合同协作方式，利用赊销或预开发等形式，提前投入开发工作，待合同销售后附加财务费用一并结算，预计约 20 万元。对于开发人员，也可以以开发劳务入股形式进行协商。

第五章　物流创新能力培养的应用案例

预计总筹资额为 65 万元。

2) 资金的投入。当年开办的主要投入有：

① 办公设备的投资：20.55 万元。

其中：服务器 2 台，IBM X3650，3.5 万元/台×2 台=7 万元

路由器、交换机等，0.6 万元

小型磁盘阵列 1 台，2 万元

网站建设以及通信费，1 万元

办公桌椅 1500 元/套×5 套=0.75 万元

打印机 1 台，0.2 万元

笔记本计算机 3 台，6000 元/台×3 台=1.8 万元

台式计算机 2 台，5000 元/台×2 台=1 万元

条码打印机 1 台，0.7 万元

条码识读终端 2 台，3000 元/台×2 台=0.6 万元

射频读写设备一套，1.3 万元

软件购置费，3.6 万元

② 房租，租用办公室 5000 元/月，5000 元×12=6 万元。

③ 人员费用：21 万元。

其中：系统开发人员，6000 元/人×2 人×12=14.4 万元。

办公人员，3000 元/人×1 人×12=3.6 万元。

兼职人员、委外劳务等，3 万元。

④ 推广营销费用：10 万元。

项目当年总投资预算见表 5-7。

表 5-7　项目当年总投资预算

项目	金额（万元）
一、固定资产	26.55
1. 软、硬件设备成本预算	20.55
2. 办公地点租用预算	6
二、流动资产	31
1. 人工成本预算	21
2. 营销推广预算	10
合计	57.55

所筹集到的 65 万元资金，除了用于上述领域外，剩下的均为流动资金。

(2) 成本费用与收益分析

1) 单一产品成本分析。目前一套中小规模、非复杂程度的资产管理系统的价格为 30 万元左右，我们未来一年多所销售的系统都以中小规模为主，价位是在 20%上下间浮动。也可根据客户的需要预定规模较大价格较高的系统，可达到百万元以上的。

资产管理系统的成本主要是由硬件成本和软件成本两部分构成。该系统硬件成本在 12 万元左右，协作费用 3 万元；软件成本主要以人工费用为主，差旅、安装、调试、

物流创新能力培养与提升

培训费用在4万元左右。

2) 单一产品销售利润。目前一套中小规模、非复杂程度的资产管理系统的价格为30万元左右。减去以上所列成本与费用,则一套软件系统毛利率在35%左右,这样依照年度为单位,最低销售出4套系统即可维持经营的需要。

30万元/套×4套×35%-6万元(房租)-31万元(流动资产预算)=5万元

在公司初期运行时,就资产系统这一单一产品而言,保守估计,前两年年销售额应当在210万元左右,预计前两年的年收益应当在36万元左右。

有了该产品的支持,其他产品的开发、推广就会具备成本优势。

3) 现金流量表和利润表的预测。具体见表5-8、表5-9。

表5-8 现金流量表　　　　　　　　　　(单位:万元)

筹资活动产生的现金流量:
个人出资收到的现金:30
向机构贷款收到的现金:15
向合作方换算抵用的现金:20
筹资活动中产生的现金流量净额:65
经营活动产生的现金流量:
购买办公设备所需的现金:20.55
办公地点租用预算:6
人工成本支出:21
营销推广支出:10
经营活动中产生的现金流量净额:57.55

表5-9 预测利润表　　　　　　　　　　(单位:万元)

主营业务收入:210
减:主营业务成本:136.5+37
主营业务税金及附加:0
主营业务利润:36.5
加:其他业务利润:0
减:营业费用:0.5
营业利润:36
利润总额:36
减:所得税:9
净利润:27

(3) 企业获利能力分析。我们预计在一年内收回投资,然后在第二年将利润收入突破50万元,以后每年利润收入递增,并且不断扩大产品知名度。

(4) 风险分析。复杂变幻的内外环境每时每刻都在孕育着各种各样的风险,企业求生存、求发展,必须认识面临的各种风险,以便制定经营对策,改善经营管理,避免风险。现将我们可能面临的风险分析如下:

1) 市场风险。从软件服务业发展趋势看,随着互联网应用的范围越来越广、应用的层次逐步深化,信息技术发展和更新进一步加快,以云计算、移动互联网、物联网、

第五章　物流创新能力培养的应用案例

泛在网等为代表的新技术、新模式不断涌出，孕育着新的重大突破。软件技术加快向"网络化、一体化、服务化、高融合、高可信"的阶段迈进，正在形成新的增长点。

不可否认的是，凭借着诱人的投入产出比，以极度的伸缩性和成长性，应用软件业的未来潜力不可限量。但是，由于这种运营模式壁垒不高，进入门槛低，可能会面临着很多竞争者或者后加入者的威胁。

2）政策风险。软件服务业是信息产业的核心和灵魂，是经济社会发展的基础性、先导性、战略性产业，是经济增长的倍增器、产业升级的助推器、发展方式的转换器、新兴产业的孵化器，在推进信息化与工业化融合、转变发展方式、维护国家安全等方面发挥着越来越重要的作用。加快发展软件服务业，能够提升信息网络等战略性新兴产业核心竞争力，加速走中国特色新型工业化道路的进程，为国家信息安全保障和经济社会持续健康发展提供支撑。软件行业受到政府的大力扶持，因此所遇到的政策风险应该是很小的。

3）财务风险。面对激烈的市场竞争，因为信息不对称、管理滞后、内外环境变化巨大，经常出现难以预料或无法控制的因素，这些因素的不断作用使企业财务系统的运行失常，偏离预期的经济目标，这种偏离现象（行为），多数会给企业造成经济损失，许多财务黑洞、财务空洞就是由经营管理失误造成的，有许多风险通过加强经营管理又得到了控制。因此应该准备一些规避风险的资金和制度措施。在对个人销售的基础上，寻找一些实力较强的客户，建立良好的关系，并且与供应商、经销商建立合作伙伴关系，避免陷入债务死三角。公司发展较好、资金优厚时，可以进行投资组合，分散风险。总之财务风险是整个企业经营状况的反映，我们会合理进行财务管理，避免或抑制其出现。

4）质量风险。软件系统的质量问题也是一个比较重要的问题，因为软件开发面对的程序非常复杂，很多错误隐藏很深，但是一旦出错对应用系统的影响就将是毁灭性的。因此在产品开发时不仅质量要求严格，而且开发周期要短。因此，我们将在严格产品生产的基础上，做好质量管理，并做好售后服务工作，为用户提供质量信得过的产品。做好测试和调试工作，把风险降到最低。

以上是对一些大的风险做的预测和分析。除此之外，还有技术风险、人事风险、投资风险及一些不确定因素的风险。我们相信，只要加强团队合作精神，运用科学的管理方法，进行组织管理、风险管理，我们一定会克服各种风险，实现奋斗目标。

二、大学生创新项目案例

"国家大学生创新性实验计划"（2007年正式实施）和"国家级大学生创新创业训练计划"（2012年实施）是高等教育改革的重要内容之一，旨在探索创新性人才培养的新模式，应遵循"激发兴趣、突出自主、强调过程"的原则，调动学生学习的积极性、主动性和创造性，提高学生的创新实践能力，培养学生从事科学研究和创造发明的基本素质。

大学生参加科研创新项目工作，能够促使学校的教学理论联系实际，对于学生适应和了解社会、缩短学与用的距离都有着重要的现实意义。

以下是获奖的大学生创新项目的案例。

物流创新能力培养与提升

案例 5-5：应急物资储备及调运模型研究

1. 引言

2008 年 5 月 12 日，我国四川省汶川县发生里氏 8.0 级大地震。突如其来的地震造成了大量的人员伤亡，也带来了巨大的应急物资需求，大量物资需要在最短的时间内从各地调运到灾区。这次抗震救灾过程中，在以下几方面显现出不足：

（1）应急物资存量不足。灾害的突发性与严重性，造成地震后应急物资存量明显不足，难以满足救灾需要。地震发生后两天，全国 10 个城市的中央级紧急物资储备库内约 18 万顶帐篷被全部调空。然而，安置所有灾民共需 300 多万顶帐篷。

（2）应急物资种类不全。我国生活必需品应急储备仅包括食糖、肉类、粮食、食用油等，而水、血液和照明器具，以及消毒、全麻、抗生素等药品和野战手术车等物资，防疫、医疗器械，救生器械并不包含在应急储备物资之中。

（3）筹措仓促，仓库准备不足。中央储备库呈现规模小、储备物资少、数量分布不均等问题，难以完成救灾储备物资的管理和调拨任务，在中西部贫困多灾地区更为严重。

（4）救灾物资运距远，难以及时到达。许多应急物资需要从全国各地调来，其中不乏与四川相距甚远的省市区，运输时间长，影响了救灾工作的时效。

从以上的分析可以看出，改善我国应急资源救灾体系，以加强我国对自然灾害的应对能力，是迫切需要解决的问题。国内外已经有许多学者在突发事件应对和应急资源管理上做了研究，并得到了许多有价值的成果。

在国外的研究成果中，Kathleen Fearn-Banks（1996）通过案例分析方法对城市应急管理各个方面进行了研究，着重对危机事件处理过程中的信息沟通做了介绍。Saundra K. Schneider（1995）对城市在面临突发灾难性事件中如何应对进行了研究。之后，Mike Seymour 和 Simon Moore（2000）分析了世界范围内高效的应急管理模式、方法以及应用情况。Suleyman Tufekei 和 William A . Wallace（1998）作为权威的应急管理专家指出，应急管理本质上是一个复杂的多目标优化问题，在应急资源限制的情况下，必须解决资源的折中利用问题。

发达国家对这方面的研究以及应用已经趋于成熟，而国内这方面的研究还处在起步阶段，很多研究借鉴了西方的研究成果。目前主要有丁石孙（2004）、焦双键和魏巍（2006）等人的著作，根据我国灾害发生的特点对我国城市应急管理提供了理论基础。在应急物资管理方面的著作还比较少，主要是对应急管理的后勤保障稍做研究，另外是一些论文研究。高建国、贾燕、李保俊、李成（2006）的文章对我国当前的应急物资储备系统进行了分析，并提出了改进的意见。另外，刘一波（2006）、陈桂香和段永瑞（2006）等人的文章都对我国应急资源应该实现共享做了特别的强调，对资源共享的机制做了初步的探讨。

但是，大多研究只停留在较浅的层次和观念上，还没有深入到具体的运作方法及其他细节的内容，可操作性不足。另外，应急物资的储备也应该符合经济规律，应当把储备的经济性和备灾需要结合起来考虑。

而我国作为一个幅员辽阔、人口众多、灾害发生较为频繁的发展中国家，认真研究灾害储备问题更显重要。为此，本文将同时考虑经济性和备灾需要，研究应急资源规

第五章 物流创新能力培养的应用案例

划、共享的方法、应急物资的存储模式和调用模式,提供具有更强操作性的管理方法。

2. 应急物资的分类

(1) 现有应急物资分类方法。应对自然灾害过程所需求的应急物资的种类较多。为了有效管理应急运作系统,需要对它们进行分类。现有分类方式主要有以下几种:

1) 按应急物资的使用范围分类,应急物资可划分为两类,即通用类和专用类。

2) 按应急物资使用的紧急情况分类,应急物资可划分为三类,即一般级、严重级和紧急级。

3) 按应急物资的用途分类,应急物资可划分为13类,即防护用品、生命救助用品、生命支持用品、救援运载设备、临时食宿、污染清理用品、动力燃料、工程设备、器材工具、照明设备、通信广播用品、交通运输设备和工程材料。

4) 按应急物资需求的诱因分类,应急物资可划分为五类,即自然灾害类应急物资、事故灾害类应急物资、公共卫生事件类应急物资、社会安全事件类应急物资、经济安全事件类应急物资。

(2) 应急物资分类方法改进。分析现有的应急物资分类方法,它们存在着一些不足之处,有的过于复杂烦琐,有的没有突出各种应急物资不同的性质和特点,需要加以改进。本文结合各种应急物资的性质以及物资之间的种属关系,将自然灾害应急物资分为三大类,每一大类细分为若干小类。

第一类是生活类应急物资。无论是地震、雪灾,还是水灾、旱灾,在应急的实施过程中,保障人民群众的基本生活需要都是重中之重。

第二类是救生类应急物资。在发生重大自然灾害以后,急需各种大型救灾机械设备,如铲车、挖掘机、起重机等。

第三类是医药类应急物资。灾害发生后,为对灾区群众给予第一时间的抢救和治疗,以及防止各类疾病的蔓延,急需各种医药物资。此类物资不同于其他物资,对存储有特殊要求,本文在考虑应急物资储备时不对其进行讨论。

具体分类情况见表5-10。

表5-10 自然灾害应急物资分类体系

生活类	救生类	医药类
A1 救灾食物	B1 地震救生器械	C1 医疗用品
A11 饮用水	B11 探生仪器	C11 医疗器械
A12 方便食品	B12 破拆工具	C12 外伤用药
A13 救灾粮菜	B13 顶升设备	C13 防疫药品
A14 食用油	B14 小型起重设备	C14 消炎药
A15 盐	B15 发电设备	C2 净水剂
A16 奶粉	B2 水灾救生器械	C3 消毒液
A2 生活物资	B21 救生舟	C4 雪灾专用药
A21 单帐篷	B22 救生艇	
A22 棉帐篷	B23 救生圈	
A23 燃料与燃具	B24 救生衣	

物流创新能力培养与提升

(续)

生活类	救生类	医药类
A24 棉衣被(包括鞋袜)	B3 雪灾救生器械	
A25 单衣被(包括鞋袜)	B31 破雪工具	
A26 睡袋	B32 装载机和农用运输机	
A27 油毛毡	B33 机用油	
A28 毛毯	B4 应急通信设备	
A29 收音机		
A3 节水设施		
A4 防沙面罩		

按照上述方法对应急物资进行分类有以下几个优点:
1) 简单明了,容易辨别各种应急物资的性质以及它们之间的种属关系。
2) 便于根据不同应急物资各自的特点,有针对性地设计合适的储备模型和储备方式。
3) 有利于对性质相近的应急物资进行统一管理。

3. 生活类应急物资储备模型

本文将应急物资分为三类:生活类、救生类和医药类。救生类物资大多属于大型的装备,不适合长期存储,灾害发生时这类物资一般会从各处被调度到灾区;医药类物资不同于其他物资,对存储有特殊要求,考虑到这两种物资的特殊性,本文不对其展开讨论。而生活类物资用以保障人民群众的基本生活,需求量大且相对适合存储,本节将针对生活类应急物资建立经济合理的储备模型。

在考虑经济性的同时,为了保证整个应急生活物资存储过程的连续性和均衡性,既保障常规的储备以应对小型的灾害又保证一定的机动储备量,以应对突发灾害,因此需要建立经济合理的储备物资数量界限。通过对具体的储备问题加以概括和抽象,建立相应的数学模型,能够为做出正确的物资储备决策提供帮助。

(1) 模型假设
1) 物资的消耗和补充逐渐进行。
2) 把所有生活类物资看作一个整体,也就是模型假设只有一种物资。
3) 在短时间内灾害平均再现周期 T 固定不变。
4) 在储备过程中要保有一定的安全库存,以应对各种突发事件。

(2) 参数说明。模型参数及其含义见表5-11。

表5-11 模型参数及其含义

参数	参数含义
Q_c	常规储备量(保险储备量)
A	安全储备量(常数)
Q_r	非常规储备量(机动储备量)
M	机动储备最大值
T	某灾害在短时间内平均再现周期
t	时间

(3) 模型建立。在应急物资储备模型建立时应考虑物资储备的经济性和抗灾救灾物资的特殊性。如图5-40所示,应急物资储备分为两个层次:常规储备(保险储备)和非常规储备(机动储备)。

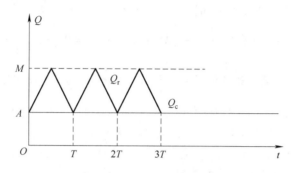

图5-40 物资储备消耗图

常规储备量(Q_c)方程是线性的,其值为常数A,即储备量基本保证不变。考虑到小型灾害发生频率很高,物资必须常年保证供应,足以应付各地区的轻微灾害和小灾。因此,要建立完善的补充、更新制度。对于灾害常发区应该保持一个较高的常规储备水平。

机动储备量(Q_r)是以T为周期,以M和A为上下限的上下波动的时间t的函数。这部分储备主要应付大灾和中灾。它可集中存储在较少的几个灾害多发地区。机动储备量呈波动性的主要原因是:

1) 较大灾害发生概率小,没有必要建立大规模的固定储备。
2) 库存基本理论要求强调储备的经济性。
3) 波动性是经济性的体现。
4) 波动性是建立储备更新机制和补充机制的需要。
5) 波动性是使储备物资保值增值的需要。

模型方程为

$$\begin{cases} Q_c = A \\ Q_r = f(t) \end{cases} \tag{5-1}$$

其中:

$$f(t) = \begin{cases} \dfrac{2(M-A)}{T}(t-nT)+A & nT \leq t \leq \dfrac{T}{2}+nT \\ -\dfrac{2(M-A)}{T}(t-nT)+M-A & \dfrac{T}{2}+nT \leq t \leq T+nT \end{cases}, n=0,1,2,\cdots \tag{5-2}$$

令$n=0$,即得一个灾害周期内的储备模型方程为

$$Q_c = A$$

$$Q_r = f(t) = \begin{cases} \dfrac{2(M-A)}{T}t+A & 0 \leq t \leq \dfrac{T}{2} \\ -\dfrac{2(M-A)}{T}t+M-A & \dfrac{T}{2} \leq t \leq T \end{cases} \tag{5-3}$$

当物资的储备量达到最大值M之后的一段时间内未发生灾害,那么应急物资可以

物流创新能力培养与提升

采取租、转、卖等方式缓慢消耗,但消耗量不可过大,并且到下一周期的峰值位置时应保证物资的更新和补充充足。

(4) 参数的确定方法。接下来以地震灾害为例,确定 T、M、A 的值。

1) T 的确定。用泊松(Poisson)分布描述不同等级的自然灾害发生的概率比较符合客观实际。泊松分布为 $P\{k\} = \dfrac{\lambda^k e^{-\lambda}}{k!}$ ($\lambda>0$ 为常数,$k=0,1,2,\cdots$)。为模拟自然灾害在一个地区发生的频度与等级的关系,设分布参数 λ 为 1,即 $P\{k\} = \dfrac{1}{ek!}$,其倒数可作为平均重现周期 T,$T(1)=1/P(2)=5.4$ 年,$T(2)=1/P(3)=16.3$ 年,$T(3)=1/P(4)=65.2$ 年,等等。再根据当地实际情况进行筛选。

2) M 的确定。M 与地震烈度、受灾范围、人口密度、人均物资需求等因素有关,可表示为:$M=F$(地震烈度,受灾范围,人口密度,人均物资需求)。其中,地震烈度是指地面及房屋等建筑受地震破坏的程度。对同一个地震,不同的地区,烈度大小是不一样的。距离震源近,破坏就大,烈度就高;距离震源远,破坏就小,烈度就低。不同烈度地震的破坏程度见表 5-12。

表 5-12 不同烈度地震的破坏程度

地震烈度	破坏程度
小于 3 度	人无感受,只有仪器能记录到
3 度	夜深人静时人有感受
4~5 度	睡觉的人惊醒,吊灯摆动
6 度	器皿倾倒、房屋轻微损坏
7~8 度	房屋破坏,地面裂缝
9~10 度	房倒屋塌,地面破坏严重

烈度大于或等于 6 度的地震,会造成实质性破坏,需要使用应急资源储备。根据地震的烈度,以及中国地震烈度区划图,可以确定出地震的受灾区域。再结合受灾区域的人口密度,即可确定出需救助的人口总数。该人口总数乘以某种物资的人均需求量即得该种物资的 M。

3) A 的确定。应急物资的采购需要一定的订货期,订货期以及需求量都可能是随机的,应急物资的库存应当满足地震的应急需求,为保证安全性,应急储备库不应出现零库存,根据以上特点,可采用以下多周期随机性库存控制模型计算 A:

$$A = k\sqrt{\bar{t}\sigma_D^2 + \bar{D}^2 \sigma_t^2} \tag{5-4}$$

式中 k——既定的服务水平确定的安全系数;

$\bar{t}$——提前订货时间的均值;

σ_t^2——提前订货时间的方差;

$\bar{D}$——需求量的均值;

σ_D^2——需求量的方差。

4. 救生类应急物资的储备模式

救生类应急物资在各种应急物资中属于瓶颈类物资,在地震灾害的救援工作中曾因

第五章 物流创新能力培养的应用案例

缺乏大型救灾机械设备,如铲车、挖掘机、起重机等,给救援工作带来困难。此类物资具有价值较高、体积较大等特点,长期存储会造成大量的资金占用,因此不适合大量在仓库中储备,可以采用与企业合作的模式进行储备。

在防灾救灾物资市场的不同阶段,企业分别担负着不同的职能,如防灾物资的生产与储备、抗灾抢险物资的援助与紧急生产。国家专门储备救灾物资,是一种不以营利为目的的保障性行为,而分布在各个企业中的正常周转库存,可以作为国家救灾物资储备的动态库存加以利用。对于铲车、挖掘机、起重机等救生类应急物资更是如此。一些较大的企业,其存储的物资平时作为正常的企业周转库存,灾时作为应急物资的储备库。这就需要建立相应的机制,使政府对企业的生产和库存有相应的掌握,对物资的征用或购买建立相应的快速通道。

5. 应急物资调运模型

本文在应急物资储备模型中,已经确定了在考虑经济性的条件下有关生活类应急物资的保险储备量和机动储备量,该模型是建立在各个应急物资储备点之间可以实现物资调配的基础之上的。现在,考虑应急点可以从附近储备点调用生活类储备物资的情况。

(1) 模型一:以时间最短为目标的调运模型

1) 问题的提出。当发生自然灾害或其他突发性事件时,往往需要大量救灾物资,这时物资的应急调运起着非常关键的作用。当物资紧急需求明确后,最通常的应急调运思路是:让最近的物资供应点进行应急供应。这里隐含了一个假设,即最近的物资供应点的物资储存量大于应急点的物资需求量,但这种假设在大型灾难事件发生时,通常是不成立的。仅动员一个物资供应点往往不能满足应急点的物资需求量,于是便提出了多个物资供应点进行应急供应的组合优化问题。由于是在紧急状态下的物资调运,因而到达时间最短这个目标非常必要。在实际的紧急配送中,往往规定一个物资应急调运的时间限制,即在限制期内完成物资应急调运的动员任务才是有效的,应急调运时间超过限制期,则这种物资应急调运的方案无效。

2) 参数说明。该资源配置问题中的参数说明见表5-13。

表5-13 模型一参数说明

参数	参数含义
A_i	应急物资供应点,也就是出救点;其中$i=1, 2, \cdots, n$
B	应急资源需求点,简称为应急点
x	B点对应急资源的需求量
X_i	A_i地的储备量,其中$i=1, 2, \cdots, n$
x_i	A_i地对B点的调运量;其中$i=1, 2, \cdots, n$,且$A_i \geq 0$, $x_i \leq X_i$, $\sum_{i=1}^{n} x_i \geq x \geq 0$
t_i	A_i到B点的运输时间,其中$i=1, 2, \cdots, n$,假定$t_1 \leq t_2 \leq \cdots \leq t_n$
T	紧急状态下规定的应急调运时间限制期

3) 数学模型的定义与构造。由于超过限制期的调运方案视为无效,因此要求给出一个物资应急调运方案,使得在满足限制期的条件下调运时间最短。

设 ϕ 为任意选择应急物资供应点的调运方案(以下简称调运方案)。$A_1, A_2, \cdots,$

物流创新能力培养与提升

A_m 为选出的应急物资供应点，t_1，t_2，$\cdots$，t_m 为相应的调运时间，X_1，X_2，$\cdots$，X_m 为相应的应急物资储备量，x_1，x_2，$\cdots$，x_m 为相应的应急物资调运量，其中 1，2，$\cdots$，m 为 1，2，$\cdots$，n 的一个子排列。下面给出几个相关定义：

定义1：应急物资调运时间是指从应急物资调运指令下达开始，到物资调运完成之间所经历的时间，对某个调运方案 ϕ，应急物资的调运时间记为 $T(\phi)$。

定义2：称调运方案 ϕ 可行是指该调运方案中各物资供应点的应急物资储存量 X_1，X_2，$\cdots$，X_m 以及调运量 x_1，x_2，$\cdots$，x_m 满足：

$$\sum_{i=1}^{m} X_i \geq \sum_{i=1}^{m} x_i \geq x \tag{5-5}$$

定义3：χ 为所有调运方案的集合，所有可行调运方案的集合为 χ^1，显然有 $\chi^1 \subset \chi$。

由于各物资供应点的应急调运是同时进行的，因此对于这种多点参与应急供应的组合调运方案 ϕ，应急调运时间 $T(\phi)$ 有下面的性质：

性质1：
$$T(\phi) = \max_{i=1,2,\cdots,m} t_i \tag{5-6}$$

即整个应急物资调运方案完成的时间是最后一个到达应急点的车辆所经历的时间。

依据应急调运的目标和约束条件，可以构造一个以应急调运时间最短为唯一目标的数学模型：

$$\min T(\phi) = \min \max_{i=1,2,\cdots,m} t_i$$

$$\text{s.t.} \begin{cases} \sum_{i=1}^{m} x_i \geq x \\ t_i \leq T \end{cases} \tag{5-7}$$

目标是求出满足约束条件的方案 ϕ^*，使得 $T(\phi^*) = \min T(\phi)$。下面对数学模型式（5-7）进行求解。

4）单目标数学模型的求解方法。不失一般性，假定 $t_1 \leq t_2 \leq \cdots \leq t_n \leq T$（以下的讨论都将以此为前提），如果某个应急物资供应点到应急点的时间大于 T，则该点不参加应急调运。

定义4：对某个调运方案 $\phi = \{(A_1, x_1), (A_2, x_2), \cdots, (A_m, x_m)\}$，其中，1，2，$\cdots$，$m$ 为 1，2，$\cdots$，n 的一个子排列，不妨设 $t_1 \leq t_2 \leq \cdots \leq t_m \leq T$，对序列 x_1，x_2，$\cdots$，x_m，若存在 k，满足 $1 \leq k \leq m \leq n$，使得 $\sum_{i=1}^{k-1} x_i \leq x \leq \sum_{i=1}^{k} x_i$，则称 k 为该排列相对于 x 的临界下标。

显然，方案 ϕ 可行的充分必要条件是序列 x_1，x_2，$\cdots$，x_m 存在相对于 x 的临界下标。

若 k 是序列 x_1，x_2，$\cdots$，x_m 相对于 x 的临界下标，则把 A_1，A_2，$\cdots$，A_k 作为应急物资供应点的调运方案 ϕ^* 使目标最优，并使 $T(\phi^*) = \max_{i=1,2,\cdots,k} t_i = t_k$。这个应急调运方案的特点是：选取离应急点最近的应急物资供应点 A_1 参与应急调运，如果它的全部应急物资储存量 X_1 小于总的应急物资需求量 x，则再让第二近的应急物资供应点 A_2 参与应急调运。如果 A_1 和 A_2 的全部应急物资储备量 X_1+X_2 仍然小于应急物资需求量 x，则让第三近的应急物资供应点 A_3 参与应急调运，以此类推，直到满足应急物资的需求。为

第五章 物流创新能力培养的应用案例

此,有以下的结论:

结论1:把 A_1, A_2, $\cdots$, A_k 作为应急物资供应点的调运方案 ϕ^* 将使目标最优,k 是序列 x_1, x_2, $\cdots$, x_m 相对于 x 的临界下标,且有 $T(\phi^*) = \max\limits_{i=1,2,\cdots,k} t_i = t_k$。

证明过程由上述分析可得。

结论2:设 ϕ^* 是式(5-7)单目标问题的最优解,对另一方案 ϕ,若满足 $T(\phi) \leq T(\phi^*) = t_k$,则易得 ϕ 一定不可行。

(2)模型二:以时间最短和出救点最少为目标的调运模型。在应急救援的过程中,应急物资供应点的合理选取是至关重要的。为了将灾害造成的损失降到最低,救灾工作应当即时展开,也就是要保证所有应急物资在最短时间内到达;并且从费用的角度考虑,还要求尽量少的出救点。

1) 模型假设。为简化问题,本文做如下假设:

① 需求的全部应急物资都到达才能够进行救援,也就是采用一次性消耗下的单资源应急方案。

② 认为所有资源都一样,也就是暂时不考虑不同种类资源的区别。

③ 只考虑只有一个点发生突发事件的状况,多个点的状况暂不考虑。

2) 参数说明。模型二的参数说明同模型一。

3) 模型建立。任一可行方案 φ 表示为 $\varphi = \{(A_{d_1}, x_{d_1}), (A_{d_2}, x_{d_2}), \cdots, (A_{d_k}, x_{d_k})\}$,表示资源的应急调动方案,$d_1$, d_2, $\cdots$, d_k 为数列 1, 2, $\cdots$, n 子列的一个组合,称之为一个子排列,并且 $\sum\limits_{i=1}^{k} x_{d_i} = x$,表明从 n 个出发点挑选出 d_1, d_2, $\cdots$, d_k 个出救点来提供资源参加应急,并且对该资源的数量为 x_{d_1}, x_{d_2}, $\cdots$, x_{d_k},记所有方案的集合为 Ω。

对某一方案 φ,做如下定义:

定义5:记出救点的个数为 $N(\varphi)$,应急开始的时间为 $T(\varphi)$,这里应急开始的时间是指所有需求的资源都打到应急点且满足应急点需求量的时间。

由上述定义可以得到,$T(\varphi) = \max(t_i)$,$i = d_1$, d_2, $\cdots$, d_k,而 $N(\varphi)$ 为出救点排列组成的集合 $\{d_1, d_2, \cdots, d_k\}$ 中元素的个数。多资源多出救点的应急调度模型表示如下:

$$\begin{aligned} &\min T(\varphi) \\ &\min N(\varphi) \\ &\text{s.t. } \varphi \in \Omega \end{aligned} \quad (5\text{-}8)$$

式(5-8)可以转化为求理想点的方法来求解,用理想点方法来求解该模型,就必须知道式(5-8)中两个目标函数的正理想点和负理想点,即要分别求出下面这两个目标函数的最优解和最劣解:

$$\begin{aligned} &\min T(\varphi) \\ &\text{s.t. } \varphi \in \Omega \end{aligned} \quad (5\text{-}9)$$

$$\begin{aligned} &\min N(\varphi) \\ &\text{s.t. } \varphi \in \Omega \end{aligned} \quad (5\text{-}10)$$

物流创新能力培养与提升

设 φ', $\overline{\varphi'}$, φ'', $\overline{\varphi''}$ 分别为式（5-9）和式（5-10）的最优解和最劣解，相应地构造每个可能的方案 φ_r 与正理想点的接近度为

$$R_r = w_1 \frac{N(\varphi')}{N(\varphi_r)} + w_2 \frac{T(\varphi'')}{T(\varphi_r)} \tag{5-11}$$

每个方案与负理想点的接近度为

$$r_r = w_1 \frac{N(\varphi_r)}{N(\overline{\varphi'})} + w_2 \frac{T(\varphi_r)}{T(\overline{\varphi''})} \tag{5-12}$$

式中 w_1, w_2 ——关于出救点个数和应急开始时间的权重，满足归一化条件 $w_1 + w_2 = 1$，数值可由专家根据偏好和具体问题给出，本文均取 0.5。

每个可能的方案对理想点的相对接近度为

$$\varepsilon_r = \frac{R_r}{r_r + R_r} \quad (0 \leq \varepsilon_r \leq 1) \tag{5-13}$$

原模型式（5-8）转化为对各个可能的方案按式（5-11）到式（5-13）求最大接近度的问题，将各个非劣的方案按照 ε_r 的大小顺序排列，排在前面的即为最优方案。

4）模型求解及算法步骤。

① $T(\overline{\varphi''})$, $T(\varphi'')$ 的求解方法。$T(\varphi'')$ 即为资源的应急开始时间，具体计算步骤如下：

各个出救点按照运输时间排序，设 $\sum_{i=0}^{q-1} x_i < x \leq \sum_{i=0}^{q} x_i$。式中，定义 $x_0 = 0$，就可以得到以应急开始时间最早为目标的最优调度方案

$$\varphi' = (A_1, x_1), (A_2, x_2), \cdots, (A_q, x - \sum_{i=0}^{q-1} x_i)$$

则最早应急开始时间为出救点 A_1, A_2, $\cdots$, A_q 运输时间中最大的一个，由于出救点是按出救时间升序排序的，因此对应出救点 A_q 的出救时间 t_q 即为最早应急开始时间。

此外，对任意的一个方案 φ，还可以得到如下关系式：

$$T(\varphi'') \leq T(\varphi) \leq t_n \tag{5-14}$$

即对任一方案，它的应急开始时间一定在 $T(\varphi'')$ 和 t_n 之间，因此可以得到 $T(\overline{\varphi''})$ 即为 t_n。

② $N(\overline{\varphi'})$, $N(\varphi')$ 的求解方法。

定义6：对序列 x_1, x_2, $\cdots$, x_i, 若存在 p, $1 \leq p \leq n$, 使得 $\sum_{i=1}^{p-1} x_i < x < \sum_{i=1}^{p} x_i$, 称为 p 为该序列对 x 的临界下标。

对于应急资源，将各个储备量从大到小进行排列 x_{k_1}, x_{k_2}, $\cdots$, x_{k_n}（其中 k_1, k_2, $\cdots$, k_n 为 1, 2, $\cdots$, n 的一个排列），求出该序列对 x 的临界下标 p, 令 $\varphi = \{(A_{k_1}, x_{k_1}), (A_{k_2}, x_{k_2}), \cdots, (A_{k_{p-1}}, x_{k_{p-1}}), (A_{k_p}, x - \sum_{i=1}^{p-1} x_{k_i})\}$, 则 φ 就是应急资源的出救方案，p 即是最少出救点个数。

即对任一方案，它的出救点个数一定在 $N(\varphi')$ 和 n 之间，因此可以得到 $N(\overline{\varphi'})$

即为 n。

③ 最终算法说明。

定义 7：从数列 $S=\{1, 2, \cdots, n\}$ 中取出 r 个元素，称为数列 S 的 r 组合。

设最小出救点数为 n'，n' 组合构成的方案的最小调运时间为 t'（非劣方案），则 t' 不一定恰好取到最优值 $T(\varphi'')$，即 $t' \geq T(\varphi'')$。可尝试让 n' 加 1，若存在某个 $n'+1$ 组合构成的方案 φ_1，如果 $T(\varphi_1) \geq t'$，则方案 φ_1 一定不优于 n' 组合构成的方案；如果 $T(\varphi_1) < t'$，则又得到了一个新的非劣方案，这时就需要计算 ε_r 进行比较。

进一步分析，在求 n' 的时候已经得到了 t'，那么在求 $n'+1$ 组合的时候，可以将备选出救点集合缩小至那些运输时间小于 t' 的出救点就可以了。因为一旦选取了运输时间大于或等于 t' 的出救点，这时的 $n'+1$ 组合构成的方案不会最优。因此，调运时间大于 t' 的出救点，在求 $n'+1$ 组合构成的方案时应当先剔除。求解模型的最终算法如下：

步骤 1：求出 $N(\overline{\varphi'})$，$N(\varphi')$，$T(\overline{\varphi''})$，$T(\varphi'')$。

步骤 2：令备选出救点的集合 $R=\{A_1, A_2, \cdots, A_n\}$，序号 $y=1$；

步骤 3：令 $n'=N(\varphi')$。

步骤 4：在集合 R 中找出出救点集合的所有 n' 组合。

步骤 5：找出所有的可构成方案的 n' 组合，并从中选取应急时间最早的某个组合 N_y^*，记该时间为 t'，计算 ε_r。

步骤 6：修改集合 R，使得 R 中只保留使得 $t_i<t'$ 的出救点；序号 $y=2$。

步骤 7：令 $n'=n'+1$，$t'=t'+1$。

步骤 8：若集合 R 的元素个数 n_r 不小于 n'，转步骤 4；否则表明无法继续在集合 R 中找出 n' 组合，转步骤 9；序号 $y=3$。

步骤 9：比较各个 ε_r 值，选取使 ε_r 最大的方案，即为本文要求的最优解。

易知按照上述算法求得的一系列方案由于 $T(\varphi)$ 的严格递减和 $N(\varphi)$ 的严格递增均为原问题的非劣解，按照这一算法即能求出基于理想点接近度的最优调度方案。

（3）算例分析。假设现有 6 个出救点（$A_1 \sim A_6$），1 个应急点 B。B 点需要 20 单位某种物资，$A_1 \sim A_6$ 各自的供给能力和到 B 点的调运时间见表 5-14。

表 5-14 算例参数取值

	A_1	A_2	A_3	A_4	A_5	A_6
X_i	6	1	5	8	6	10
t_i	2	3	3	5	7	8

计算结果见表 5-15。

表 5-15 计算过程及结果

($N(\varphi')=3$, $N(\overline{\varphi'})=6$, $T(\underline{\varphi''})=5$, $T(\overline{\varphi''})=8$)

y	R	N_y^*	n'	t'	ε_r
1	$A_1, A_2, A_3, A_4, A_5, A_6$	A_1, A_4, A_5	3	7	0.5549
2	A_1, A_2, A_3, A_4, A_5	A_1, A_2, A_3, A_4	4	5	0.5754
3	R 的元素个数小于 n'，算法终止		5		

物流创新能力培养与提升

比较各个 ε_r，选取其中最大的 0.5754（$y=2$），与此对应的调运方案即为最优调运方案，即选取 A_1，A_2，A_3，A_4 为出救点。

6. 结束语

本文先分析了我国应急救灾体系的不足之处，并将应急物资重新分类为生活类、救生类和医药类三类，着重考虑了生活类应急物资的储存与调运方式。

在考虑物资储备方式上，本文将应急物资的储备分为保险储备和机动储备两部分，在充分考虑经济性和救灾需求的前提下建立了应急物资储备模型。然而，以上经济物资储备模型并没有考虑到自然灾害的随机性和突发性，所以，本文考虑了建立一个物资调运模型，实现应急物资在灾害发生后以最快的速度（调运时间最少）和最经济（出救点最少）的方式输送到灾区。

本文通过结合应急物资储备模型和调运模型，可以得到一个相对经济有效的应急物资储存调用模式。文章只考虑了独立储备点的存储模型和单个物资需求点的一种应急物资的调配模型，需要在储备点之间的协同库存和多物资需求点的调配问题上加以改进。

三、物流设计大赛案例

物流设计大赛也是学生自主学习和实践的重要环节，培养学生实践性、创新能力的一个非常好的平台。通过这个竞赛平台，可以训练学生的实践能力，提高综合设计和创新设计的能力。大赛包括报名、设计提交、评审阶段。根据大赛组委会给出的案例要求，深入调查研究，写出设计报告，再经过层层选拔，最后选出好的作品。以下是某物流大赛的设计方案案例。

案例5-6：京城物流翘板战略（节选）

1. 方案背景

北京京城工业物流有限公司（以下简称京城物流）成立于2003年，由北京京城机电控股有限公司及瑞士ILB国际物流有限公司共同出资组建。注册资本6150万元，投资规模15000万元，是一家以工业原材料采购、物流加工、配送、国际贸易为主要业务，直接为工业制造业用户服务并提供工业物流解决方案的专业化"工业物流公司"。

京城物流以成为生产性服务业示范企业为目标，致力于工业物流平台的建设和发展，通过世界范围的供应和销售网络，整合供应链整体资源，优化供应链整体效益，为工业制造企业提供专业的工业物流服务。作为北京京城机电控股有限公司协同增效战略承担者，京城物流担负着工业供应链整合重任，为系统内企业搭建生产资料协同服务平台。其集中采购是京城物流未来的主要业务板块之一，公司已成功对硅钢片进行了集中采购，从而使物流服务不断向行业和地区延伸，取得了资源优势、价格优势和规模优势，并成为华北地区最大的经销商。

京城物流计划扩大经营范围，进行工业企业MRO采购[一]来占领市场，获得更大的利润。但是原有的供应物流环节、生产物流环节、销售物流环节和回收物流环节的经营模式不太适用于MRO物料的采购针对新的业务，京城物流需要制定新的战略，做出新

[一] MRO是Maintenance, Repair and Operating的缩写，指维修与作业耗材。MRO采购是通过MRO企业实现非生产性物品的全球采购。

第五章 物流创新能力培养的应用案例

的物流服务运营模式来合理进行 MRO 采购。

2. 企业问题分析

通过对案例的研读，以及结合京城物流发展现状，提取出京城物流在以下几方面存在的不足，见表 5-16。

表 5-16 管理层次与问题分析

问题层面	具体问题	主要类别
战略层	1. 缺乏 MRO 服务运营模式	运营模式
	2. MRO 集成模式不健全	运营模式
	3. 供应商关系的管理体制不健全	绩效评价
	4. 风险控制方法缺乏依据	运营模式
战术层	1. 供需计划难于制订	信息平台
	2. MRO 物流信息系统规划较粗略	信息平台
	3. 供需订单与实际数额不匹配	信息平台
	4. 如何招揽下游工业企业加入采购联盟	绩效评价
作业层	1. 管理财务成本高	运营模式
	2. MRO 物流服务硬件设施不完善	配送平台
	3. 操作流程设计太简略	运营模式
	4. 运输线路选择过少	配送体系
	5. 仓库库存设计不科学	配送体系
	6. 缺乏良好的供应商的联络平台	信息平台

3. 物流总体战略规划——翘板战略

京城物流的物流总体战略是为 MRO 物流预测及相关业务制定总体规划目标。与之前京城物流成功采购硅钢片业务相比，MRO 采购业务有很多不确定性探究及预测方面的任务，其研究属性存在一定差异，因此在物流总体战略的设计过程中，我们做出了一些合理的假设。

结合京城物流已具备的配送体系、信息规模和物流业务的较强竞争力，以及中国物流产业振兴带来的产业整合的良好契机，在原有业务协调发展的基础上，我们为京城物流制定了名为"翘板战略"的 MRO 物流战略，从而实现：一个支点，双管齐下，三方利益最大化。

"一个支点"是指 MRO "双集中"的运营模式，包括上游卖方与下游买方的聚集。信息平台是贯穿供应链的重要媒介，"两力"（包括配送动力和信息拉力）即"双管"，就是依托于平台而发挥作用的。此时，库存设计已成为"两力"重要的限制条件，加强对仓库的管理与优化才能进一步增强企业周转能力与反应速度，从而在本质上真正实现京城物流"开源"，供应商、工业企业"节流"的三方利益最大化。

物流创新能力培养与提升

"三方利益最大化"包括:

(1) 京城物流"开源":实现MRO第三方物流的成功开荒者,增大客户源,拓展配送业务,提高企业知名度。

(2) 供应商"节流":实现规模效益,稳定增大产量,减小库存,降低管理费用;规避季节变动导致库存积压的损失。

(3) 工业企业"节流":将非核心业务外包,减少管理费用,降低库存成本。

翘板战略如图5-41所示。

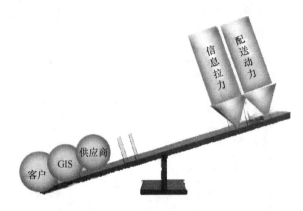

图5-41 翘板战略

本方案的创新点是运用形象的比喻——"翘板"来分析各个要素之间的联系与相互作用,从京城物流MRO的整体战略中,找到了协同运作点,明确提出了各流程之间的联系——"三赢",有利于信息流、资金流和物流三者融合,从而达到协调统一发展,实现三方利益的最优化配比。再"以信息替代库存",以信息为主导,真正实现了上下游企业的库存最小化;最后建立五个平台(实体平台、配送链平台、资金平台、制度平台和电子商务平台)作为基础支持着整个战略实施方案的顺利进行。以下介绍"一个支点""翘板媒介"和"两力"中的"配送动力"。

4. "一个支点"——"双集中"运营模式

先将下游工业企业的买方集合,将MRO的需求量分类别进行汇总,增加订单的总量,这样便于京城物流集中采购。数量大的订货,极大地增强了企业的话语权。此时,通过招投标的采购方式,将上游供应商聚集起来,对其进行筛选,选出质量合格且配送及时的战略供应商签订订单,进行相应的配送服务,如图5-42所示。

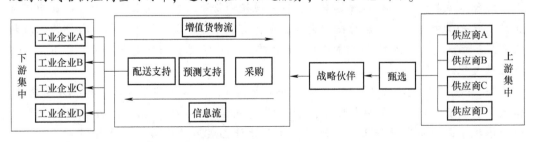

图5-42 双集中的运营模式

第五章 物流创新能力培养的应用案例

5. "翘板媒介"——信息平台

根据案例分析和实际调查,抽象出京城物流子系统间关系模型,如图 5-43 所示。

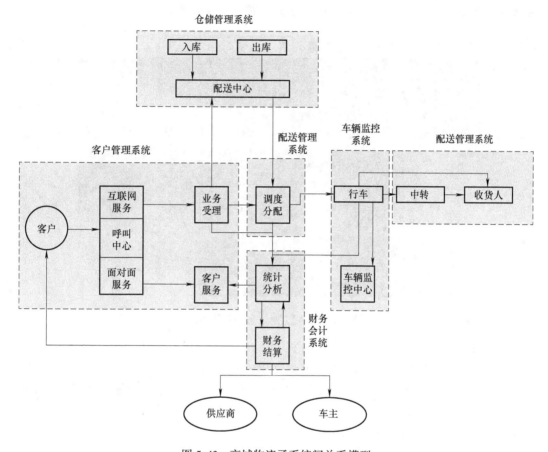

图 5-43 京城物流子系统间关系模型

根据以上分析,设计京城物流供应链管理系统功能结构如图 5-44 所示。

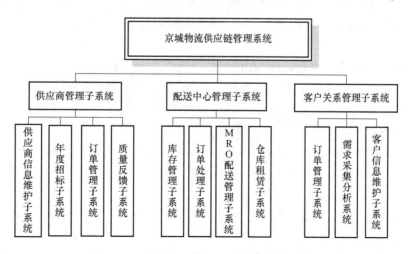

图 5-44 京城物流供应链管理系统功能结构

物流创新能力培养与提升

将京城物流供应链管理系统分为供应商管理子系统、配送中心管理子系统、客户关系管理子系统。本信息平台主要以这三个系统为基础,进一步加强对上游供应商、配送中心及下游企业的信息管理。图5-45所示的是信息平台的界面。

图5-45 京城工业信息平台的界面

6. 配送动力(中心选址与仓库规划)

(1) 选址模型及方案。区域分发中心(RDC)的配送中心选址,是指在一个具有若干供应点及若干需求点的经济区域内,选一个地址设置配送中心的规划过程。较佳的配送中心方案是使商品通过配送中心的汇集、中转、分发,直至输送到需求点的全过程的效益最好。因而,配送中心的选址,是配送中心规划中至关重要的一步。

每个RDC负责对某片区域(省区市)内的客户进行配送服务。考虑到配送中心的建设成本以及每年的固定经营费用较大,对于目前京城物流的状况,我们建议原则上在北京市建设1~2个RDC。当北京市的客户分布相对比较密集时,建1个RDC就够了;当北京市客户分布相对比较分散时,可以将这些客户划分为2个区域,在每个区域内建1个RDC。

对于RDC的选址,我们以从RDC到各个需求点的总配送费用最小为目标,采用了定性分析与定量分析结合的方法来解决该问题。首先采用定性分析的方法计算出RDC应该建在哪个区域,然后考虑到在该城市中实际可行的地方不是很多,所以可采用定量分析的方法来确定RDC在该区域中的具体位置。定量的分析方法,我们主要采用的是重心法。重心法就是将物流系统中的需求点看成是分布在某一平面范围内的物流系统,各点的需求量看成是物体的重量,物体系统的重心作为物流网点的最佳设置点。

针对京城物流的RDC选址问题,考虑到RDC是一个市内的比较大型的配送中心,我们以各个区域作为需求点,以该区域总的需求量作为物体的重量。

假设A~R各个区域的位置坐标分别为(x_i, y_i),其中i=A, B, …, R,拟选择RDC场址坐标(x, y),如图5-46所示。

第五章 物流创新能力培养的应用案例

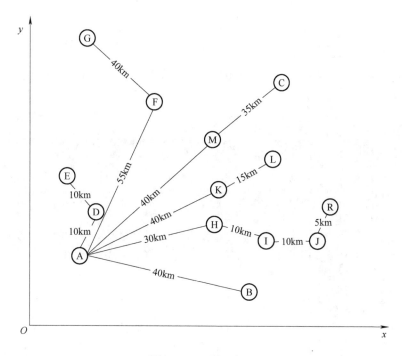

图 5-46 区域坐标图

总运输费用为 H,货物从 RDC 运至区域 i 的运输费用为 C_i,设 w_i 为从 RDC 运至区域 i 的货物配送(运输)量,租用货车吨数为 1.5t,且进一步假设货物配送地与区域 i 之间的道路为直线,其距离为 d_i,则从 RDC 运至区域 i 所需货车量 h_i 为

$$h_i = \frac{w_i}{1.5} = \frac{2}{3} w_i$$

运输费用 C_i 为

$$C_i = \begin{cases} 50h_i = \dfrac{100}{3} w_i & 0 \leq d_i < 3 \\ 100h_i = \dfrac{200}{3} w_i & 3 \leq d_i < 6 \\ 150h_i = 100 w_i & 6 \leq d_i < 15 \\ 175h_i = \dfrac{350}{3} w_i & 15 \leq d_i < 40 \\ 200h_i = \dfrac{400}{3} w_i & 40 \leq d_i < 60 \\ 250h_i = \dfrac{500}{3} w_i & 60 \leq d_i < 100 \\ 300h_i = 200 w_i & d_i \geq 100 \end{cases}$$

(由于本案例中当运输距离为 15~40、60~100km 时,并未提供费用,所以我们小组根据其他距离的费用,将费用分别定为 175 元/车、250 元/车。)

且

物流创新能力培养与提升

$$d_i = \sqrt{(x-x_i)^2 + (y-y_i)^2}$$

目标函数为 $\min H = \sum_{i=A}^{R} C_i$

根据以上公式，运用数学软件 LINGO 则可计算出最优的 RDC 场址坐标。系统界面如图 5-47 所示。

图 5-47 RDC 场址坐标的系统界面

根据以上公式，运用数学软件 LINGO 则可计算出最优的 RDC 场址坐标。

由于各个区域均可通过地图计算获得自己在地理上的位置，在系统中输入自己的坐标，运用数学软件 LINGO 计算，便可确定 RDC 的位置，所以我们的模型具有很强的可操作性。

在用重心法确定出 RDC 的区域后，然后用定性的分析方法确定 RDC 在该区域中的具体位置。配送中心的选址首先要能够保证在一定的物流服务水平下满足工业企业的订货要求，要在充分考虑配送距离、配送时间和配送成本的基础上，确定配送中心的服务区域，根据经营范围，合理选取配送中心的位置。

在选择时也要充分考虑交通便利、经济效益好、基础设施良好、对客户辐射能力强、未来发展能力较强等几个因素。结合这些因素，首先进行数据搜集，选出所求 RDC 场址区域内的可用 RDC 候选点，设计出一张因素评分表，见表 5-17，邀请一些这方面的专家对这些因素进行评价打分。

表 5-17 因素评分表

	A_1	A_2	…	A_n
S_1	B_{11}	B_{12}	…	B_{1n}
S_2	B_{21}	B_{22}	…	B_{2n}
⋮	⋮	⋮	⋮	⋮
S_n	B_{n1}	B_{n2}	…	B_{nn}

第五章 物流创新能力培养的应用案例

接下来，要求专家赋予这些因素在 RDC 选址中所占的权重，对专家的意见进行综合得出各个影响因素的权重 T_j。

对于每个专家，我们还要对他的权威性进行量化，即给予一个可行度 K_i。

最后，对每个候选地点 S_i，我们可以计算出一个综合得分：

$$Y_i = T_j K_i B_{ij}$$

选取 Y_i 最大值的点 S_i 为最终的 RDC 建立地点。

（2）RDC 场址坐标模糊计算。由于案例仅给出 A～R 部分区域之间的距离，所以不能确定各区域的具体位置，则不能确定各区域的准确坐标，因此我们根据所给距离，做出大致推算，得出各区域的大致坐标（见表 5-18），以此来计算 RDC 的位置，即 RDC 的坐标。

根据京城控股下属企业 MRO 年需求量表可计算出各区域年 MRO 需求量，即 w_i，假设各企业今后几年均以比例 K 进货，见表 5-18。

表 5-18　各区域坐标和年 MRO 需求量

企业所在区域	坐标 x_i	坐标 y_i	年需求量 w_i/t
A	0	0	840K
B	32	-24	4258K
C	45	60	4033K
D	6	8	1870K
E	-2	14	1185K
F	33	44	90K
G	1	68	53K
H	24	18	39K
I	30	10	749K
J	40	10	69K
K	32	24	5K
L	44	33	99K
M	24	32	789K
R	43	14	36K

物流创新能力培养与提升

故建立模型如下：

$$\min H = \sum_{i=A}^{R} C_i$$

$$C_i = \begin{cases} 50h_i = \dfrac{100}{3}w_i & 0 \leq d_i < 3 \\ 100h_i = \dfrac{200}{3}w_i & 3 \leq d_i < 6 \\ 150h_i = 100w_i & 6 \leq d_i < 15 \\ 175h_i = \dfrac{350}{3}w_i & 15 \leq d_i < 40 \\ 200h_i = \dfrac{400}{3}w_i & 40 \leq d_i < 60 \\ 250h_i = \dfrac{500}{3}w_i & 60 \leq d_i < 100 \\ 300h_i = 200w_i & d_i \geq 100 \end{cases}$$

$$d_i = \sqrt{(x-x_i)^2 + (y-y_i)^2}$$

$w_A = 840K$
$w_B = 4258K$
$w_C = 4033K$
$w_D = 1870K$
$w_E = 1185K$
$w_F = 90K$
$w_G = 53K$
$w_H = 39K$
$w_I = 749K$
$w_J = 69K$
$w_K = 5K$
$w_L = 99K$
$w_M = 789K$
$w_R = 36K$

通过数学软件的计算，可确定 RDC 的坐标位置为 (22, 25)。再根据选址方案进行选择，就可确定 RDC 的具体位置。

(3) 京城物流 MRO 自动化立体化配送中心仓库。

1) 仓库设计。对于单间的中型设备仓库，取 500~700m² 为宜，库房长度应大于装卸线长度，库房宽度可取长度的 1/8~1/3。小型仓库的宽度在 10~13m，中型仓库为 20~25m。单层仓库的高度一般为 5m，多层仓库的底层为 4~5m，上层为 3.5~4m。采用起重机的库房，其高度可达 8m 以上。在仓库的前端留有 8m 左右的货物整理区，货

第五章 物流创新能力培养的应用案例

架两侧有 1.2m 的通道供人行走用，后端留有 3m 左右的检修区。

在仓库的前端设有一个计算机房，靠墙放置仓库配电柜及输送系统的电气控制柜。在两侧的墙上设置若干个消防栓箱及灭火器箱。计算机房内设有两台互为备份的数据库服务器和一台管理用的计算机及一台监控用的带大屏幕的计算机。仓库平面图和立面图如图 5-48 所示。

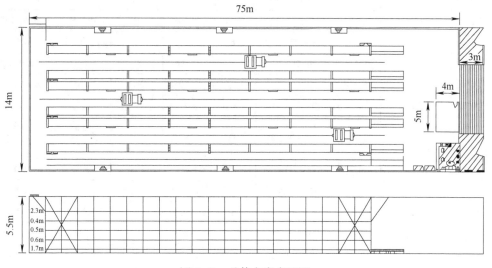

图 5-48 总体方案布置图

2) 仓库规划。首先对货架进行规划。京城物流的库存中，既有 MRO 物品的品种多，批量少，并且它们尺寸和重量悬殊。在实际运作中，京城物流的运作模式注重迅速性和高效性，因此在仓库内物品的摆放应该把周转速度作为主要安排条件，便于工作人员的取货装车，从而提高系统的经济性和作业效率。

根据以上仓库设计和规划，再对 MRO 物品的重量、体积和价值分类等（见表 5-19）进行综合分析，可以将物品分为以下三类：

第一类为超大超重的物品（如焊接材料），工业企业对于它们的需求数量不是很多。由于尺寸或重量较大，如也采用立体仓库储存，将使仓库投资大幅上升，而系统性能并不能提升，因此采用平库或专用货架，由人工操纵叉车或行车进行存取。

第二类为重量尺寸也较大，有一定的数量，采用一个专门的巷道放置，一般一个位置可放一件，对于车门等物品可几件堆放，也可确定采用两种高度的货位分别存放。根据调研数据，可确定为：货位尺寸长×宽×高＝3000mm×250mm×8mm（长为垂直于巷道方向），能承受的重量为 25kg，货位数量根据仓库总体布置决定。

第三类为小件零散物品，这一类物品数量众多，大小不一，采用拼箱方式存储，针对不同的物品可采用托盘或货箱，货位尺寸：长×宽×高＝1200mm×1200mm×1000mm（宽为垂直于巷道方向），能承受的重量为 500kg。由于出库大多为少量、单件出库，若不考虑和现有托盘的统一，也可采用更小一些的货位尺寸。目前需 500 个左右的货位。立库货位根据布置，其数量为 20（列）×6（层）×6（排）＝720（个）。

本立库采用组合式货架的总造价较小，故采用组合式货架。因总高较低，所以采用每单元两个货位的两单元组合式货架。货箱尺寸如图 5-49a 所示，货箱上部设有吊耳供

物流创新能力培养与提升

吊装及货箱堆放用,下部的空间便于堆垛机作业时取货,下部的横档用于货箱在输送机上运动时的支撑。

表 5-19 MRO 物品的重量、体积和价值分类等

MRO	典型产品	重量/kg	尺寸/(mm×mm×mm)	单价(元)	价值比	实际价值分类	体积/mm³	体积/m³
量具	0~300mm 卡尺	0.31	325×130×30	180	1.39%	B	1267500	0.0012675
刃具	φ22.5mm 钻头	0.46	255×23×23	60	0.46%	C	134895	0.0001349
五金工具	扳手	0.21	200×30×10	8	0.06%	C	60000	0.00006
磨具磨料	砂轮	0.2	100×4×16	2	0.02%	C	6400	0.0000064
电动工具	角磨机	1	220×100×100	300	2.31%	B	2200000	0.0022
气工具	直柄式气动砂轮机	1.7	320×100×100	380	2.93%	B	3200000	0.0032
吊索具	吊装带	1	3000×250×8	130	1.00%	B	6000000	0.006
紧固件	M10 螺母	1	50×50×30	18	0.14%	C	75000	0.000075
轴承	滚动轴承	0.15	55×20×20	10	0.08%	C	22000	0.000022
管件	三通	0.2	20×20×15	3	0.02%	C	6000	0.000006
焊接材料	焊丝	1200	1000×600×800	10800	83.23%	A	480000000	0.48
探伤材料	增强剂	24	380×220×250	680	5.24%	B	20900000	0.0209
杂品	白布块	25	1000×400×20	255	1.97%	B	8000000	0.008
化工制品	火碱	25	800×300×200	150	1.16%	B	48000000	0.048

货格内空间尺寸为 1845mm×810mm,放置两个货箱。货架立柱及横梁采用 90mm 的组合式货架,如图 5-49b 所示。

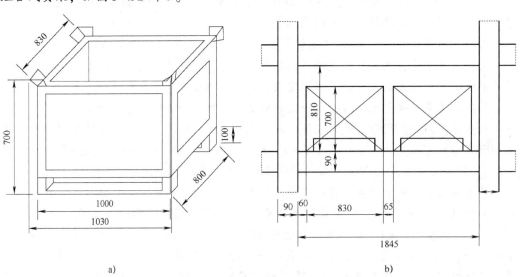

图 5-49 组合式货架(单位:mm)
a) 货箱尺寸 b) 货格内空间尺寸

第五章 物流创新能力培养的应用案例

其次是输送系统规划。本仓库每个巷道设置三台输送机,输送机均可进行出入库作业。采用PLC控制系统,它能够与上位计算机联机,由上位计算机进行控制,完成出入库输送货箱的任务。当采用无轨堆垛机时,输送机可取消,或用拣选台代替。这样仓库可以减少设备及操作人员的等待时间,从而提高作业效率。

最后是出入库作业规划。根据管理计算机传递的信息,将入口处的货箱自动送入相应的货位或从相应货位处取出货箱送至出口处。入库时,在管理计算机上输入入库物品的信息,分配空货位后,将物品整理码垛整齐,放至相应的入库口上。经确认后由设备自动控制系统自动控制相应设备完成货箱从入口到相应空货位的运送。出库时,在管理计算机上输入出库物品的信息,经计算机自动搜索,找出该物品存放的货位,经操作人员确认后,由设备自动控制系统自动控制相应设备完成货箱从相应货位到出口的运送。

由于小件库为拼箱存储,一个货箱内有多种物品,一般出库时只需其中的几个物品,因此系统还要具有拣选的功能。管理计算机在搜索货位时,可根据输入的一批领料信息,采用最少货箱数量的原则搜索存放的货位。当货箱到达出口后由人工取出所需的物品,取货完成再经确认,设备将该货箱自动送回原位。

如果某台堆垛机发生故障,可由人工确认后在管理计算机上对该巷道进行封锁,此时出入库全部由其余巷道完成。如其他巷道没有该物品,可由操作人员通过手动操作方式完成该物品的出库。

第六章 实践创新类教改论文(选登)

物流人才的实践创新能力培养也是一个不断创新的过程,需要不断探索与总结。本章从如下几方面进行了探索:①依托校外人才培养基地探索轮岗、定岗、定研的实习实践教学创新制度的建立及应用;②基于我国物流类专业本科生培养模式的现状、物流类专业本科生创新能力的内涵,提出培养物流类专业本科生的创新实践能力的方案;③针对本科生实践认识观形成的特点,提出了物流管理人才创新能力培养应重在创新意识和与具体实践结合应用能力的提升。

教改论文一 物流管理专业实习实践教学创新制度[一]

一、引言

创新人才开发和培养的关键在于有效提高人才的创新意识和创新能力,而人才创新意识和创新能力的获得除了通过理论知识的学习之外,非常重要的一个途径就是实践训练,在现行教育资源特别是实践教育资源严重不足的学校,可以以市场需求为导向,通过学校与企业的多方位合作,实行资源信息共享,借助多种教育资源和环境培养学生创新能力的校企合作,无疑是解决这一难题的最好方式。

创新能力具有静态结构和动态结构。静态结构的组成成分包括有关领域的技能、有关创造性的技能、动机等。创新能力的动态结构主要是指发现问题、明确问题、阐述问题、组织问题、解决问题的能力。嘉和基地经过多年的建设和运行,已经形成了多种类型互补的实践教学创新制度,在实践教学制度方面形成了创新能力动态结构的土壤。

二、轮岗制度

从满足企业对现代管理人才需求的角度,作为培养创新型综合性管理人才的一种有效方式,嘉和基地首先建立了实践岗位轮换制度(简称轮岗制度)。轮岗制度是指基地有计划地按照工种大体确定的岗位,让学生轮换从事若干种不同岗位工作,从而达到考查学生的岗位适应性和培养学生多种能力的双重目的的一种实践性创新教学形式。

首先,轮岗制度可以使学生对基地所有岗位的情况进行一个全貌了解,学生通过对各实习岗位的遍历,真正理解"合适的人用在合适的岗位",找到自己感兴趣的岗位,再深入实践。深入实践要求学生能够发现问题,分析问题产生的原因,给出合乎实际的问题解决方案或建议,从而有效训练学生的创新能力。

[一] 本文作者:唐孝飞、章竞、郑凯、赵启兰。

第六章　实践创新类教改论文（选登）

其次，利用学生对未知岗位的好奇心来产生持续的实践创新积极性。很多人都会有这样的感受，在一个岗位待得时间长了，就会产生腻烦心理。如果可以定期或不定期地轮换到新的岗位，就会重新焕发出工作的热情，实习的积极性与主动性自然也就大大提高了。从这个角度讲，轮岗可以训练学生的创新思维。

最后，轮岗制度通过拓展实习岗位的宽度满足学生实习的核心需求。学习与成长是学生求学生涯中最为核心的需求之一，轮岗可以使学生开阔视野、积累人脉资源、发现自己真正的兴趣与能力所在、锻造多方面的能力与经验，从而拓宽未来的职业宽度。从这一角度看，轮岗制度的实施也可以为企业培养复合型的创新型管理人才。嘉和基地实习轮岗实习方案见表6-1。

表6-1　嘉和基地实习轮岗实习方案

日期	内容	负责人	地点
7月1日	9:00学生报到，安排住宿，熟悉物流公司环境	—	办公楼二楼大会议室
	11:30欢迎餐会（自助餐）	—	公司食堂
	13:50—17:00公司介绍，物流日常管理制度培训	—	办公楼二楼大会议室
7月2日	9:00—12:00物流收货、验收岗位业务流程培训	—	办公楼二楼大会议室
	14:00—17:00物流收货、验收、养护岗位实践	—	物流待验区
7月3日	9:00—12:00物流DPS[①]作业业务流程培训	—	办公楼二楼大会议室
	14:00—17:00物流DPS分拣组岗位实践	—	物流DPS分拣组
7月4日	9:00—10:20物流RF作业业务流程培训	—	办公楼二楼大会议室
	14:00—17:00物流RF分拣组岗位实践	—	物流RF分拣组
7月5日	周六休息	—	—
7月6日	周日休息	—	—
7月7日	学生分两个组交流	—	物流会议室、办公楼小会议室
	13:30—16:30业务知识交流	—	办公楼二楼大会议室
7月8日—14日	9:00—16:00学生分四个组在物流各岗位实践	—	物流验收组、DPS分拣组、RF分拣组、客服部
7月15日	9:00—11:30实习心得小结	—	物流经理办公室
	13:30—16:30实习交流	—	办公楼二楼大会议室
	欢送晚餐（自助）	—	公司食堂

① DPS为Digital Picking System的简写，译为摘取式电子标签拣货系统。

三、定岗制度

定岗实习是指在基本上完成教学实习和学过大部分基础技术课之后，到专业对口的现场固定的岗位，直接参与生产过程，综合运用本专业所学的知识和技能，以完成一定的生产任务，并进一步获得感性认识，掌握操作技能，学习管理才能的一种实践性创新教学形式。

（1）定岗制度使学生完全履行其实习岗位的所有职责，独当一面，具有很大的挑战性，对学生的能力锻炼起很大的作用。

（2）定岗制度是学生将理论知识转化为实际操作技能的重要环节。对实习学生来说，它更是一个能够在真实工作环境中培养严谨的工作作风、良好的职业道德和素质的重要步骤。

（3）定岗制度使学生专注于一个固定的岗位，能够对该岗位的相关内容进行深入的认识和分析，在实习过程中增加了发现问题根本原因、分析问题形成机制、解决问题产生成效的机会。

嘉和基地实习定岗方案见表6-2。

表6-2 嘉和基地实习定岗方案

岗位名称	实习内容	实习地点	实习人数（人）	责任导师
验收组	订单处理；商品验收，条码生成、粘贴	物流待验区	8	—
DPS分拣组	跟单拣货	DPS分拣区一期、二期	20	—
RF分拣组	跟单拣货	RF分拣组	12	—
客服部	商品出库和处理客户投诉	办公楼业务部	8	—
运输部	运输业务处理、跟车	办公楼运输部	9	—
信息中心	系统维护	信息中心	8	—
大客户部	大客户业务、冷链物流	立体库、冷库	8	—

四、定研制度

定研制度是指在完成物流专业技术课之后，到专业对口的现场，以课题为载体、以项目为纽带，带着研究任务直接参与生产过程，综合运用本专业所学的知识和技能，以完成所承担课题或项目研究任务的一种实践性创新教学形式。

（1）在给定的实习课题中，由学生根据自己的兴趣取向自行组建项目团队，需要很强的个体自我超越能力，能够很大程度上培养学生的自我创新素质和意识。

（2）课题规定后减少了学生寻求问题的盲目性，学生将带着问题有针对性地实习，凝聚了学生的研究兴趣和意识，创新的成效非常突出。

（3）摈弃了传统的"依赖、被动、灌输、沉闷"的师傅传带式实习，取而代之的是"真实、活力、探究、感悟、发现、拓展、开放、互动、生成"的自主式创新实践。唤醒、挖掘与提升学生的潜能，促进学生认知、情感、态度与知识技能等方面的和谐发

第六章 实践创新类教改论文（选登）

展，同时也提升了学生交流、语言、写作、认知、思维等综合能力。

（4）定研实习为学生设置了开放式的实习岗位。在确定岗位接纳实习学生人数上限的条件下，以半天为一个实习周期，任意一个岗位都可以随时接受任意一位学生进入该岗位进行研究性实习。

嘉和基地实习课题设置见表6-3。

表6-3 嘉和基地实习课题设置

课题	人数（人）	责任导师
工作量统计建模流程优化与托盘码放数建模	5	—
212区工艺流程对比分析与三方拆合作业安排方案	6	—
拣选货位与动态调整建模	5	—
待发区规划与待发区人员规划	8	—
ABC成本分析法运用	10	—
多货主同客户同线路订单处理模式	6	—
冷链监测系统与业务关联研究	5	—
运输线路优化与运输成本分析建模	5	—
客户数据挖掘	15	—

五、总结

轮岗实习制度的主要目的是为学生提供更广阔的专业知识运用平台，创造更多的知识检验通道，最大限度地发挥学生的潜能，提高学生的综合素质和创新能力。其主要缺点是在实习时间较短的情况下，学生对各岗位难以深入认识，相关的探索性内容不能在有限时间内被学生所挖掘，创新训练不够充分。

定岗制度将学生的实习固定在一个岗位，能够使学生最大限度地深入体会实习岗位所涉及的内容及其基本理论，可以较为有效地训练学生发现问题、分析问题和解决问题的科研素质。主要缺点是学生发现问题的过程需要较长的时间，实习的创新性成果难以充分体现出来。

定研制度在给定创新训练课题的前提下进行实习，学生的实习目的明确，能够充分发挥学生的科研自主性。另外，创新训练课题都是学校与实习基地结合学生所学的专业知识与企业日常运营中所需要解决的实际问题而凝练出来的，只有目标性要求，不指定指标性研究成果，使学生完全能够充分发挥自己各方面的才能，使学生的创新能力得到充分的训练。

在目前执行的本科教学计划中，实习的时间安排一般不超过一个月，受教学费用的限制，通常情况下基地实习过程都安排在两周以内。如果说轮岗实习是一种综合认识实习的话，那么定岗实习就相当于一次专题调研实习，而定研实习则是一个研究员的短平快项目。通常，学校带队教师组对实习的过程进行全面的监控与督导，根据学生的实习日志、实习基地意见，并根据学生创新能力培训情况，灵活调整安排具体的实习制度。

教改论文二　物流管理专业创新能力及其培养[一]

一、引言

创新是一个民族进步的灵魂。当前的高等教育改革无不将培养学生创新能力作为己任。但是，效果究竟如何呢？客观地说，实施效果还需要更多的时间来检验。不过，就物流管理等应用型专业而言，从目前企业界和学术界的反馈来看，情况并不乐观。懂技术，但不懂应变；有知识，但不知突破。这是很多大学生走出校门后普遍面临的现实，也是我国高等教育创新人才培养的一个短板。

原因何在？外因通过内因发生作用，个体创新能力的强弱，主观因素是主要矛盾。群体创新能力的强弱，教育环节是主导因素，它影响着创新能力平均水平的变化。我们更应该好好地审视一下我们的创新能力教育。我们是否真正弄清了大学阶段创新能力教育的最终目的？我们的大学教育是否遵循了创新能力形成的一般规律？如果回答不上来，那么我们的创新人才培养就只能是形式主义的"花架子"。

要弄清楚创新能力培养的规律，首先必须理解什么是创新，什么是创新能力。

二、创新与创新能力

创新是指以借助现有的思维模式提出有别于常规或常人思路的见解为导向，利用现有的知识和物质，在特定的环境中，本着理想化需要或为满足社会需求而改进或创造新的事物、方法、元素、路径、环境，并能获得一定有益效果的行为。熊彼特在其著作《经济发展理论》中提出：创新是指把一种新的生产要素和生产条件的"新结合"引入生产体系。它包括五种情况：引入一种新产品，引入一种新的生产方法，开辟一个新的市场，获得原材料或半成品的一种新的供应来源，创造一个新组织。熊彼特的创新概念包含的范围很广，如涉及技术性变化的创新及非技术性变化的组织创新。

创新能力是运用知识和理论，在科学、艺术、技术和各种实践活动领域中不断提供具有经济价值、社会价值、生态价值的新思想、新理论、新方法和新发明的能力。简单说，创新能力就是人类或者组织能够获得创新的行为能力。创新能力是民族进步的灵魂、经济竞争的核心；当今社会的竞争，与其说是人才的竞争，不如说是人的创新能力的竞争。

一般而言，创新包括原始创新、集成创新和二次创新。

原始创新是指前所未有的重大科学发现、技术发明等创新成果，它是最能体现人类智慧的创新，是一个民族对人类文明进步做出贡献的重要代表。

集成创新是把各个已有的单项创新有机地组合起来，融会贯通，发挥各自优势，形成"1+1>2"的实际效果，构成一种系统性的创新成果。

二次创新是指在技术引进基础上，沿着既定轨迹发展的创新。它分为简单模仿创新

[一] 本文作者：卞文良。

第六章 实践创新类教改论文（选登）

和改进型创新。二次创新是一个积累进化的过程，简单模仿创新是将已有创新转化为目标环境下的创新，是应用创新。改进型创新是创造性的模仿，是为适应环境而对既有创新的延伸。

三个层次的创新难度逐渐降低，但是难度大的创新并不一定是最好的创新。因此，高校教育应该树立正确的创新观念，在创新能力人才培养时培养目标的明确尤为重要。

具体而言，什么是物流创新呢？物流创新是创新概念在物流领域的具体化，它包含物流理论创新、物流管理制度创新和物流技术创新。这些创新之间的关系是：物流理论创新是指导，物流管理制度创新是保障，物流技术创新是动力。它们相互促进，密不可分。结合物流管理专业的特点，本文关注的是物流管理业务创新和物流管理理论创新，涉及物流理论创新和物流管理制度创新。相对于技术创新，物流管理专业更多关注的是对应于战略层、战术层和运作层的创新。因为这些战略、战术和运作都要通过人来实施，管理的对象也是人或者人的活动，因此物流管理专业的创新中人是最关键的因素。所谓物流创新能力，目前还没有严格的定义。直观而言，它是使得物流创新出现、发生的可能性增大的个人或者组织所必须具备的能力，具体表现为思维特点、管理机制、方法和技巧。应该看到，物流领域创新的出现看似偶然，其实必然，是为更好应对日益复杂的物流与供应链问题物流管理人员创新能力从量变到质变的结果。为了使创新能够适时出现和可持续发展，大学生应该积累相关的能力。

三、物流管理专业的创新能力培养

物流管理专业创新能力培养的目标是什么呢？从学校教育的总目标来看，物流管理人才创新能力培养重在创新意识的培养，以及与具体实践结合应用能力的提升。创新的结果有两种：其一是物质的，如蒸汽机、计算机；其二是非物质的，如新思想、新理论、新经验等。物流管理专业毕业生将同时面对物质和非物质的管理对象，但是更多的是通过非物质的对象作用于物质的对象，以达到对物质个体的计划、组织、协调和控制的目的。因此，理论创新能力以及理论与实践相结合的应用创新能力是物流管理专业人才培养的首要目标。

从历史唯物主义的观点来看，人类创新的发展经历了从高到低的过程（三个层次），个体认识世界的过程正是人类创新发展过程的反映和重现。在反映和重现的过程中，还伴随着或多或少的"变异"，其中有益的"变异"就是创新。这便产生了人类创新能力不断延续又不断进步的发展轨迹。大学生处于由低层次的二次创新向中间层次的集成创新的过渡阶段。因此，对于高质量的模仿创新，一般的集成创新是人才创新能力培养的重点。从企业需求来看，企业对于物流管理人才准确的定位是沟通操作运营层和高级管理层，其能力需求与其说是"顶天立地"，不如说是"联通天地"。企业的需求则要求物流创新能力培养过程中，既要注重以实践为基础，又不能囿于实践，对于相关领域创新的借鉴是必不可少的。因此，实践与创新的结合，实践与理论的结合，在高校物流创新能力培养上应尤为重视。这样做的目的正是帮助学生形成能够跟踪和超越已有成果的能力，以及融会贯通各种方法、资源的能力。

下面来看一个课堂案例。课堂讨论关于快递管理模式的创新，有学生非常推崇"人人快递"，认为该管理模式创新将互联网 P2P 思维模式应用到物流配送领域。在激烈的

物流创新能力培养与提升

讨论后,有学生提出了类似于"滴滴打车"的商业模式和分布式管理模式,也有学生提出了"免费地铁+高铁"的快递运营模式。讨论中新点子层出不穷,极大地唤起了每个学生的创新意识。不过,课堂上老师将最新的消息发布给大家:上海地方邮政管理部门已经依法叫停了"人人快递"。其主要原因在于"人人快递"运营与管理理念与现行的管理规范不符,并且实际运营中监管漏洞突出。老师又进一步提示学生将线上模式与成功的线下运营模式结合,鼓励大家将线上、线下新思维进行融合。很快地,学生提出了将P2P互联网模式与浙江传化集团的"传化物流(配送、财务结算、信息管理一体化)"运营模式相结合的可行途径,引出了新的管理创新。课堂案例的重点在于给学生传递一个信号:结合实际的创新、适应市场的创新才能走得更好,二次创新和集成创新也能收到好的效果。

四、实施建议

创新人才培养是一个高级的智力培养过程,除了一些基本的规律外,没有既定的模式。以下根据物流管理专业特点及人才需求特点提出一些可参考的实施建议:

(1) 第一课堂。提倡半命题的研究计划,例如,在课程作业、毕业设计和创新项目选题上,由老师指引方向,分析具体问题时留给学生足够的空间。设置倾斜性的评价标准,鼓励创新,而不是一味追求理论和方法上的贡献。

(2) 第二课堂方面。鼓励学生利用实习或者暑期调研的机会,撰写基于实习基地、实际现场的深度调查报告,通过深入观察提出自己的新思考。对有见地的报告可以认同为毕业论文。

此外,以全国及北京市各级物流大赛、挑战杯大赛为契机,对学生创新能力培养模式进行探索,发挥学生的创新思维,鼓励合作创新、集体创新。评价方面,不应将学生最终的成绩、学校的荣誉视为第一要务,而应将唤起全体学生创新意识为首要目的。带有功利性的创新人才培养,必是自欺欺人,甚至是华而不实,误人子弟的。毕竟,创新成果的出现总是要领先于一般评价标准的认知。一个创新为本的学校是不应该将自己禁锢于因循守旧的制度和标准,这样的学校培养的人才才能引领人类的进步。

教改论文三 物流管理专业本科生创新实践能力研究[一]

一、引言

目前我国物流人才的短缺,主要为高端物流人才,也就是懂得物流与供应链管理的综合性管理人才的短缺。统计表明,物流规划咨询人员,物流科研人员,掌握现代经济贸易、运输与物流理论和技能,且具有扎实英语能力的国际贸易运输及物流经营型人才等中高级人才全面紧缺。随着我国物流产业的不断发展,以及适应高等教育制度的改革,物流行业的发展需要既拥有创新能力又具有实践能力的实用型人才,因此,物流专

[一] 本文作者:孙大尉、赵启兰。

第六章 实践创新类教改论文(选登)

业本科生的创新实践型人才的需求也在不断加大。

为了培养物流管理专业本科生创新实践能力，满足企业对现代物流人才的需要，高等学校必须向企业输送既懂得专业知识又能熟练地将理论运用到具体实践中的人才。因此，加强物流管理专业本科生创新实践教育，研究合适的创新实践教学模式，培养本科生的创新实践能力，显得尤为重要。

二、物流管理专业本科生培养模式的现状

目前，尽管我国已经培养了部分若干物流单一环节方面的人才，但以物流全过程为研究对象、以物流系统优化为目标培养的人才还相当少，尚未形成以物流科技创新型和实践型物流人才为核心的物流教育培养体系，主要表现在：

（1）物流管理专业师资队伍整体水平有待提高，缺乏规范化的物流人才培养途径和培养模式。虽然一批院校相继开设了物流管理专业本科教育，但仍是各校自行筹划设计课程体系，在课程设置、教材选用、培养方向等方面的培养体系有待完善，培养出来的毕业生独立处理问题的能力较弱、知识面相对较窄、创新能力不足，不能完全适应现代物流与供应链实践快速发展的要求。

（2）物流基础理论研究滞后。现代物流管理工程是一门复合学科，它与管理学、经济学、理学、工学等学科均有交叉和重叠。物流基础理论研究应担负起上述学科研究成果的引进、消化和吸收的责任，但从事物流基础理论研究的科研机构较少，物流管理专业研究人才匮乏。

（3）培养目标宽泛、不清晰。虽然教育部曾就高等院校本科教育的人才培养模式提出了"厚基础、宽口径"的原则性指导意见，但随着物流产业分工日趋细化，以及物流管理与服务需求的不断延伸，"宽口径"培养出的"通才"在一定程度上已经无法适应社会和企业的实际需求，因此，各高校有必要结合自身实际，正确认识和全面把握"厚基础、宽口径"的培养理念。目前高校物流管理专业人才培养目标较为宽泛，人才培养的规格雷同，专业定位不够清晰，导致学生虽然在校期间掌握了基本的知识技能和技术技能，但普遍"通而不精"，难以满足用人单位的岗位要求。

（4）理论教学比重偏大。大部分高校的物流管理专业毕业生虽然在校期间完成了规定的课程及实践环节的学习，进入工作岗位后仍要花一定的时间才能适应工作环境。主要原因在于，各高校人才培养模式下的课程体系大多规定学生在第一和第二学年完成基础课（包括公共基础课和专业基础课）的学习，专业课程、综合性实践环节、毕业实习和毕业设计（论文）大多安排在第三学年之后，大量的理论课占据了较大的学时比重，不利于在大量的实践环节中锻炼学生理论联系实际的能力。

（5）物流管理教育与实际仍存在一定的脱节。一方面，由于教学经费不足和教学设施及条件所限，学生所掌握的分析方法和分析工具十分有限，对物流的工程技术实践非常欠缺；另一方面，我国目前的物流研究及专业课程设置与企业的实际应用要求之间脱节，规范、理念研究多，实证、方法研究少。课程偏于原理解释和分析，缺乏实际案例学习和实践，课程的实用性差。教学方法与手段单一、老化，不能培养学生的创新思维与创新能力。

在物流业相关的各部门，包括生产、仓储、流通、运输、配送、销售等企业，教

物流创新能力培养与提升

学、研究与规划部门，政府相关管理部门等都迫切需要物流专门人才，甚至国防军事部门在这方面也存在着较大的需求。随着近年来市场经济和经济全球化的进展，国内人才市场出现了物流人才热，一些外国公司和合资公司对物流经理的需求大量增加。据权威部门调查，物流管理专业人才已被列为我国12类紧缺人才之一，目前我国物流高级人才的缺口达60余万。

三、物流管理专业本科生的创新能力

创新能力是民族进步之魂、经济竞争的核心，它能决定一个国家的兴旺发达。物流管理专业的创新能力同样也会对国家的物流发展起着重要的作用。下面通过分析创新能力的含义、物流管理专业本科生应具备的创新能力来说明物流管理专业本科生创新能力培养的重要性。

1. 创新能力的含义

创新能力是个体运用已有的基础知识和理论，利用相关材料，掌握相关学科的前沿知识，在科学、艺术、技术和各种实践活动领域中不断提供具有经济价值、社会价值、生态价值的新思想、新理论、新方法和新发明的能力。创新能力应具备的知识结构包括基础知识、专业知识、工具性知识或方法论知识以及综合性知识四类。当人的目标需求体系通过实践操作系统与外部环境接触后，发现现实条件不能满足自己的需要，便会发现问题，并力图解决它，以便达到目的。创新能力由创新意识、创新思维、创新技能三大要素构成。

2. 物流管理专业本科生应具备的创新能力

总的来说，高校物流管理专业本科生的培养目标是培养具有扎实的管理与经济的基础知识和理论，掌握物流管理专业的科学技术方法，具备使用现代信息技术开展物流活动的能力，从事现代物流运营管理的应用型、复合型、创新型人才，这类人才应具有比较扎实的理论基础、比较宽的知识面、比较好的适应性、比较强的创新力。

3. 培养物流管理专业本科生创新能力的重要性

（1）随着现代科学技术的发展，文明的真正财富将越来越表现为人的创造性。

1）知识激增，需要新一代学会学习。

2）科技革命，需要新一代革新创造。

3）振兴中华，需要新一代开拓前进。

（2）培养物流管理专业本科生的创新能力，是由未来物流业的发展所决定的。

（3）培养物流管理专业本科生的创新能力，对于我国的现代化物流具有更重大的意义，我国的物流业发展需要具备创新精神。

（4）通过培养物流管理专业本科生的创新能力，可以激发学生的智力潜能。

四、物流管理专业本科生创新实践能力的培养方式

物流管理专业本科生创新实践型人才是具有创新能力和社会实践能力的应用型、复合式高层次物流管理专业技术人才和物流管理专业管理人才。我们以提升物流专业人才培养的全面质量为核心，在人才培养中注重加强学生主动观察、思考、发现问题的能力，提高学习的主动性和创造性，以提高物流专业人才创新能力、社会实践能力和就业

第六章 实践创新类教改论文（选登）

创业竞争力为目标，建立具有创新能力的物流专业人才培养模式，使培养的人才能够快速适应当今社会经济发展的潮流，成为国家、企业在知识、技术方面创新的生力军。具体培养方式如下：

1. 改善教学体系

教学体系包含课程体系设置、教学内容与方式等内容。其中，课程设置注重职业能力培养，教学内容和方式侧重创新能力和解决工程实际问题能力培养，强调理论型与应用型课程的有机结合，突出案例分析和实践研究，注重培养学生解决实际问题的意识和能力。

（1）课程设置结合物流工程领域发展需求，提升获取知识和应用知识能力。物流管理专业本科生创新实践能力的培养要求学生有宽广的知识面、合理的知识结构，因而在制订培养方案时根据物流管理专业的特点和需求，紧密结合社会需求和职业能力培养，使学生重点掌握基础知识、专业基础知识及基本技术三个层次的基础知识及技能；在课程设置上重点突出专业、行业与个人发展相适应，注重职业导向、能力的培养。

（2）教学内容和方式侧重创新能力和解决工程实际问题能力培养。课程教学内容要突出专业、行业与个人发展相适应，注重职业导向、能力的培养，教师需要将课内讲授与课外实践、引导与学生自学、教材内容与课外阅读有机结合；在开展教学时，应充分采取以学生为主体的教学模式和教学思想，通过启发式教学、案例教学和研讨课，引导学生积极主动思考，帮助学生积极寻找可行的解决办法，以培养学生主动发现问题、分析问题，创造性地解决问题的能力。

1）启发式课堂教学。教师采用启发式教学方法，结合课程的教学内容和学生已有的知识基础，以体现学生思维方法、思考过程的开放性问题为切入点，调动学生积极性；多以提问的方式，有效激发学生主动参与课堂教学过程，引导学生积极思考，促使学生运用基础知识积极探索未知的新知识。学生通过教学过程获得基本知识和技能，提高自主探索、发现和解决问题的能力。

2）案例教学。针对教学内容，教师设计相关案例场景，用具体实例激发学生的想象力，在教师的引导下，由学生自行分析并提出可行的解决方案；教师在已解决问题的基础上进行延伸，引导学生发现并归纳新的问题，再进行分析和解决。

3）研讨课。研讨课注重对学生批判性思维的培养，对学生读、写、听、说、辩论技巧、团队合作等多项能力进行训练。研讨课以学生为中心，教师把较多的实践留给学生思考和分析；教师在课前做好对教学内容和素材的选择，课堂上有效推动研讨的持续进行；学生在大量阅读的基础上，学会进行批判性思考，并提出问题。

2. 完善创新实践体系

物流管理专业应用实践性较强的专业特点决定了实践环节的重要地位。实践环节是培养物流管理专业创新实践型人才最重要的环节之一。实践环节的设置，是从基础理论、专业知识、科研能力、综合应用四个方面综合培养学生的创新实践能力。应结合物流专业的技术创新主体要求，围绕注重培养实践研究与创新能力，提高专业素养及就业创业能力，增强其就业竞争力，建立专业实验、实践课程、实习及实践活动等形式的多层次实践培养环节。实践体系主要在开放实验室和校企实习实践基地上开展。

专业实践环节主要包括基础实验、专业实验、综合实验、研究实验和企业实践系列

物流创新能力培养与提升

五个层次;各个层次的实验环节层层递进,理论与实际相结合,贯穿于本科学习的整个阶段。

(1) 基础实验。基础实验主要是理论验证性实验,验证性实验可以帮助学生了解理论知识来源的依据,增强其实际的动手能力,为培养其创新实践能力打下理论基础,使其能够深入理解教学大纲规定的实验要求,培养其基本的实验技能,加深其对基本理论、基本知识的理解。

(2) 专业实验。专业实验是在理论基础之上,完善学生的专业知识和提高专业技能。在进行专业系列实验时,学生要根据实验的目标和要求,自行制订试验方案的内容;通过专业系列实验的学习,学生将所学的专业理论知识与实际物流环节相结合,设计实验线路、确定实验方案、自主测试和分析数据,得出实验结果及结论,并写出实验报告。专业实验可培养学生独立思考、综合思维、分析解决问题的能力。

(3) 综合实验。综合实验是指给定实验目的、提供实验条件,由学生自行设计实验方案并加以实现的实验。教学内容以突出学科群知识的综合性实验、设计性实验为主。该类实验在学生掌握基础实验和具备综合实验知识及能力的基础上,结合物流信息系统课程设计、自动化仓储设计与管理课程设计、物流配送与运输规划课程设计、专业综合课程设计等,对物流工程规划设计、物流装备设计与应用、配送中心规划设计以及物流系统运作与管理等进行训练。

(4) 研究实验。与科研项目紧密结合开展研究实验更进一步具有综合性和创新性,能够充分调动学生的自主性和积极性,培养学生的实践能力和创新思维能力,可以提升其科研、设计的水平,突出其在某一领域的创新能力和独立科研能力。例如,大学生科研训练计划、创新实验计划、全国物流设计大赛等。

(5) 企业实践。与企业相结合的实践是培养创新实践人才最重要的方式和过程之一,通过此阶段的学习,学生可以了解现代物流管理专业的理论前沿、应用前景和发展动态,提升自己开发新项目、开拓新的空间、发现新课题的能力。与企业相结合的实践,是理论知识到实际实践的升华,以培养全面发展的复合型人才。

3. 实施自主科研体系

自主科研体系由开放式教授论坛、本硕博论坛、专家讲座、大学生科研训练计划、国家大学生创新性实验计划和全国物流设计大赛等组成。自主科研体系是对学生自主学习和创新实践的深层次锻炼,加强了学生的创新意识和创新能力,初步培养其从事科学实验的基本素质和创新性的科研能力。学生在进行自主科研时,借鉴研究生的科研能力培养模式,通常在导师带领和主持下开展科研工作。

在进行自主科研时,学生可根据自己的兴趣和未来发展,结合社会或研究热点,选择课题方向,搜集资料,掌握技术,充分体现学生在学习中的主体性地位。学生与指导教师一起确定研究课题或研究方向。学生独立查找相关信息和资料,完成课题的方案设计、实验装置安装与调试,修改完善后,在指导教师的指导下进行实验,撰写实验报告或论文。

五、结论

本文针对物流管理专业本科生创新实践能力进行研究,通过分析,提出改善教学体系、完善创新实践体系、实施自主科研体系三个方面来加强物流管理本科生创新能力的培养,以促进物流管理专业本科生创新实践能力。

教改论文四　物流网络构建与比较分析[一]

一、引言

作为对自然环境的巨大威胁之一,废旧电池的回收处理工作在加强资源的回收利用和保持环境可持续发展上具有重要意义。而与之同时,我国废旧电池的回收管理工作较薄弱。另外,废旧电池作为对环境污染大、包含可回收资源较多的产品遗留品,其回收处理工作在回收物流业中也占有重要地位。所以,建立和完善废旧电池回收物流网络体系对于更好地保护生态环境、构建和谐社会有着重要的意义。

目前,作为电力资源的主要表现形式,社会对电池的需求不断增加,但厂商回收成本居高不下、居民回收意识较淡薄、回收网络不健全等问题一直严重影响着废旧电池的回收工作。

电池垃圾比较特殊,就单个废旧电池来讲,其价值几乎等于零,只有收集达到一定规模后,进行处理才有意义。显然,这是一个社会经济管理系统工程问题,需要根据国情、民情的接受程度缜密地设计出一套科学合理的回收系统,使废旧电池回收工作纳入一个有序、有效、规范、持久的运行模型中,这样才能从根本上解决问题。

在这种背景下,本文应用现代逆向物流的理念和技术,并结合城市区域废旧电池回收情况的实地调研,设计出某一城市区域内废旧电池回收系统,建立合理可行的废旧电池回收网络,有效地将"顾客"所持有的废旧电池回收到供应链上各节点企业,并且在节点企业间实现网络优化,取得相对成本最小化,并保证网络的稳定性和可持续性,从而改善废旧电池回收问题不良现状,实现保护生态环境的目标。

二、国内外废旧电池回收管理现状

电池种类繁多,按用途可分为工业电池和民用电池两大类。工业电池主要用于汽车、铁路、电站和航空等领域,如汽车铅酸蓄电池和变电站电池等。民用电池按能否充电可分为一次电池和二次电池(充电电池)。常用电池中主要污染物则有锌(Zn)、氢氧化钾(KOH)、汞(Hg)、锰(Mn)、镉(Cd)、铜(Cu)、铅(Pb)、硫酸(H_2SO_4)和有机电解质等。由于缺乏经济有效的回收利用技术以及回收体制不健全,目前我国废旧电池主要是与生活垃圾一起采用填埋、焚烧、堆肥等方法进行处理。其中填埋是现今生活垃圾处理最常用的方法。填埋后废旧电池所产生的污染物主要是废酸、废碱以及Hg、Cd、Pb等对人体和环境有害的物质;在堆肥过程中混入废旧电池,由于重金属含量高,会严重影响堆肥产品的质量。由此可见,废旧电池若随生活垃圾共同处理、处置将会给环境带来极大的潜在危害。

[一] 本文作者:宋良也、章竟。

物流创新能力培养与提升

1. 国外废旧电池回收管理现状

在废旧锌锰电池的回收方面,韩国和日本的研究处于比较领先的地位。例如,韩国资源回收技术公司开发了等离子体技术处理废旧锌锰电池回收铁锰合金和金属锌,其年处理废旧锌锰电池量达6000t。日本一家资源回收公司开发了采用分选、预处理、焙烧、破碎、分级再做湿法处理生产金属化合物产品的技术,年处理废旧锌锰电池量也达几千吨。

2. 我国废旧电池回收管理现状

我国是电池生产大国,电池产量占世界的1/3,同时也是电池的消费大国。随着能源供应缺口加大,电池的生产种类和应用范围将更加广泛,大多数的生活电器都离不开它。与生产和使用庞大的数量相比,废旧电池的回收相当艰难,回收率约为2%,其回收数量仅供实验室研究使用。随着使用数量的增加及使用范围的扩大,原本脆弱的回收系统及回收方式面临更多的尴尬。随之而来的是电池污染更加令人担忧。鉴于这样的情况,1997年年底,中国轻工总会、国家经贸委等九部门联合发出《关于限制电池产品汞含量的规定》,借鉴发达国家的经验,要求国内电池制造企业逐步降低电池汞含量。2003年10月9日,国家环境保护总局与国家发展和改革委员会等联合制定并出台了《废电池污染防治技术政策》,适用于废电池的分类、收集、运输等全过程污染防治的技术选择,指导相应设施的规划、选址、管理等,引导相关环保产业的发展。2016年,环境保护部废止了此文件,发布了新的《废电池污染防治技术政策》。但目前尚没有一个比较健全的社区—城区—环卫处理的回收网络。

而对废旧电池的回收、处理和处置,国家没有规定具体的政策和法规。每年报废的电池绝大部分没有回收处理,而是随意丢弃,对生态环境和人类健康构成了严重的威胁。国内有关环保单位、环保志愿者和一些厂家、商家对废旧电池回收的尝试几乎遍布全国,但很多都因回收后无法处置而不了了之。

三、区域性废旧电池回收物流网络的构建

1. 废旧电池回收系统内部运行条件估测

由于废旧电池回收物流网络属于以电池为产品的逆向物流网络,因此其流程包括将废旧电池从消费者手中收回,运送到回收中心进行技术性处理,将所得有价值的终端产品运送回供应商或制造商的过程,其运行环境受内部条件制约较多,主要有如下几方面:

条件一:电池输入量的合理预测。对于废旧电池的回收工作来说,如何实现其生产再利用的终端产品与回收的废旧电池的量的平衡,主要是依赖于回收者对于废旧电池输入量的预测是否准确。可是,这个量偶然性较大,所以数目很难准确估计,这就给处理工作带来了很大的不确定性,其成因主要是废旧电池回收的数量和时间及可再利用比率难以确定,这就制约了系统的构建方向。

条件二:正向物流网络的合理利用。在废旧电池回收的逆向物流网络建立时,为了适当地减少成本,提高效率,对于流量较小的网络可以利用已有的正向物流的基础设施,使逆向物流沿着正向物流网络反向流动,当然,这个在逆向物流中不能成为主体,对于多数电池回收的网络中的部分而言,还是需要设计建立专门的逆向物流设施,如回

第六章　实践创新类教改论文（选登）

收中心、仓储设施等，这样才能够更好地提高废旧电池的回收效率和效益。

条件三：成本估计的准确性。废旧电池回收物流网络属于逆向物流，其与正向生产销售物流最直接的不同之处就是物流的管理成本估计。在正向物流中，决定成本的因素比较确定，可计算性和可控制性强，而对于逆向物流来说，其成本内容要远远多于正向物流，所以其核算过程也要复杂得多，可控性也较弱。例如，在分拣方面，逆向物流成本就要远远高于正向物流，正向物流由于其产品的标准化分拣过程大大缩短，而逆向物流面对的如废旧电池等回收产品，其统一性较差，每一个流程都需要大量的分拣工作才能使产品流向下一个网点，这样，人力成本就会大大上升，另外，人们对于回收产品的不重视而产生的运输过程中的损坏和无法利用，使得其成本核算更加复杂。

2. 废旧电池回收系统模型设计

目前根据国内外回收业的实践，有三种具有代表性的废品回收网络，分别是原路径回收网络、新路径处理网络、重复路径处理网络。

（1）原路径回收网络（见图 6-1）。

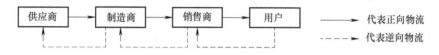

图 6-1　原路径回收网络模型

原路径回收网络是完全利用原有的正向物流系统实现逆向物流功能，其设施、运输线路等完全一样，相应过程是用户→销售商→制造商→供应商，这种网络形式是主要针对可重复利用的、不必进行拆解的产品而言的。一般情况下，下游企业直接将回收产品交给上一级供应商，其产品经过翻新再加工即可再次投入市场，这样可实现二次获利。然而，对于废旧电池的回收来说，其直接再次利用的可能性基本为零，必须加以拆分，并利用先进技术进行分解提取金属才能达到再利用的效果，所以这种网络模式并不适合废旧电池的回收。

（2）新路径处理网络（见图 6-2）。

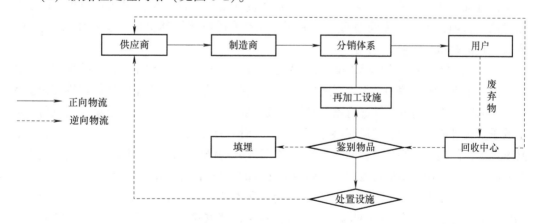

图 6-2　新路径处理网络模型

第二种网络结构是新路径处理网络，是区别于第一种传统路径来命名的。在这种系统中，物流量较大，需要配备和使用专业化的设施、人员和技术才能够适合企业发展的

物流创新能力培养与提升

需要，另外，该路径所处理材料大多为低值产品，如纸张、塑料、钢铁等，对这些产品的处理需要先进的技术与设备，这点和对废旧电池的处理有相似之处，说明投资将会处于一个相对较高的程度，所以，只有形成规模才使得这种路径下的回收有意义、有价值。如图 6-2 所示，新路径处理网络的起始端为用户，通过各种渠道废弃物被运到回收中心，并进行鉴定，判断其是否能进行修理，能则进入再加工设施，经过再加工返回分销体系。如果不能，则判断能否回收一定量的原材料，能则进入处置设施，经处理送往供应商处；如果不能，则直接进行填埋、焚烧等处理。

（3）重复路径处理网络（见图 6-3）。

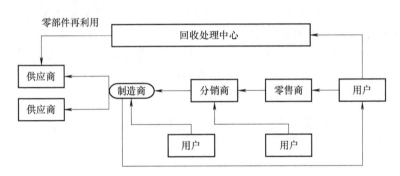

图 6-3　重复路径处理网络模型

重复路径处理网络与原路径回收网络的基本结构大体是一致的，都是从用户经零售商、分销商到制造商和供应商。其区别是原路径回收网络只回收不处理，而重复路径处理网络既回收又处理废弃物，其处理后的零件可直接回收利用至制造商处。另外，这两种回收方式在回收路径上也存在区别，原路径回收网络只沿原路径走，用户就是其终端用户。而重复路径处理网络则新开辟出多种回收路径，其终端不一定非得是原用户，也可能是直接与供应商、制造商、分销商联系的终端。重复路径处理网络的主要应用对象是产品价值高的复印机、汽车、计算机、电器等产品，其零件经基本处理后可直接返回经销商处加以重复利用，减少污染，由于此类商品技术含量较高，因此其回收费用也会相对高。目前，重复路径处理网络大多都是在已有的物流网络基础上加以整合与拓展，形成所谓的多级闭环物流网络。

（4）针对废旧电池的新型回收网络模型。对于废旧电池这种特殊的产品来说，直接简单地套用某一种处理网络是不合适的。首先，它并不像电器、汽车、计算机等高价值的产品，可以简单地对其零件进行重复利用，其主要利用方式是对其进行分解，将其可分离出的重金属等成分作为收益返回供应商，这点来看重复路径处理网络中的部分路径就没有必要设置，同理，新路径处理网络中的再加工程序也就没有必要了。因此，我们在这里将几种路径整合，设计出适合废旧电池回收的相应的网络路径，如图 6-4 所示。

在这种网络模型中，电池在使用后应有几种回收途径，用户可以自己将其送至回收部门，也可以在小区等地的回收网点投放，还可以将其送至分销商或制造商，它们对于其回收也具有一定的义务，而后分销商和制造商将积攒的电池统一送往回收部门，经过判定进行处理或直接填埋，处理后的部分废渣等成分也需要加以填埋，不可能达到全部成分都回收的效果。因此，处理中心必须掌握先进的处理技术，尽量提高回收率。

第六章 实践创新类教改论文（选登）

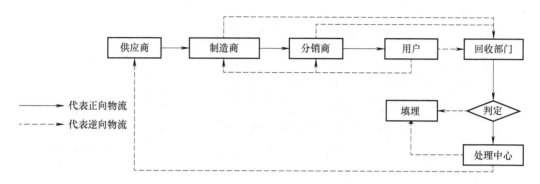

图 6-4 针对废旧电池的新型回收网络模型

3. 电池回收物流网络的成本分析

对于电池回收的网络，我们进行如下成本分析：

（1）模型假设

1）模型只针对逆向物流部分进行构建，图形请参照图 6-4。

2）再生后原材料的运输等不计入成本，因为其属于正向物流。

3）模型中对于回收产品的处置分为丢弃、提取原材料、提取原材料后丢弃废渣三种，经提取的原材料送至供应商处，而经提取原材料后丢弃的废渣不再计算其丢弃的运输成本。

4）模型以制造商为主体，将物流过程看成是企业内部物料流动，所以只记成本不记收益。

5）此模型将会考虑逆向物流中的仓储、运输、加工、固定投资等成本。

（2）模型参数

B：整体填埋场所

C：整体用户领域

V：整体零售商领域

D：整体分销商领域

I：产品系列

P：制造商系列

R：整体回收部门领域

S：供应商整体

O：所有逆向物流网络成员的集合（$O = C \cup V \cup D \cup P \cup R \cup S$）

b：具体填埋场所（$b \in B$）

v：具体零售商（$v \in V$）

c：具体销售领域（$c \in C$）

d：具体分销中心（$d \in D$）

i：具体产品（$i \in I$）

p：具体制造商（$p \in P$）

r：具体回收部门（$r \in R$）

s：具体供应商（$s \in S$）

物流创新能力培养与提升

（3）物流参数

$\underline{D_{kw}}$：总回收产品由逆向物流节点 k 到节点 w 的最小量（$k \in O, w \in O$）

$\overline{D_{kw}}$：总回收产品由逆向物流节点 k 到节点 w 的最大量（$k \in O, w \in O$）

P_{ik}：产品 i 在逆向物流节点 k 所需的固定成本（$k \in O$）

p_{ik}：产品 i 在逆向物流节点 k 所需的加工处理成本（$k \in O$）

s_{ik}：产品 i 在逆向物流节点 k 所需的仓储成本（$k \in O$）

t_{ikw}：产品 i 由逆向物流节点 k 运到节点 w 的可变单位运输成本（$k \in O, w \in O$）

（4）可变参数

C_{kw}：逆向物流节点 k 到节点 w 的逆向物流总成本（$k \in O, w \in O$）

x_{ikw}：产品 i 由逆向物流节点 k 运到节点 w 的物流量（$k \in O, w \in O$）

y_w：二元可变参数，$y_w = 1$ 代表逆向物流节点 k 要行动，$y_w = 0$ 代表逆向物流节点 k 不行动（$k \in O$）

（5）公式表达

1）目标函数为

$$\min Z = C_{cr} + C_{rb} + C_{rs} + C_{dr} + C_{pr} + C_{cd} + C_{cp}$$

其中：用户到回收部门的成本为

$$C_{cr} = \sum_{r \in R} \sum_{c \in C} \sum_{i \in I} (t_{icr} + s_{icr} + p_{ir}y_r + P_{ic}) x_{icr}$$

回收部门到填埋场所的成本为

$$C_{rb} = \sum_{b \in B} \sum_{r \in R} \sum_{i \in I} (t_{irb} + p_{ib}y_b + P_{ib}) x_{irb}$$

回收部门到供应商的成本为

$$C_{rs} = \sum_{s \in S} \sum_{r \in R} \sum_{i \in I} (t_{irs} + s_{irs} + p_{is}y_s + P_{is}) x_{irs}$$

分销商到回收部门的成本为

$$C_{dr} = \sum_{r \in R} \sum_{d \in D} \sum_{i \in I} (t_{idr} + s_{idr} + p_{ir}y_r + P_{id}) x_{idr}$$

制造商到回收部门的成本为

$$C_{pr} = \sum_{r \in R} \sum_{p \in P} \sum_{i \in I} (t_{ipr} + s_{ipr} + p_{ir}y_r + P_{ip}) x_{ipr}$$

用户到分销商的成本为

$$C_{cd} = \sum_{c \in C} \sum_{d \in D} \sum_{i \in I} (t_{icd} + s_{icd} + P_{ic}) x_{icd}$$

用户到制造商的成本为

$$C_{cp} = \sum_{c \in C} \sum_{p \in P} \sum_{i \in I} (t_{icp} + s_{icp} + P_{ic}) x_{icp}$$

2）约束条件为

$$\underline{D_{ic}} \leq \sum_{i \in I} x_{icv} \leq \overline{D_{ic}} \quad i \in I, c \in C, v \in V$$

$$\underline{D_{iv}} \leq \sum_{i \in I} x_{ivd} \leq \overline{D_{iv}} \quad i \in I, v \in V, d \in D$$

$$\underline{D_{id}} \leq \sum_{i \in I} x_{idp} \leq \overline{D_{id}} \quad i \in I, d \in D, p \in P$$

第六章 实践创新类教改论文（选登）

$$\underline{D_{ip}} \leq \sum_{i \in I} x_{ips} \leq \overline{D_{ip}} \qquad i \in I, p \in P, s \in S$$

$$\underline{D_{is}} \leq \sum_{i \in I} x_{is} \leq \overline{D_{is}} \qquad i \in I, s \in S$$

$$x_{ikw} \geq 0, i \in I, k, w \in O$$

$$x_{icr} \geq x_{irb} + x_{irs}; i \in I, b, c, r, s \in O$$

说明：目标函数 Z 是逆向物流网络中各厂家及商家的成本总和。其值最小时模型达到最优。用户到回收部门的成本包含了用户的运输成本、回收部门的仓储成本、可变加工处理成本和固定成本。分销商到回收部门的成本包含了分销商的运输成本、回收部门的仓储成本、可变加工处理成本和固定成本。回收部门到填埋场所的成本包含了回收中心到填埋场所的运输成本、填埋场的可变加工处理成本和固定成本。回收部门到供应商的成本包括供应商的可变加工处理成本、固定成本、仓储成本、运输成本。用户到制造商的成本包含了用户的运输成本、制造商的仓储成本和固定成本。用户到分销商的成本包含了用户的运输成本、分销商的仓储成本和固定成本。

约束条件的各公式说明了逆向物流量受市场环境的最大量和最小量的限制。

四、具体成本分析及比较

根据北京市几个比较大的废旧电池回收公司所提供的资料，经过调研，我们收集了对于废旧电池各部分的回收成本，具体如下：

运输成本：3 元/（t·km）（含实车运费、空驶费、基建运输段加成）。

仓储成本：300 元/t（指回收部门的仓储成本，包括从用户到回收部门、从供应商及制造商到回收部门的总的仓储成本）。

人工分类：800 元/t（包含在回收部门的可变加工处理成本中，以工资及所用资源为基准）。

处理及再包装：1000 元/t（包含在可变加工处理成本中）。

回收固定成本：900 元/t。

运输公里数：海淀区内大约 150km（总量）。

将以上数据分别代入新型回收网络模型中，其中物流量 x_{ikw} 取 1t，

$$\min Z = C_{cr} + C_{rb} + C_{rs} + C_{dr} + C_{pr} + C_{cd} + C_{cp}$$

$$= (t_{i总} + S_{i总} + 3p_{ir}y_r + p_{is}y_s + P_{总})x_{i总}$$

$$= (3 元/(t·km) \times 150km + 300 元/t + 3 \times 800 元/t \times 1 + 1000 元/t \times 1 + 900 元/t) \times 1 = 5050 元/t$$

而考虑到逆向物流量受市场环境的影响以及在具体运作过程中实际量由于损耗会小于理论值，该网络模型成本将进一步减少。同时将此数据代入到以"原路径处理网络模型""重复路径处理网络模型"以及"新路径处理网络模型"为原型的模型中进行成本估计，得出其成本分别为 5700 元/t、6500 元/t、8670 元/t 的结果。这一方面是由于三种基本的网络模型中所具有的对于废旧电池回收来说多余的路径耗费较高的成本，另一方面是由于其物流设施的设置并不适合废旧电池回收。如此，这三者的成本将会大于针对废旧电池的回收所设计的网络模型。同时，废旧电池回收所得贵重的重金属也可以取得一定的收益。这对于此网络系统也是一种回报。因此，新型回收网络模型在成本方面取得了领先，在废旧电池回收的工作中具有实际意义。

五、结论

本文在我国现有的三种废旧物品回收模型的基础之上,结合我国具体国情以及经济适用性,提出了以逆向物流为理念的新型废旧电池回收网络模型。在此提出的成本模型中,除了总成本最低要求之外,还可以按照成本模型中各项费用所占权重的大小,找出能够影响成本的最显著的因素,结合具体操作情况,以达到尽量成本最低的效果。

此外,我国是一个电池的生产和消费大国,我们的社会更需要在各个方面给予更好的支持才能保证废旧电池回收工作纳入有效、规范的程序当中。因此整个系统运行还需要良好的外部条件的配合。针对我国具体国情,首先,应依靠政府的主导和组织作用,具体表现在制定政策、组织实施、监督管理、纠正违规等方面。只有政府的大力支持,才能在全社会形成统一的意志和环保行动。其次,提高全民环保意识。公众的环保自律和他律是废旧电池回收系统模型顺利运行的基础,甚至能够起到比模型更大的作用。再次,完善法律、法规建设。如已颁布的《中华人民共和国固体废物污染环境防治法》,并没有对废旧电池的处理做出具体规定,完善法律法规建设的工作刻不容缓。

总之,废旧电池回收系统模型的建立,回收网络的形成和实施,仍然会面临很多困难,但依靠全民各方的支持和帮助,包括生产企业、消费者、科研单位、政府等方面,相信不远的将来是可以初步建立起良好合理的回收体系的,以支持新兴的再生产业,真正做到可持续发展。

附录 北京交通大学经济管理学院物流管理系部分成果

附录 A 指导大学生创新性实验计划项目

表 A-1 是近年来物流管理专业的教师指导大学生创新性实验计划项目的情况。

表 A-1 指导大学生创新性实验计划项目情况

项目名称	指导教师	学生人数（人）	年度
基于 Agent 的物流系统建模研究	鲁晓春	3	2008
基于供应链竞争的物流企业能力构建	赵启兰	6	2008
物流服务资源的整合与共享	鞠颂东、徐杰	5	2008
我国供应链运作现状调研和鲁棒性计算与优化研究	穆东	4	2008
循环物流系统的模拟与仿真	汝宜红	5	2008
供应商管理库存协调机制研究	张菊亮	9	2008
网络型应急资源储备量及储备方式研究	赵启兰、章竟	5	2008
网络型企业物流整体协同机制研究	徐杰、鞠颂东、卞文良	6	2009
不确定情况下的应急资源需求分析	章竟	5	2009
不确定环境下的车辆调度研究	张菊亮	4	2009
基于集对分析法的物流金融信用风险的评价研究	王耀球	5	2009
基于再制造理论的废电池回收物流网络设计	章竟	3	2010
顾客物流服务感知因素对电子商务企业影响的路径分析——以京东商城为例的实证研究	卞文良、徐杰	5	2010
社会物流网络节点决策影响因素的路径分析	鞠颂东、卞文良	5	2011
低碳经济下逆向物流网络规划研究	汝宜红	5	2012
低碳经济下的物流系统设计与优化	华国伟	5	2014
基于"云计算"理念的应急物资储备方式探讨	赵启兰	5	2013
北京高校快递包装物循环利用新型模式研究	汝宜红	5	2017
基于 2022 年冬奥会的奶制品冷链需求预测与安全监管研究	兰洪杰	5	2017
校园易排队 App 的设计和研发——以北京交通大学为例	穆东	5	2017
可循环利用简易携带快递装置	汝宜红	5	2018
第三方物流企业农产品质押监管服务定价研究——以大豆为例	周建勤	5	2018

物流创新能力培养与提升

(续)

项目名称	指导教师	学生人数（人）	年度
城市商圈主流街道停车位优化	魏文超	5	2018
未来社区末端物流配送	田源	5	2019
仓库中无人机自动化智能拣选问题研究	华国伟	5	2019
基于"人货分离"的站内行李运送服务方案设计	周建勤	5	2019
利用大数据降低服装电商退货率	华国伟	5	2019
零售商"滞后供给"策略在营销决策中的应用研究	卞文良	5	2019
我国高铁列车配餐优化研究	宋光	5	2019
全渠道零售企业人力资本、供应链组织整合与绩效的机制关系研究	宋光	5	2019
北京市城市生活垃圾逆向物流运作模式构建	翟月	5	2019
基于众包模式下的校园有偿取件服务机制研究——以北京交通大学为例	田源	5	2019
我国高铁列车配餐优化研究	宋光	5	2020
大数据下的网购服装退货原因与对策分析	华国伟	5	2020
全渠道零售企业人力资本、供应链组织整合与绩效的机制关系研究	宋光	5	2020
基于众包模式下的校园有偿取件服务机制研究——以北京交通大学为例	田源	5	2020
基于顾客效用的"小红帽"服务典型业务博弈定价模型	周建勤	5	2020
城市生活垃圾转运站选址和路径优化分析	翟月	5	2020
未来社区末端物流配送	田源	5	2020

附录 B 学生学科竞赛获奖情况

（1）第四届首都"挑战杯"课外学术科技作品竞赛，省部级特等奖，1队4人，2007。

（2）"挑战杯"全国大学生课外学术科技作品赛，全国三等奖，北京市一等奖，1队3人，2007。

（3）第六届"挑战杯"中国大学生创业计划竞赛，全国金奖，1队4人，2008。

（4）全国大学生数学建模竞赛，国家一等奖，1队4人，2008。

（5）第二届全国大学生物流设计大赛，国家一等奖，1队4人，2009。

（6）第二届全国大学生物流设计大赛，国家二等奖，1队4人，2009。

（7）第一届首都高校物流设计大赛，省部级一等奖1项，二等奖2项，每队各5人，2009。

（8）全国大学生条码自动识别知识竞赛团体赛，国家金奖1项，1队5人，2009。

（9）全国大学生条码自动识别知识竞赛个人赛，国家金奖1项，银奖2项，铜奖1

附录　北京交通大学经济管理学院物流管理系部分成果

项，每队各 4 人，2009。

（10）"挑战杯"课外学术科技作品竞赛，北京市特等奖，全国二等奖，1 队 4 人，2010。

（11）北京市大学生创业设计竞赛，三等奖 1 项（1 队 5 人）；优秀奖 1 项（1 队 4 人），2010。

（12）北京市大学生创业设计竞赛，三等奖 1 项（1 队 8 人）；优秀奖 1 项（1 队 6 人），2011。

（13）第二届首都高校物流设计大赛，省部级一等奖 3 项，二等奖 2 项，每队各 5 人，2011。

（14）北京市大学生创业设计竞赛，三等奖 1 项（1 队 8 人），优秀奖 1 项（1 队 4 人），2012。

（15）北京市大学生创业设计竞赛，二等奖 1 项（1 队 8 人），三等奖 1 项（1 队 7 人），优秀奖 1 项（1 队 7 人），2013。

（16）第三届首都高校物流设计大赛，省部级一等奖 1 项（1 队 5 人），二等奖 1 项（1 队 7 人），2013。

（17）第四届北京市大学生物流设计大赛，省部级一等奖 2 项，每队各 5 人，2014。

（18）首届中国"互联网+"大学生创新创业大赛，北京赛区二等奖，1 队 5 人，2015。

（19）第五届全国大学生物流设计大赛，国家级二等奖，1 队 3 人，2015。

（20）北京交通大学大学生物流设计大赛，北京市级一等奖（1 队 5 人），二等奖（1 队 6 人），2017。

（21）北京交通大学大学生电子商务"创新、创意及创业"挑战赛，校级三等奖，1 队 4 人，2018。

（22）第四届中国"互联网+"大学生创新创业大赛，北京赛区二等奖，1 队 5 人，2018。

（23）全国大学生物流设计大赛，国家一等奖（1 队 3 人），国家三等奖（1 队 3 人），2019。

（24）美国大学生数学建模竞赛，二等奖 1 人，2019。

（25）北京交通大学大学生数学建模竞赛，校级一等奖 1 人，2020。

（26）北京交通大学大学生数学建模竞赛，校级三等奖 1 人，2020。

参 考 文 献

[1] 熊彼特. 资本主义、社会主义和民主主义 [M]. 绛枫, 译. 北京: 商务印书馆, 1979.
[2] 卢振波, 李晓东. 民族志方法在图书馆学情报学研究中的应用 [J]. 情报资料工作, 2014 (3): 13-17.
[3] 朱思燚. 浅谈记者的创新意识 [J]. 发展, 2006 (10): 99-100.
[4] 王洁. 中原工学院大学生实践创新能力培养研究 [D]. 郑州: 郑州大学, 2012.
[5] 龙江. 物流成长与创新 [M]. 北京: 中国物资出版社, 2005.
[6] 霍正刚. 论物流专业创新人才培养: 以扬州地方高校为例 [J]. 物流技术, 2012, 31 (21): 478-480.
[7] 王宇明. 高校培养创新型人才的模式及途径 [J]. 新乡学院学报 (社会科学版), 2010, 24 (6): 212-214.
[8] 赵伟. 创新型物流管理人才的培养模式探析 [J]. 中国商贸, 2010 (4): 113-114.
[9] 高艳. 基于多元教学法的物流管理专业创新型人才培养的研究 [J]. 物流科技, 2009, 32 (6): 123-124.
[10] 刘舒生. 教学法大全 [M]. 2版. 北京: 经济日报出版社, 1991.
[11] 孙彦波. 讨论式教学法在大学课堂教学中的应用研究 [D]. 武汉: 华中科技大学, 2008.
[12] 德鲁克. 创新与企业家精神 [M]. 蔡文燕, 译. 北京: 机械工业出版社, 2007.
[13] 王志强, 刘晓宁, 韩永. 大学生创新能力、实践能力的培养与思考 [J]. 教育教学论坛, 2013 (34): 71-72.
[14] 李培根. 主动实践: 培养大学生创新能力的关键 [J]. 中国高等教育, 2006 (11): 17-18.
[15] 张爱民, 王旭, 张建民, 等. 土木类本科生创新能力与实践能力评价体系的研究 [J]. 教育探索, 2009 (11): 56-57.
[16] 晏湘涛, 张志勇, 匡兴华, 等. 第三方物流组织结构层次模型 [J]. 武汉理工大学学报 (交通科学与工程版), 2007, 31 (4): 584-587.
[17] SAATY T L. Analytic hierarchy process [M] //GASS S I, FU M C. Encyclopedia of Operations Research and Management Science. 3rd ed. [S. L.]: Springer US, 2013.
[18] SAATY T L. Analytic network process [M] //GASS S I, HARRIS C M. Encyclopedia of Operations Research and Management Science. 2nd ed. [S. L.]: Kluwer Academic Publishers, 2001.
[19] LANDETA J. Current validity of the Delphi method in social sciences [J]. Technological Forecasting and Social Change, 2006, 73 (5): 467-482.
[20] 李宝珠, 王颖, 毕然. 基于ANP的物流人才评价指标体系研究 [J]. 天津理工大学学报, 2009, 25 (4): 74-77.
[21] 徐亚清. 研究生创新能力培养的协同分析与实证研究 [D]. 天津: 河北工业大学, 2009.
[22] 李金林, 赵中秋. 管理统计学 [M]. 北京: 清华大学出版社, 2006.
[23] 熊彼特. 经济发展理论: 对于利润、资本、信贷、利息和经济周期的考察 [M]. 何畏, 易家详, 等译. 北京: 商务印书馆, 2009.
[24] 鲁特-伯恩斯坦 L, 鲁特-伯恩斯坦 M. 天才的13个思维工具 [M]. 李国庆, 译. 海口: 海南出版社, 2001.
[25] PARIS S G, Ayres L R. 培养反思力 [M]. 袁坤, 译. 北京: 中国轻工业出版社, 2001.
[26] 阿奇舒勒. 哇, 发明家诞生了: TRIZ 创造性解决问题的理论和方法 [M]. 范怡红, 黄玉霖, 译. 成都: 西南交通大学出版社, 2004.

参 考 文 献

[27] 史蒂文森. 大创新：通往顶级企业之路 [M]. 杨欣, 冯国雄, 译. 北京：世界图书出版公司北京公司, 2013.

[28] 余华东. 创新思维训练教程 [M]. 2版. 北京：北京邮电出版社, 2007.

[29] 丁大中. 凡事巧于方法：分析问题和解决问题的精妙解析 [M]. 北京：中国致公出版社, 2009.

[30] 林自葵, 汝宜红, 朱煜, 等. 我国物流管理专业的实践教学探讨 [M] //杨肇夏. 建设·改革·创新：新世纪北京交通大学本科教学改革研究与实践. 北京：北京交通大学出版社, 2004.

[31] 鞠颂东, 施先亮, 张真继. 品牌特色前沿：北京交通大学物流管理专业建设成果 [M]. 北京：北京交通大学出版社, 2012.

[32] 赵景会, 刘秀荣, 杨金铭. 国外大学生社会实习实践体系对我国大学生就业工作的启示 [J]. 佳木斯大学社会科学学报, 2013 (2): 138-139.

[33] 中国物流与采购联合会, 中国物流学会. 中国物流发展报告：2010—2011 [M]. 北京：中国物资出版社, 2011.

[34] 谢如鹤. 论加强现代物流创新型专业人才的培养 [C] //中国物流与采购联合会. 第四届全国高校物流教学研讨会论文集. 北京：中国物流与采购联合会, 2004.

[35] 李诗珍. 物流管理专业本科生创新能力培养研究 [J]. 时代经贸, 2013 (7): 12.

[36] 马乐, 李楠, 张莹莹, 等. 基于能力结构的物流工程创新实践型人才培养体系建设探析 [J]. 物流科技, 2013, 36 (1): 31-35.

[37] 张敏. 新建本科院校物流管理专业实践教学的改革与创新研究 [J]. 教育研究, 2010 (5): 157-160.

[38] 龚英, 靳俊喜. 循环经济下的回收物流 [M]. 北京：机械工业出版社, 2005.

[39] 何波, 杨超. 基于成本/服务权衡的逆向物流网络设计问题研究 [J]. 中国管理科学, 2008 (4): 90-95.

[40] 杨旭. 论公共物品供给的缺失：废旧电池回收处理面临的困境及解决方法 [J]. 学问, 2009 (6): 16-19.

[41] 蔡明. 废旧电池回收方案探究 [J]. 环境卫生工程, 2010 (2): 11-13.

[42] 刘强, 张艳会. 再生资源行业发展的现状和机遇 [J]. 中国资源综合利用, 2011 (1): 22-26.

[43] DAI Y, JIANG C B. Research on Evaluation of Green Degree of Vehicles Reverse Logistics System [J]. Journal of Communication and Computer, 2010 (4): 78-83.

[44] FRANCHETTI M. Comprehensive Waste Minimization Study at an Industrial Battery Manufacturing Plant in Ohio, USA [J]. Journal of Environmental Science and Engineering, S2011 (1): 78-87.